Reisen, bis der Arzt kommt

Reisen, bis der Arzt kommt

Erste Hilfe auf Chinesisch und andere Reisegeschichten

Herausgegeben von
Philip Laubach-Kiani und Robert Jacobi

MALIK

Mehr über unsere Autoren und Bücher:
www.malik.de

FSC
Mix
Produktgruppe aus vorbildlich bewirtschafteten Wäldern und anderen kontrollierten Herkünften
www.fsc.org Zert.-Nr. GFA-COC-001223

ISBN 978-3-89029-753-8

Satz: Filmsatz Schröter, München
Druck und Bindung: CPI – Ebner & Spiegel, Ulm
Printed in Germany

Inhalt

SÜDAMERIKA

NORDAMERIKA

AFRIKA

AUSTRALIEN

EUROPA

ZUR SEE

RUND UM DIE WELT

Vorwort

Die alten Perser wussten es: »Das Beste, was man von einer Reise nach Hause bringt, ist die heile Haut.« Die Anzahl Reisender, deren Haut oder anderweitige Organe unterwegs in Mitleidenschaft gezogen werden, dürfte mit dem Entstehen des Massentourismus eher gewachsen denn geschrumpft sein. Vermutlich hat jeder schon einmal mit dem Klassiker unter den Urlaubskrankheiten, dem Magen-Darm-Infekt, Bekanntschaft gemacht, trotz Eiswürfel- und Garküchenabstinenz. Von Beinbrüchen, Kreuzbandrissen und der Schweinegrippe ganz zu schweigen.

Aussagekräftige Statistiken über das Gesundheitsrisiko Urlaub fehlen. Großzügige, subtil beworbene Urlaubspakete von Krankenversicherungen (»Adalbert Kramer fieberte seit Langem seinem verdienten Jahresurlaub entgegen …«) und Kooperationen wie die von Tchibo und einem Reiseveranstalter, die gemeinsam achttägige Rundreisen durch Katalonien mit ständiger ärztlicher Begleitung anbieten, mögen die tatsächliche Gefahrenlage überzeichnen. Doch Reisewarnungen namhafter Experten für Infektionskrankheiten vor Tuberkulose, Tetanus, Diphtherie und Masern in Österreich, Norditalien, der Schweiz und osteuropäischen Ländern sowie Hepatitis-A-Befall rund um das Mittelmeer sollten Pauschal- wie Individualreisende aufhorchen lassen.

Wer meint, diesen Gefahren durch schlichtes Daheimbleiben entgehen zu können, irrt. Menschen erkranken an Malaria, obwohl sie lediglich in der Nähe eines Flughafens wohnen, ohne diesen je betreten zu haben. Die WHO verzeichnet immerhin 30 Fälle von »airport malaria« in den letzten 90 Jahren (die meisten davon übrigens in Frankreich, während sich Österreich mit null Fällen vorerst flughafenmalariafrei wähnen darf).

Die Pioniere in Sachen Reisekrankheiten finden sich – wie so oft, wenn man nach wahren Entdeckern sucht – im 19. Jahrhundert. David Livingstone, Sir Richard Francis Burton, Verney Lovett Cameron sind einige der großen Namen unter den Afrikareisenden, die mit ihren Expeditionen nicht nur unsterblichen Ruhm sammelten, sondern auch eine Reihe exotischer Krankheiten, von Malaria über Gelbfieber bis zur Schlafkrankheit (Krankheiten, die 80 Prozent aller europäischen Abenteuerreisenden des 19. Jahrhunderts das Leben kosteten). Sherry, Port- und Branntwein galten vielen als einziger Schutz vor den damals noch völlig unbekannten Krankheitserregern.

Die hier versammelten Reiseliteraten zählen zu den Meistern ihres Fachs. Alle haben sie berufsbedingt bereits die abenteuerlichsten Reisekrankheiten und -unfälle durchleiden müssen und sind dabei oftmals an die Grenzen ihrer physischen und psychischen Belastbarkeit gegangen. Wie unterhaltsam echtes Leid am falschen Ort (und erstaunlich häufig auch zur falschen Zeit) sein kann, zeigen ihre wunderbar schrägen, hintergründigen Krankengeschichten von unterwegs.

Wo auch immer Sie sich auf einer Ihrer nächsten Reisen wiederfinden sollten – beim Kräuterarzt in Shanghai, bei malischen Wunderheilern, auf der Krankenstation eines 5-Sterne-Hotels in Tokio, beim Zahnarzt in Polen, auf dem OP-Tisch in Moskau oder auf der Toilette einer Skihütte in 2000 Meter Höhe – mit diesem Band in Ihrer Reiseapotheke sind Sie für alle Eventualitäten gewappnet.

Viel (Schaden-)Freude bei der Lektüre, und bleiben Sie gesund!

München, im Mai 2009 — Die Herausgeber

ASIEN

HERBERT FEUERSTEIN, ALEXANDER GORKOW

Der indische Patient

(München – Neu-Delhi – Rishikesh – Köln)

(München) – Verehrter Feuerstein,
Obwohl ich nie nach Indien wollte – überall hin, aber nicht nach Indien – hat meine Frau im Rahmen einer tückischen Absprache mit der Reiseredaktion einen sogenannten Wellnessurlaub für sich und für mich ebendort gebucht. Die Reise führt einige Tage nach Neu-Delhi und dann auf einen Ausläufer der Himalajakette, 1000 Meter über der heiligen Stadt Rishikesh am Ganges. Obwohl wir dort im luxuriösen Mandarin Ananda in the Himalayas untergebracht sind, habe ich Angst. Vor freiliegenden Stromkabeln, Lepra, sämtlichen Pest- und Fieber-Arten sowie anderen Krankheiten, die sich alle Indienreisenden, die ich kenne, bisher dort geholt haben. Zum Beispiel die Amöben-Ruhr. Da ich weiß, dass Sie schon viel rumgekommen sind, bitte ich Sie, mir mitzuteilen, auf was und wen man in Indien achten sollte. Danke.
Ihr G.

(Köln) – Lieber G.,
Angst vor freiliegenden Stromkabeln brauchen Sie nur in Deutschland zu haben. In Indien werden freiliegende Stromkabel sofort geklaut. Problematisch hingegen ist Ihre Angst vor der Amöben-Ruhr. Denn Parasiten spüren diese Angst, weil sie darin – zu Recht – eine Schwäche vermuten, und werden Sie sofort befallen. Da Sie aber einen Wellnessurlaub gebucht haben, kriegen Sie ohnehin nichts Anständiges zu essen, und die Amöben werden elend verhungern. Ich finde das ziemlich schäbig, denn vergessen Sie nicht: Auch wir Menschen sind Schmarotzer im Schoße der Natur. Gute Reise.
Ihr Herbert Feuerstein

(München) – Lieber Feuerstein,
Vielen Dank für Ihren Brief. Ich habe mir heute noch eine Hepatitis-Prophylaxe spritzen lassen, ferner sind wir jetzt im Besitz von Malaria-Tabletten, die aber nach Auskunft der Ärztin im Extremfall nichts nützen. In Delhi sind wir im neuen Grand Hyatt untergebracht. Die Hotels sind sehr teuer. Zwar ist dort die Gefahr, an Amöben-Ruhr zu erkranken, geringer. Andererseits frage ich mich, ob es angemessen ist, auf diese Art und Weise durch ein so armes Land zu reisen. Aber: Wellness ist Wellness! Oder?
Ihr G.

(Köln) – Lieber G.,
Nein. Wellness ist überhaupt nicht Wellness, wenn man sich quengelnd und voller Schuldgefühle darauf zubewegt. Vergessen Sie nicht: Sie sollen sich erholen und nicht Mutter Teresa ersetzen. Natürlich gebe ich Ihnen gerne und jederzeit den gewünschten Rat. Derzeit würde dieser lauten: Bleiben Sie zu Hause!
Ihr Herbert Feuerstein

PS: Machen Sie sich keinen Kopf wegen der hohen Hotelpreise. Luxushotels schaffen eine Menge Arbeitsplätze, und mit fünf Hunnies pro Tag und Zimmer tun Sie mehr für Indien als mit einem schlechten Gewissen im Schlafsack.

(Delhi) – Lieber Feuerstein,
Ich schreibe Ihnen schon aus Delhi, obwohl ich Ihnen eigentlich erst aus Rishikesh schreiben wollte, dem Ort, in dessen Nähe unser Wellnessurlaub beginnt. Der Grund: Ich musste heute einmal an Deutschland denken, und einmal an Sie.

Zu Deutschland: Auch das indische Parlamentsviertel in Delhi ist übersät von Affen. Hunderte von ihnen sprinten rund um den Regierungspalast und spielen sich am Po herum. Wenn man ein Foto von ihnen machen will, lächeln sie. Unsere indische Begleiterin sagte, dass die Affen nur deshalb lächeln, weil sie erwarten, dass vorne aus dem Fotoapparat Nüsse fallen. Fallen keine Nüsse heraus, werden sie ungemütlich. Da wir keine Nüsse dabeihatten, sind wir noch ein wenig pfeifend die Straße entlang gelaufen und dann schnell in ein Taxi gesprungen. Nun, lieber Feuerstein, zu Ihnen: Geht man nachts durch Delhi, ist man kontinuierlich von kleinen Männern umgeben, die einem irgendeinen Quatsch andrehen wollen.

Um Ihnen zu erläutern, wie das nervt, habe ich mitgezählt: Hätte ich nicht 48 Mal »No!« gerufen, wären wir jetzt Besitzer von: 24 Miniatur-Backgammon-Spielen, sieben Bastschachteln, aus denen kleine Papierschlangen springen, vier Jahrespackungen mit weißen Briefumschlägen, sechs angekohlten Süßkartoffeln, die sicher die Amöben-Ruhr transportieren, drei Packungen mit Gewürzmischungen, die man zwecks besserer Verdauung kauen und ausspucken soll, und die dabei blutrote Flecken hinterlassen – sowie zwei unechten, vielmehr elektrischen Westhighland-Terriern, die mit dem Schwanz wedeln und lustige Lieder singen. Natürlich haben wir uns den Unsinn nicht andrehen lassen, wir sind ja nicht in Deutschland.

Da wir nun schon zwei Tage in Indien sind, machen Sie sich sicher Sorgen um unsere Gesundheit. Ich möchte Sie beruhigen: Die Emirates Airlines haben uns ohne eine Minute Verspätung von München nach Delhi transportiert. Der Service an Bord war hervorragend, und eisgekühlter Rotwein ist sicher eine Spezialität der Vereinigten Arabischen Emirate, auf die die nationale Fluglinie besonders stolz ist. Interessant war auch der Zwischenstopp in Dubai, sieht man davon ab, dass wir uns den Porsche im Duty-Free-Shop nicht leisten konnten. Das Grand Hyatt in Delhi hat erst seit einigen Wochen geöffnet, liegt klimatechnisch günstig etwas außerhalb des City-Smogs von Delhi und ist voller Personal, das sich so benimmt, wie man selbst zu Hause: Es ist ständig damit beschäftigt, Liebe und Zuspruch zu verteilen. Betritt man die Lobby, fragen umgehend und nacheinander bis zu zehn Männer und Frauen, ob das Zimmer in Ordnung sei, ob man nicht in den Pool wolle, ob man eine Massage brauche, oder einen Kuchen vom österreichischen Konditormeister, oder die druckfrische Hindustan Times, oder eine Reservierung für den Abend im Tandoori-Restaurant.

Zu Delhi: Mir war bisher nicht unbekannt, wie viele arme Menschen es in dieser Stadt gibt. Ich werde Ihnen davon aber nicht er-

zählen, weil Sie sonst dumme Witze über unser teures Hotel machen. Berichten möchte ich Ihnen – bevor wir morgen nach Old Delhi aufbrechen – von den sensationell schönen Frauenskulpturen aus dem 6. bis 11. Jahrhundert, die im Indischen Nationalmuseum ausgestellt sind. Dass die Inderinnen diese Schönheit plus einen eigentümlich wissenden Blick heute noch spazieren tragen, gehört mit Sicherheit zu den großen Vorteilen dieser anderen Welt.
Es grüßt Sie Ihr G.

(Köln) – Lieber G.,
Schön, dass Sie gut angekommen sind. Hätte ich Ihnen nach der Jammerei in den ersten Briefen gar nicht zugetraut. Zunächst zu den Affen. Da mache ich mir Vorwürfe, Sie vorher nicht gewarnt zu haben. Denn im Unterschied zu den niedlichen Spaßtierchen, wie wir sie aus dem Fernsehen kennen, sind die Profi-Affen, die sich vor den Touristenfallen als Fotomodelle anbieten, nichts als lästige, gefräßige und bösartige Sittenstrolche. Ich erinnere mich mit Schaudern an einen Vorfall vor gut einem Jahr in Birma, wo uns eine Affenhorde die Tempeltreppe runterjagte. Einer grinste besonders eklig und versuchte dauernd, meiner Frau in den Hintern zu kneifen. Das machen sonst nur Italiener im Bus.

Der Duty-Free-Shop von Dubai ist ein Ding, was? Da wundert mich, dass nur ein lächerlicher Porsche angeboten wurde. Angesichts des derzeitigen Ölpreises hätte ich erwartet, dass ein Airbus und ein französisches Renaissance-Schloss als Mitbringsel für die Rückreise nach Saudi-Arabien bereitstehen. Keine Angst übrigens vor der blutroten Spucke in Delhi, der Sie sicher noch öfter begegnen werden. Das ist ein Endprodukt des Betelnuss-Kauens, völlig harmlos für Sie, und auch für den Kauer nur dann gefährlich, wenn in der Spucke ein paar Zähne liegen. Der Saft greift das Zahnfleisch an.

Ehrlich berührt hat mich Ihre Bemerkung über den »eigentümlich wissenden Blick« der Inderinnen. Das war auch immer wieder meine Erfahrung: Dieser kurze, tiefe, durchdringende Blick aus diesen wunderschönen dunklen Augen. Und ganz bestimmt haben Sie

gespürt, was er uns sagen will: »Du arrogantes, geiles, westliches Arschloch.« Im Übrigen können Sie mir ruhig alles erzählen, auch auf die Gefahr hin, dass ich dumme Witze darüber mache. Ich mache auch dumme Witze, wenn Sie nichts erzählen.
Ihr Herbert Feuerstein

(Delhi) – Lieber Feuerstein,
Vielen Dank für Ihre prompte Antwort. Gerade wenn man einen Tag im smoggetränkten Old Delhi verbracht hat, ist es schön zu wissen, dass in der anderen großen lebensfeindlichen Stadt dieser Welt – in Köln – jemand ist, der ein offenes Ohr hat.

Dass unser Wellnessurlaub in Delhi beginnt, ist nur logisch. Wellness kann nur genießen, wer Wellness zu schätzen weiß, und nach einem Tag in Old Delhi weiß man Wellness zu schätzen. Insgesamt muss man sagen: Kinder, geht's uns gut daheim! Sie haben recht, wir sollten weniger jammern.

Hier ist es in Sachen Wellness, wie erwartet, turbulent. Noch wehren wir uns prächtig, ich mit Hefetabletten, von denen ich 3-mal täglich 2 nehme, man weiß ja nie. Meine Frau hat eben noch eine »Aktren« eingeworfen, weil der Taxifahrer, der heute den ganzen Tag über ein ebenso rätselhafter wie zuverlässiger Begleiter durch Delhi war, notorisch die Klimaanlage bediente, anstatt sie auszuschalten. So stand sie entweder auf »Freeze« oder auf »Hot«. Jetzt hat meine Frau eine Art indische Grippe. Sie ist ziemlich krank (ich habe es geahnt), das zauberhafte Personal des Grand Hyatt kam umgehend aus Ecken und Hecken und bot die besten Ärzte Delhis sowie Inhalationsgeräte an.

Hilfe wie diese werden wir noch gerne in Anspruch nehmen, wenn unsere umfangreiche Reiseapotheke alle ist, was womöglich nicht mehr lange dauert, bei den ganzen Krankheiten, die ich mir einbilde, sowie der indischen Grippe, die meine Frau schon hat. Noch eine Anmerkung zu unserem Taxifahrer und den Taxifahrern hier: Da Sie, lieber Feuerstein, rund 10 Jahre in New York gelebt haben, wollen Sie sicher wissen, wieso indische Taxifahrer in New York nicht Auto fahren können. Antwort: Weil sie in Delhi die Führerscheinprüfung nicht bestanden haben und auswandern mussten. Fakt ist, dass die Männer hier ihre Autos problemlos durch einen Schwarm entgegenkommender Rikschas, Schwertransporter und Kühe steuern, ohne dass die Kühe zu Schaden kommen.

Ich glaube, die Taxifahrer in Delhi halten sich deshalb für Künstler und benehmen sich dementsprechend sonderbar. Unser Fahrer zum Beispiel sagte auf alles, was wir ihn fragten, etwas, das wir nicht verstanden. Das ging so eine ganze Zeit, bis wir ihn fragten, ob er uns aus Sicherheitsgründen auf unserem Spaziergang durch die atemberaubenden Gassen Old Delhis begleiten könne. Darauf entgegnete er in fließendem Englisch: »No, you go through little streets and take care of your bags and wallets. And I wait in my car at parking place and then, if you come back, we drive to Gandhi Memorial.«

Zum Abschied hat er uns 100 Rupien extra berechnet, die aufgrund der steten Nutzung seiner Klimaanlage angefallen seien. Sicher werden indische Taxifahrer als deutsche Fernsehintendanten wiedergeboren.

Andererseits, lieber Feuerstein, kommt man als reisefeindlicher Mensch nicht umhin, die Inderinnen und Inder zu loben. Gerade die engen Gassen Old Delhis sind eine Attacke auf die Sinne, aber die Menschen hier, die reichen wie die bettelarmen, tragen mehr Weisheit im kleinen Finger mit sich herum als bei uns Kirchenoberhäupter unter ihren Kutten. Irgendwie sind hier alle netter, verspielter, gelassener als vergleichbare Kölner. Von Münchnern zu schweigen. Das indische Verkehrsministerium rät sogar zur Meditation im Auto: Auf roten Ampeln über den Straßen in Delhi steht »Relax«. Wird die Ampel grün, fangen alle gleichzeitig an zu hupen und in den Gegenverkehr zu fahren. Dort hupen sie weiter, bewegen sich aber keinen Meter mehr. Wieder, lieber Feuerstein, musste ich da an Sie denken! Ich höre von Ihnen?
Ihr G.

WOLFGANG BÜSCHER

Ein Nachmittag in Indien

(Jodhpur)

Nun endlich nichts mehr. Nur die Schreie der Papageien durch die offene Tür, wie von sehr fern – dieses Zimmer, die staubige Stille darin, die Pritsche, auf der ich lag. Wie lange schon? Wie spät war es wohl? Würden die Gefährten Wort halten und wiederkommen? Fragen, die verglühten.

Ich mochte das Fieber. Ich hatte es schon als Junge gemocht. Tage allein im Haus. Der Gang der Uhr unten im Eßzimmer, ein Schaben unter den Dielen, und wie es arbeitete im Gebälk, in den Mauern – wie Zähneknirschen im Schlaf. Es war Herbst geworden. Sturmgarben peitschten das Haus, ich aber lag im Fieber geborgen und lauschte dem Regen und kroch tiefer in das Buch, das man mir gegeben hatte, um den Tag zu bestehen, ein indisches Abenteuer. Im Schutz der Nacht floh ein Landsmann vom Schiff seines tyrannischen Kapitäns, ein deutscher Schiffsjunge in Kalkutta. Eine indische Gauklertruppe las ihn auf, geführt von einem schlauen, geldgierigen Zwerg, dem nicht zu trauen war. Doch der Elefantenführer wurde sein Freund. Fürs erste war der Junge gerettet – waren wir gerettet, denn ich war längst dabei und folgte ihm tief ins Land, ins Fremdeste vom Fremden. Was ein unbestimmt mulmiges Gefühl gewesen war, zog sich nun zu wie eine Schlinge. Der Zwerg diente einem geheimen Kult, einem, der Opfer verlangte, richtige aus Fleisch und Blut, nicht bloß Rupien und Reiskörner. Noch einmal glückte die Flucht, mit Hilfe des Elefantenführers, doch unser Retter blieb tödlich verwundet zurück. Ich glühte, als meine Mutter mich fand, die Hand auf der letzten Seite, den Namen des sterbenden Mannes flüsternd. Das indische Fieber, hörte ich unseren Hausarzt sagen. In jungen Jahren war er Schiffsarzt in der Südsee gewesen, nun beugte er sich über mich, sonderbar lächelnd, kühlte mir die Stirn und fühlte meinen Puls. »Schlaf jetzt, Junge, schlaf es weg.«

Ich richtete mich auf und sah mich im Zimmer um – so deutlich hatte ich das Murmeln gehört, als säße der alte Hausarzt hier bei mir auf der Pritsche. Das konnte nicht sein. Hier war Indien, und der Doktor war lange tot. Wo aber war meine Armbanduhr? Nicht am Arm, in Reichweite abgelegt auch nicht. Fort also. Unterwegs verloren, auf irgendeiner staubigen Piste oder in einer Ritze des Jeeps. Der Jeep – darin hatten die Gefährten mich hergebracht, als das Fieber gekommen war, und gleich, gleich würde ich mich auf alles besinnen, auf lauter Details der Reise, fände ich nur erst die Armbanduhr. Welche Stunde? Wann holen sie mich hier heraus? Schlaf, weißer Mann, schlaf. Affen hüten deinen Schlaf, Affen und Papageien.

Irgendwann, ich war eingedöst, aufgewacht, wieder eingedöst, lag das Zimmer in fahlerem Licht, die Dinge warfen schwächere Schatten, eine letzte Spur des vergehenden Tages fiel durch die Tür. Die Stunde der Geckos, dachte ich. Doch zuerst kroch ein Name hervor, ein schöner, ja eleganter Name, von einer seiner dunklen Silben zur anderen federnd – Jodhpur.

Von Jodhpur waren wir gekommen – der Fotograf, der Bilder von Indien suchte, ein indischer Freund, der uns fuhr, ein älterer, beinah zwergenhaft kleiner Mann, auf dessen Visitenkarte »Professor« stand und der für uns übersetzte, und ich, das Notizbuch auf dem Schoß. Wir hatten keinen besonderen Plan, nur die Idee, von Norden nach Süden zu fahren, in ein Land voller Götter. Ihnen auszuweichen war unmöglich, die Luft war erfüllt von Opferrauch und Devotion; ein indischer Atemzug enthielt mehr Religion als ein ganzer deutscher Advent. Ich sog es ein und konnte die Augen nicht losreißen vom Rajput am Wege, vom grundlosen Stolz des Mannes aus der Kriegerkaste, Silberreifen an den nackten Füßen. Und von der dürren Alten. Es war Abend, sie hatte Buschwerk für ihre Tiere geschnitten. Aufrecht stand sie da, die gespreizten Zehen im Staub, dunkel um die Augen, die Arme dünner als der Stiel ihrer Sichel, auf den sie sich stützte wie ein Jäger auf den Speer. Ich bemerkte ihr hohes Alter und fragte, was sie sich noch wünsche im Leben. Sie sah mich an mit einem Blick, in dem Verwunderung lag, auch Spott. »Hari Bhavan!« sagte sie. Gottes Haus. Ihre Augen jubelten. Bald wird er mich rufen aus diesem Körper, diesem Staub, endlich zu ihm. Der Krieger und die Alte, sie leuchteten, sie schienen etwas zu sehen, das sie geringachten ließ, was unsereinem groß vorkam oder unerträglich.

Und dann, wir steckten fest im Gewühl einer Stadt, erblickte ich den Gott in der Gosse. Wie ein Fluch lag die Hitze auf allem, und ich wurde unruhig auf dem Rücksitz des Jeeps, betäubt von Abgasen und Gerüchen. Es ging nicht voran. Alles drängte, hupte, gab Gas. Alles stand. Ich stieß die Tür auf und bewegte sie hin und her als Fächer, so heftig ich konnte, um ein wenig Wind zu machen, und da, wir waren ein paar Meter weitergerollt, erschien Ganesh im Türrahmen, der elefantenköpfige kleine Gott. Nicht größer als meine Faust war er und saß in der Falte zweier Wurzelpranken eines gewaltigen Straßenbaums, dort hinein hatte man ihm sein ebenso puppenhaftes Tempelchen gebaut, wie zurückgelassen von spielenden Kindern. Und einen winzigen Blumenkranz hatte man ihm geflochten, den trug er um seinen winzigen, gedrungenen Elefantenhals.

Er schien in Sorge. Seine alten Augen lagen in Falten, als betrübe ihn etwas, das er sah oder kommen sah. Was konnte ich tun – ihm Blumen streuen? Ich hatte keine. Seine Lieblingsspeise? Ich wußte sie nicht. Ein paar Münzen wenigstens? Ich tat nichts. Ich kam mir arm vor, nutzlos, dumm. Endlich ging ein Schub durch die Menschen- und Lastenmasse, sie stieß und riß unseren Jeep weiter, der kleine Gott verschwand so jäh, wie er aufgetaucht war.

Wir trieben mehr dahin, als daß wir fuhren. Die Straßen waren niemals versiegende, kataraktreiche Ströme sich vorwärtsdrängender Leiber. Ich sah Fahrzeuge aller Zeiten, von der Bronzezeit an, hochrädrige, von Hand gezogene Karren neben fabrikneuen Transportern, die einen wie die anderen mit Götterbildern bemalt und der unnötigen Aufforderung am Heck: »Please horn!« Jeder hupte immerzu.

In der Enge dieser Stadt – ich war ausgestiegen und zu Fuß weitergegangen – kam ein helles Zwitschern auf, aber es klang nicht wie Vogelstimmen, es klang metallisch. Ich folgte ihm und dachte an einen futuristischen Vogelschwarm, silbrige, von Chips gesteuerte Kolibris, zum Vergnügen programmiert oder für den Einsatz in einem subtilen Krieg. Dann, um eine letzte Ecke biegend, sah ich sie: Es war der Schwarm der Schreiber, es war ihr Platz. Zu Hunderten saßen sie auf dem Steinboden, vor sich kurzbeinige Tischchen, darauf warteten ihre mechanischen Schreibmaschinen auf Kundschaft. Schreiber von Petitionen gab es, von Bewerbungen und Anträgen jeder nur denkbaren Art, sie setzten Kauf- und Heiratsverträge auf und tippten wichtige, ihnen ins Ohr geflüsterte Briefe. Ab und zu legte sich das Gezwitscher, das mich angelockt hatte, um bald wieder einzusetzen – der vielhundertfache Anschlag all dieser Schreibmaschinen. Als ich ging, loderte es auf wie ein Busch voller Spatzen.

Das nächste, was ich sah, war ein nackter Bettler mitten auf der Straße, ein magerer brauner Körper, groteske Verrenkungen darbietend. Der Verkehr teilte sich und umfloß geschmeidig selbst seine exaltiertesten Gesten. Alles drängte weiter, vorbei. Was lag, blieb liegen. Jeder lenkte seinen Bus, sein Mofa, sein Tier um den Nackten herum, ohne ihn zu beachten. Kamele, Menschen, Esel, vor schwankende, hochbeladene Karren gespannt – das Rad des Lebens war kein Bild, keine mystische Idee, es war hier. Es rollte fort und fort, es versetzte mir sanfte und grobe Stöße, und gab ich nicht acht, würde es mich überrollen, wie es so viele vor mir mitleidlos überrollt hatte, angeschoben und immer weitergeschoben von Wünschen und Nöten, Träumen und Begierden, von Muskeln und dünnen Sehnen und verbranntem Benzin – unablässig um die alte Achse sich drehend, mahlend, mahlend, zu Asche, zu Staub.

Nur eine Art ging unberührt durch den großen Lärm, aufreizend langsam: die heilige Kuh. Auf ihrem Pfad durch die ewige Rushhour aus blechernen und fleischlichen Leibern und den Morast, den sie hinterließen, zeigte das Kuhgesicht immer denselben mürrischen Gleichmut, ob die Lippen nun saftige grüne Blätter rupften oder weggeworfene Reste von Dal fanden, dem Linsengericht. In dieser vollkommenen Unbekümmertheit um die Blicke der Menschen gleichen die heiligen Kühe den heiligen Männern, die irgendwann ihre Familien verlassen hatten und ihr ganzes emsiges Leben, um safranfarben gekleidet oder auch nackt durch den Rest ihrer Tage zu ziehen. Beide gingen durch die Welt, ohne ihr noch anzugehören.

Die heiligen Männer lagen in Tempeln oder auf eisigen Höhen, rauchend, uralte Verse murmelnd, von dem einzigen Wunsch beseelt: Nach diesem Leben nicht noch einmal in den Strom, unters Rad, in noch eine Haut, die so vieles halten muß, was sich stößt und sticht und auseinander will. Bei einem hatte ich eine Weile gesessen, vor einem Dorf, das er den Sommer über als Bleibe gewählt hatte. Da hockte er, rauchte Bidis, schwieg meistens und ließ sich von den Dörflern versorgen, die sich glücklich schätzten, so einen heiligen Vogel zu haben, einen zugeflogenen Sadhu. Nach Stunden hatte ich genug gesessen, stand auf und ging. Er beachtete es ebensowenig wie mein Erscheinen.

Irgendwann bemerkte ich, daß mir der Ekel abhanden gekommen war – der Ekel vor Indiens Dünsten, den süßen, den scharfen, denen von Fäulnis, Kot und Verwesung, vor der hellroten Spucke der Betelnußkauer auf Schritt und Tritt, wie verspritztes Blut. All das griff mich nicht mehr an, der körperliche Aufruhr gegen das Fremde in seiner abstoßenden Gestalt blieb aus. Und gegen Indiens Hitze half Hitze; eine Kelle heißen Tees genügte, milchiggrau, ingwerscharf, aus dem nächsten Topf am Straßenrand. Der Ingwer linderte den Husten, der von den Abgasen kam, die Dosis hielt vor bis zur nächsten Teeambulanz.

So gleichmütig man uns in den Städten begegnete, so weidlich bestaunt wurden wir in den Dörfern. Keine Minute verging, wenn unser Jeep in eines hineinfuhr, bis ihn die Kinder entdeckten. In ihrem Tumult ging der Jeep unter wie ein Stück Wild in einem Rudel junger Löwen. Es waren stille Tumulte. Das leise Rascheln der baumwollweißen Kleider, aus dem plötzlich ein kehliges Wort aufflog, ein helles Auflachen der Meute zur Antwort; der Wink eines Altklugen, doch zu schweigen, dämpfte alles wieder zu einem Flüstern. Sie kamen nahe heran. Die Fensterrahmen des Jeeps wurden ausgefüllt mit scheuen, neugierigen Kindergesichtern.

Wieder ein Dorf, wieder das Geraschel und Geflüster der Kinder. Ich sah nicht hin, ich hörte es nur, auf der Rückbank dösend. Mit einem Mal verstummten Rascheln und Flüstern. Ich fuhr hoch und sah in aufgerissene, rot unterlaufene Augen in einem dunklen, erregten Gesicht – Augen, in denen nichts Klares war, nur Fieber, Wahn. Wir rollten langsam weiter, der Mann hielt Schritt, das Weiße seiner Knöchel trat hervor, so klammerte er sich an den Jeep. Er starrte, er ließ mich nicht los mit seinen Augen. Er sah etwas, das ihn verrückt machte. Seine auberginefarbenen Lippen öffneten sich zu einem Laut, der nicht kam. War er stumm? Mit Visionen geschlagen? Oder blickte er in einen Spiegel, und der Spiegel war ich? Der Jeep stand jetzt, die Hitze brannte. Endlich bemerkten die Freunde, was hinten geschah, der Jeep heulte auf, hupte sich eine Gasse frei, beschleunigte, Der Mann rannte mit, am offenen Fenster hängend, die Leute wichen zurück, der Jeep raste aus dem Dorf und schüttelte die Augen ab. Der Hausarzt fiel mir ein: »Er hat das indische Fieber.«

Am Tag darauf merkte ich, wie meine Temperatur stieg. Alles wurde zur Qual, die schaukelnde Fahrt, die Gespräche, die elende Hitze. Die letzten Stunden im Jeep waren kaum zu ertragen, der Weg versetzte mir harte Stöße, die Schwüle nahm mir den Atem. Die Betelspucke, wenn wir hielten – überall Blut. Ghee, Ingwer, Curry, Dal, alles mischte sich mit dem fetten Qualm der Scheiterhaufen am Fluß. Keine Krieger mehr – dünne Männer am Boden, Eisenschrott vor sich und ein paar rostige Hämmer, umherziehende Schmiede, sehr niedere Kaste. Auch mit den Kühen ging etwas vor. Eine kaute, während wir ihr den Vortritt ließen, eine zerfetzte Plastiktüte, stinkende Essensreste klebten daran. Die Bilder würgten mich auf dem hüpfenden Rücksitz, dieselben, von deren unbegreiflicher Schönheit ich gestern die Augen nicht hatte lassen können. In einer leichten Drehung der Welt, einem leicht veränderten Einfall des Lichts, zeigten dieselben Wesen und Dinge plötzlich Grimassen des Todes.

Und wie eine aufsteigende Übelkeit immer neu ausgelöst und gesteigert wird, einer bestimmten Speise, eines Geruchs, ja sogar einer Farbe, eines Wortes wegen, das auf einmal Ekel erregt, so war es das Blutunterlaufene jener Augen, das mein Fieber schürte. Es stieg, und solange ich die Augen vor mir sah, würde es weiter steigen. Mit aller Gedankengewalt, die mir noch zur Verfügung stand, versuchte ich, sie ins Nichts zurückzupressen, aus dem sie so unerwartet aufgetaucht waren. Als das nicht gelang, versuchte ich meinen Geist auf etwas Kühles zu lenken. Eis. Auf etwas Technisches – die Tachonadel des Jeeps. Es klappte nicht. Der Jeep schlingerte in den Fahrrillen der Piste, die Nadel tanzte wild hin und her, bot keinen Halt, wie die Fahrt selbst, deren Sinn ich nicht mehr verstand – wohin fuhren wir denn?

Der Professor wollte mich immer wieder aufmuntern. Vom Vordersitz wandte er sich um, um mich zum Durchhalten zu bewegen, als die Hitze des Tages ihren Zenit erreichte. Er wisse ein Haus für mich, dort fände ich Heilung und Frieden, *healing and peace*, dabei wackelte er mit seinem kahlen Kopf auf schwer nachzuahmende Art – dieser Tanz des indischen Kopfes, der alles und nichts sagen konnte, ungewiss lächelnd, sich wiegend in der Mitte zwischen Ja und Nein. Ich stützte mich auf und nickte. Gut, gut. Wenn es nur bald geschafft ist.

Die anderen drängten mich, in ein Krankenhaus zu gehen, dort gehöre ich hin, aber dazu war ich nicht zu bewegen. Ich wollte Stille, sonst nichts. Stille und ein paar Flaschen Wasser. Der Professor hielt sich aus dem Streit heraus. Als er sah, daß ich mich nicht umstimmen ließ, kam er auf seinen Vorschlag zurück – »ein altes Hospital in einem verwilderten Park«.

»Ein Hospital? Ich gehe nicht ins Hospital.«

Er wiegte den kleinen Kopf. »Eines, das Ihnen gefallen wird, ein Hospital ohne Ärzte. Es steht seit langem leer.«

»Was war es früher?«

»Ein Haus für Leprakranke. Es wurde aufgegeben, als die neue Klinik eröffnete.«

»Ist es schön?«

»Zauberhaft schön. Dort finden Sie, was Sie jetzt brauchen, Ruhe. Stille. Ein guter Ort. Natürlich lassen wir Ihnen alles Nötige da.«

Einen Augenblick lang erregte es mein Mißtrauen, wie eifrig er mir das verlassene Hospital ans Herz legte, aber die Vorstellung, endlich Ruhe zu haben, kein Jeep, kein Lärm, verscheuchte alle Bedenken. Ich willigte ein. (…)

SARAH MACDONALD

Ganges-Grippe

(Neu-Delhi, Indien)

Als ich am nächsten Morgen aufwache, fühle ich mich wie vom Laster überrollt. Ich habe meine erste richtige Grippe. Ich gebe dem Smog oder vielleicht auch dem Planschen im Ganges die Schuld an diesem Scheiß. Aber nach vier Tagen mit gewaltigen Hustenanfällen, Kopf- und Gliederschmerzen verschlechtert sich mein Zustand noch. Ich habe einen Albtraum: Leichen hängen von der Decke, meine eigenen Lungen kleben mir schwarz und verfault auf der Haut, eine Mistgabel steckt in meinem Rücken, und auf meiner Brust hockt ein großes, fettes Biest. Ich keuche und schnaufe und versuche, das Ding loszuwerden, aber dann wird mir schwarz vor Augen, und ich röchele nur noch und würge. Das Biest verwandelt sich in den *Aghori Sadhu*, sein Dreizack hat sich durch meinen Rücken und meine Lungen gebohrt, seine blutunterlaufenen Augen nagen an meinem Schmerz. Ich weiß, er hat mir das angetan.

Jonathan rüttelt mich wach und beruhigt mich. Mein Atem rasselt, und ich schnappe nach Luft wie ein Goldfisch auf dem Trockenen, während er panisch eine Krankenkasse in Australien anruft. Bevor ich weggegangen bin, habe ich mit einem befreundeten Arzt gescherzt, dass ich krank werden würde, damit er käme, um mich nach Hause zu holen. Aber natürlich habe ich genau die Krankheit, mit der man nicht fliegen darf.

Doppelseitige Lungenentzündung.

Dem fast schon keuschen Doktor des Viertels gelingt es irgendwie, die Diagnose zu bestätigen, indem er sein Stethoskop auf meinen Pulli drückt und sich bemüht, durch die dicke Wolle, ein T-Shirt und die Thermounterwäsche meine Lunge abzuhören. Er mahnt, dass eine Lungenentzündung in Delhi gefährlich ist und sogar tödlich enden kann. Es ist schon mit gesunden Lungen schwer genug, hier zu atmen, und es gibt keine Krankenwagen (auch wenn sich manche Leute eine Sirene kaufen und sie in der eitlen Hoffnung, dass der Verkehr sich vor ihnen teilen möge, auf ihr Autodach pappen – was aber nie geschieht). Außerdem liegt das einzige richtige Krankenhaus eine Autostunde entfernt am anderen Ende der Stadt. Wenn ich noch einmal keine Luft mehr kriege, warnt mich der Arzt, werde niemand kommen, um mir zu helfen. Ich war in meinem ganzen Leben noch nicht im Krankenhaus, ich habe panische Angst vor Nadeln und kann an nichts anderes als an Staphylokokken, schmutzige Spritzen, Aids und eine Station voller stöhnender Menschen denken. Aber ich bin zu schwach und zu ängstlich, um mich zu wehren. Also steige ich in den Wagen, den ein grimmiger Abraham behutsam steuert. Auf dem Rücksitz japse ich wie eine Altersheiminsassin mit Emphysem.

Apollo ist ein Privatkrankenhaus, das mit seinem Erste-Welt-Standard angibt. Es sieht aus wie eine Hochzeitstorte, hat auf einer Seite einen Hindu-Tempel, auf der anderen eine Müllhalde voller Kühe, und gegenüber verläuft die Bahnlinie, an der sich ein kleiner Slum entlangzieht. Vor einem schmalen Seiteneingang – »FÜR ARME PATIENTEN« – hocken Familien und kochen. Der Haupteingang ist für die Reichen reserviert, und drinnen ist der Laden unglaublich nobel – (ziemlich) saubere Böden und geschrubbte Krankenschwestern in gestärkten weißen Kitteln und Hauben. In nur einer Stunde hat man mich in einen Rollstuhl geschubst, in ein Bett verfrachtet, mir Blut abgenommen, mich geröntgt und auf mein Zimmer gebracht. Man hat mir eine Sauerstoff-/Dampfmaske aufgesetzt, weshalb ich wie Darth Vader aussehe und auch so klinge, außerdem klebt eine Mischung aus Plastik-Zapfhahn und Fernbedienung an meiner Hand. Am Ende dieses Dings hängt ein Tropf. Alle drei Stunden werden mir intravenös Antibiotika injiziert, die sich in meinen Venen wie kaltes, hartes Schmalz anfühlen. Die freundliche Krankenschwester hat eine grauenhafte Spritztechnik und kennt nur ein englisches Wort.

»Schmerz?«

Sie versteht meine Antwort.

»Verdammte Scheiße.«

Meine Hand schwillt an, die Ringe werden mir von den Fingern geschnitten, und auf meinem Arm blühen grüne, violette und blaue Flecken wie Blumen. Jonathan hat in meinem Zimmer auf einem Couchbett Stellung bezogen (und zwar nicht nur, weil ich todkrank bin – angeblich ist es nicht ungewöhnlich, dass Frauen in indischen Krankenhäusern vergewaltigt werden). Doch obwohl er neben mir schläft, ist die erste Nacht lang und die Angst echt.

Um vier in der Früh bekomme ich keine Luft mehr und läute. Die Krankenschwester kommt herein und drückt mir die Maske aufs Gesicht, aber der Sauerstoff fließt nicht, und ich kriege Panik. Ich kann den dunklen Tunnel des Todes sehen. Natürlich habe ich, rein verstandesmäßig, schon immer gewusst, dass ich sterblich bin, nur habe ich stets so getan, als wäre ich es nicht. Ich habe meine Gesundheit aufs Spiel gesetzt, gefährliches Zeug geschluckt und mir vorgemacht, auf ewig jung, stark und unverletzlich zu sein. Zum ersten Mal lässt mich mein Körper im Stich. Zum ersten Mal begreife ich meine Verletzlichkeit und endliche Zukunft wirklich, und ich bin kein bisschen darauf vorbereitet. Ich bin in einer Familie voller Atheisten aufgewachsen. In der Schule habe ich nicht am Religionsunterricht teilgenommen und bin dem Glauben mit Skepsis, Geringschätzung und einer offen zur Schau getragenen Verachtung begegnet. Ich glaube an gar nichts außer an eine endlose Schwärze und Einsamkeit, und genau deshalb bin ich verrückt vor Angst. Im Krankenbett aber, die winzige Hand der Schwester in meiner, bekomme ich eine Ahnung von der Kostbarkeit des Daseins. Ich begreife, dass es egal ist, wie viele feurige Liebhaber man gehabt hat, wie viel man verdient, welchen Beruf man hat und wie toll man aussieht, es zählt nur, wie man lebt. Solche Sachen habe ich zwar schon immer gesagt, aber jetzt glaube ich sie zum ersten Mal wirklich, bis in das Mark meiner Knochen und bis in mein krankes Fleisch.

Grelle Erleuchtungen des Offensichtlichen wie diese blenden mich die ganze Nacht, halten mich wach und machen mich immun gegen die morgendliche Parade der Besorgten. Alle Viertelstunde oder so kommt eine Schwester herein und verpasst mir eine neue Maske, misst meinen Blutdruck, steckt mir ein Fieberthermometer in den Mund oder verabreicht mir meine Medizin. Zwischendurch erscheinen Leute mit Klemmbrettern und erkundigen sich, wie es mir geht und ob auch alles in Ordnung sei. Es kommen ein Vertreter der Verwaltung, ein Doktor in der Ausbildung, ein großer Doktor, ein Ernährungswissenschaftler, der von meinem Aa besessen ist, der Chefpfleger, der Teekellner, der Suppenkellner, der Hauptgerichtekellner, der Moskitovernichter, die Männer, die Jonathans Bett machen, und die Männer, die mein Bett machen. Allen murmele ich geistesabwesend etwas zu.

Dann folgt der Einmarsch der »Sputum-Brigade«: eine Gruppe von Ärzten und Psychotherapeuten in weißen Kitteln, die mir das deutliche Gefühl geben, dass die Welt untergeht, wenn sie nicht bald grünen Schleim zu sehen kriegen. Der Spezialist versucht, mir das für Indien typische morgendliche Würgen und Spucken beizubringen, das ich so verabscheue.

»Madam, Sie müssen das Sputum loswerden, alles muss raus, kommen Sie, wir versuchen es gemeinsam. *Krrroooooooooo-aaaaaaaaaaak.*« Zum Spucken rennt er in mein Badezimmer. »*Pppppttttttttttttttaaaaaaaaaaap*. Jetzt versuchen Sie's.«

Meine frühmorgendliche Existenzkrise hat mich erschöpft, und ich bringe nicht mehr heraus als ein bedauernswertes »Kroak, pppppttt«.

Noch ein paar Doctores eilen zu Hilfe. Gemeinsam beugen sie die Knie und wärmen sie auf.

»Jetzt zeigen wir ihr zusammen, wie man sputumt. Eins, zwei, drei, *kkkkkkkrrrrrrooaakk.*«

Unter solchem Druck bringe ich gar nichts zuwege.

Der Oberarzt verliert die Geduld. »Madam«, erklärt er verstimmt, »Sie werden das Krankenhaus nicht verlassen, bevor Sie das hier gefüllt haben.«

Er schleudert einen Probenbehälter auf mein Bett und marschiert aus dem Raum. In der folgenden Woche zwingt man mich, an einer riesigen, mit kochend heißem Wasser gefüllten Wasserpfeife aus Porzellan zu saugen, die Kampfpilotenmaske zu tragen, in eine Maschine zu pusten sowie zehnminütige Sitzungen zu durchleiden, während deren man mir auf den Rücken trommelt. Es nutzt nichts. Ich bin einfach kein rotziger Typ. Schließlich würge ich ein Blutklümpchen hoch, und man zeigt sich ein bisschen beeindruckt.

»Ein Anfang«, sagte der Spezialist ernst.

Heute, nach all diesen Anstrengungen, sinke ich erschöpft in die Kissen und sehe der nachmittäglichen Putzkolonne zu – drei Typen mit Begabung zum Slapstick. Ihr Aufseher ist Jim Carrey, gefangen in einem indischen Körper. Dieser indische Jim ist groß, schlaksig und beweglich, hat ein Gesicht aus Gummi und unwahrscheinlich weiße Zähne. Während die anderen um ihn herum putzen, steht er am Fuß meines Bettes und führt eine bizarre Baseball-Nummer auf. Mein Tropf ist der Schiedsrichter, sein Besen der Schläger, und der Kopf seines Stellvertreters der Ball. Ich lache, was sich erst einmal anhört wie eine elende Hustenattacke. Der indische Jim unterbricht die Aufführung und wird ernst.

»Stirbst du heute?«

»Nein?«

»Warum nicht?«

»So krank bin ich auch wieder nicht.«

»Ah, Madam, vielleicht aber doch, und dann musst du bereit sein.«

Ich schließe die Augen. Gegen diesen Wink ist er immun.

»Wir Hindus akzeptieren, dass es den Tod gibt, der Tod ist unser Schicksal. Ihr Leute aus dem Westen tut so, als gibt es nicht Tod, ihr plant und plant, wie als Leben Schachspiel ist, und es ist Spiel, aber nicht von euch. Richtig? Euer Karma und Kismet ist Spiel von Gott, Gott spielt, und sicher ist bloß, dass ihr sterbt eines Tages, richtig?«

»Also was tun?« Ich borge mir den indischen Tonfall und das passende Kopfwackeln. Der indische Jim grinst und wackelt zurück.

»Man soll sterben, während man seine Pflicht tut.«

»Aber ich habe keine Pflichten.«

Er tritt einen Schritt von meinem Bett zurück. Ungläubig.

»Kein Job? Kein Mann? Keine Kinder? Nicht eine gute Tochter sein?«

Ich schüttele jedes Mal den Kopf. Er seufzt schwer.

»Es kommt, Madam. Werd gesund, werd reich, sei gut und freu dich, es kommt.«

Weniger ehrgeizig sein und mein Leben vereinfachen: Das ist eine Prophezeiung, auf die ich hören sollte.

JUAN MORENO

»Please, Mr. Spain.«

(Tokio, Japan)

Mir sind Savoir-vivre-Länder in medizinischen Fragen suspekt. Zu genussorientiert, zu nachlässig. Ich bin davon überzeugt, dass es einen Zusammenhang zwischen der durchschnittlichen Verweildauer beim Mittagessen und der Qualität der medizinischen Versorgung gibt. Italien, Frankreich, auch mein Heimatland Spanien sind mir zu entspannt. Wenn diese Länder operieren, wie sie parken, dann will ich da nicht krank werden.

Länder, in denen man auf keinen Fall erkranken möchte, sind beispielsweise Nordkorea, Bhutan, Albanien, außerdem alle Länder, die George W. Bush bombardiert hat. Und natürlich England. Warum? Man möchte ja nur krank sein, nicht gleich todgeweiht. Wozu also in ein englisches Krankenhaus gehen?

Zur dritten Kategorie, den akzeptablen Krankheitsländern, würde ich die Schweiz zählen, Schweden, Norwegen, Dänemark, Holland, gewissermaßen alle mittel- und nordeuropäischen Fußballversager-Nationen. Ich kann das nicht begründen, es ist nur so ein Gefühl. Aber Länder, die das Rauchverbot in Gaststätten ernst nehmen, sind Länder, denen ich medizinisch vertraue. Ebenfalls in diese Reihe gehörte lange Jahre ein Land, das mich schon immer fasziniert hat: Japan.

Keine Frage, früher wäre Japan eines meiner Lieblingserkrankungsländer gewesen. Nun, ich war in Japan, und ich wurde krank. Sagen wir so, krank in Japan ist wie abstinent in Finnland – zermürbend.

Zwei Jahre ist das nun her. Ich arbeitete als Kolumnist für eine große deutsche Zeitung und hatte in einem kühnen wie seltenen Moment proletarischer Emanzipation meinen damaligen Chefredakteur dazu bekommen, mich ein ganzes Jahr um die Welt zu schicken. Ich sollte von unterwegs Texte für die Wochenendbeilage der Zeitung schreiben. Ich war vor meiner Ankunft in Japan bereits in Nepal gewesen, in Thailand, Laos und Kambodscha und würde im Anschluss nach Vietnam fliegen.

Japan war als Kind mein Lieblingsland. Ich liebte die Fernsehserie Shogun, in der Richard Chamberlain einen englischen Seemann spielt. Ich mochte die Serie so sehr, ich verzieh ihr sogar, dass die spanischen Seeleute in ihr alle Strumpfhosen trugen, durch und durch kriminell waren und wie Dragoslav Stepanović aussahen. Japan war etwas Besonderes auf meiner Weltreise. Ich hatte in der Vorbereitung Murakami, Ishiguro und Kawabata gelesen, dazu noch einige Zeitungsartikel von einigen Auslandskorrespondenten, die zusammenfassend sagten, dass Japaner höflich, etwas verklemmt, aber im Grunde ein nettes, liebenswürdiges Volk seien. Man sollte lediglich mit dem Stäbchen nicht in den Reis stechen, das sei unhöflich, und ihnen nicht sagen, dass sie wie Koreaner aussehen. Dann käme man gut mit ihnen klar.

Rund drei Wochen vor meiner Weltreise hatte ich mich beim Fußballspielen in einer Sporthalle verletzt. Im Fernsehen hatte ich Zinedine Zidane gesehen, wie er während eines Benefiz-Spiels einen großartigen Fußballtrick vorführte und dabei gleich zwei Gegner stehen ließ. Ich legte mir den Ball vor, lief hinterher, trat kräftig drauf, rutschte weg und landete erwartungsgemäß auf dem Boden. Da ich relativ nah an der Seitenauslinie stand, prallte ich mit meinem Fuß an eine Sportbank und brach mir den Zeh. Es war ein würdeloses Schauspiel.

Ich ging zu meinem Arzt, der mir sagte, dass man in solchen Fällen nichts machen können. Ruhe, Entspannung und das Versprechen, Zidane nicht mehr zu imitieren, das sei das Beste, was ich für mich und meinen Zeh tun könne. Ich befolgte seinen Rat und hatte die Sache bald vergessen. Mein Zeh war etwas schief, aber das waren mein Frontzahn und meine Nase auch. Alles fein.

Einige Monate später, während meiner Weltreise, änderte sich das. Offenbar hatte sich das Nagelbett meines dicken rechten Zehs so verschoben, dass der nachwachsende Nagel langsam in das Fleisch hineinwuchs. Es war ein langsamer, anfangs kaum schmerzhafter Prozess. Ich war auf Weltreise, bereiste Asien und war nicht bereit, mir diese Zeit wegen Zidane ruinieren zu lassen. Leider sind eingewachsene Fußnägel deutschen Steuerbehörden nicht unähnlich. Der von ihnen verursachte Schmerz beginnt langsam und kaum spürbar, steigert sich aber stetig, so lange, bis er fast unerträglich wird. Er verschwindet nicht. Er ist zäh und ausdauernd. Ein Marathon-Schmerz.

Der Nagel machte mir mit der Zeit immer mehr zu schaffen. Ich konnte dabei zusehen, wie er dicker und dicker wurde. Die Haut spannte sich, wurde blutorangenrot, irgendwann floss aus dem Nagelbett gelber Eiter, der nicht sehr angenehm roch.

Ich war zu der Zeit in Südostasien, und ich war fest entschlossen, bis Japan durchzuhalten. Es machte mir nichts aus, dass das Anziehen einer Socke zu einer Mutprobe wurde. Ich trug einfach keine mehr, ich verändert sogar meinen Gang. Wenn ich beim Gehen den Fuß zur Seite drehte, konnte ich die Belastung des Zehs gering halten. Es war eine wirklich seltsame Art zu gehen. Die sehr höflichen Menschen in Asien schauten mich an, wie man ein kleines, verstörtes Kind anschaut. Mitleid lag in ihrem Blick.

Ich sehnte mich nach Japan. Eine Wirtschaftsmacht, hoch entwickelt, mit Menschen, die zur bedingungslosen Pflichterfüllung neigten, für die Perfektion ein Sollwert war. Es würde Fahrpläne geben, die einem wirklich sagten, wann der Zug fuhr, Hotelbesitzer, die Klimaanlagen und Ventilatoren für zwei grundverschiedene Geräte hielten, insektenfreie Hotelmatratzen, die keine Geräusche machten. Und wenn ein Land Walkmen in der Größe von Zahnlücken herstellen konnte, was würde dieses Land dann mit meinem Zeh machen? Das Medizin-Nirwana. Krank in Japan klang fast wie ein Glücksversprechen.

Ich erreichte Japan am 21. Dezember. Es war ein kalter, windiger Tag in Tokio. Da mein Zeh unglaublich schmerzte, beschloss ich, es dem Rest meines Körpers gut gehen zu lassen. Ich buchte ein Fünf-Sterne-Hotel, im Diplomatenviertel, unweit vom Kaiserlichen Palast.

Ich betrat das Bad in meinem Hotelzimmer und wusste sofort, warum ich mich so sehr auf Japan gefreut hatte. Ich schaute auf eine kleine Fernbedienung, die neben dem Spülknopf der Toilette angebracht war. Man konnte mit ihrer Hilfe einen kleinen Wasserstrahl, der aus der Klospülung kam, steuern. Weiter links, weiter rechts, wärmer und kälter. In Deutschland gab es meist nicht mal richtige Bidets, und hier hatte man eine High-Tech-Toilette zur gründlichen Nachbereitung des persönlichen Stuhlgangs.

Ich rief die Hotelrezeption an und fragte nach einem Arzt. Die freundliche Dame sagte mir, dass es eine Krankenstation in dem Hotel gebe. Natürlich gibt sie die, sagte ich zu mir, während ich lächelnd zum Himmel schaute und mich fragte, womit ich das Glück verdient hatte, in diesem Land sein zu dürfen. Hier bauten die Menschen die Technik einer Raumfähre in eine Toilettenspülung ein, natürlich hatten die eine Krankenstation in einem Hotel. Ich war so euphorisiert, dass ich vermutlich »ja« gesagt hätte, wenn die Frau am Telefon mir bei der Gelegenheit auch gleich eine Herztransplantation und einen neuen Hüftknochen angeboten hätte. Das war Japan, es gab keine Grenzen.

Zwar tat mein Zeh noch immer weh, aber irgendwie humpelte ich beschwingt zum Aufzug und fuhr in den dritten Stock des großen Hotels.

»Mister Spain?«, sagte die Krankenschwester.

Die Rezeptionistin hatte mich bereits angekündigt.Ich hätte weinen können vor Rührung.

»Ja, das bin ich.«

»Please«, sagte die Schwester.

»Ich bin so glücklich, Sie zu sehen. Mein Zeh, wissen Sie. Er sieht aus wie eine verschimmelte Erdbeere.«

Ich sprach über meinen gerade wegfaulenden Zeh wie über eine Kleinigkeit. Für Japaner war es das ja sicherlich auch. Die Krankenschwester nickte.

»Na ja, wenn wir noch ein bisschen warten, dann habe ich hier bald eine Zucchini«, sagte ich, und freute mich, dass mir Zucchini auf Englisch eingefallen war.

Sie lächelte noch immer, griff in die Schürzentasche und zog ein Fieberthermometer heraus.

»Ich glaube, das brauche ich nicht. Ich habe kein Fieber, nur ein Problem mit meinem Fuß.«

Sie lächelte noch immer und hielt mir mit ausgestrecktem Arm das Thermometer hin.

»Mister Spain«, sagte sie sehr freundlich.

Ich nahm das Thermometer.

»Ich fühle mich gut, wirklich. Abgesehen vom Fußnagel, natürlich. Wollen wir nicht erst mal schauen, was mit dem Zeh zu machen ist, und dann messen wir Fieber?«

»Mister Spain.«

Die Frau begann mir einen Ärmel hochzukrempeln. Noch nie hatte ich einen derart ordentlich hochgekrempelten Ärmel gesehen. »Sie sprechen kein Englisch, nicht wahr?«, sagte ich.

»Mister Spain«, sagte sie.

Sie trug eine kleine Krankenschwesternhaube, einen weißen, gestärkten Kittel. Eine zierliche Frau mit verhuschtem Blick. Dann wendete sie sich ab, verließ kurz den Raum und kam mit einem Blutdruckmessgerät zurück.

Ich zeigte auf meinen Zeh, der noch in meinen Schuhen steckte.

»Mein Kreislauf ist in Ordnung, hier ist mein Problem.«

Ich zeigte auf meine Füße.

Sie legte die Manschette des Blutdruckmessgeräts um meinen Arm, ich spürte wie sie enger wurde, dann standen einige Werte auf dem Gerät. Die Schwester notierte sie.

»Sie sprechen kein Englisch, nicht wahr?«

»Please«, sagte sie.

Ich hatte keine Ahnung, was sie mit »please« meinte.

»Verstehen Sie ein Wort, von dem, was ich sage?« Ich versuchte mit mehr Akzent zu sprechen, mein Englisch klang jetzt so, als hätte ich es bei Lothar Matthäus gelernt.

»Mister Spain«, sagte sie und griff in eine Schublade. Sie holte eine Spritze heraus.

»Hören Sie«, ich sprach jetzt Deutsch, im Grunde war es ja egal, in welcher Sprache sie mich nicht verstand »Sie werden mir jetzt keine Spritze geben. Schauen Sie sich bitte meinen Fuß an.«

»Mister Spain.« Sie zeigte auf eine Tabelle mit japanischen Zeichen und Zahlen. Offenbar wollte sie mir Blut abnehmen.

»Mein Zeh, es ist mein Zeh, der Hilfe braucht.« Während ich sprach, zog sie das Thermometer aus meiner Achsel. Auch diesen Wert notierte sie. Dann drehte sie sich um und ging an einen kleinen Schrank. Ich hörte, wie sie verschiedene Verpackungen aufriss.

Es war eine Art Wettrennen. Ich musste einfach nur sehr schnell meinen Schuh ausziehen. Sie würde sehen, wo das Problem lag, und mich mit der Spritze verschonen. Wie im Wahn riss ich meine Schnürsenkel auf und versuchte mir den Stiefel auszuziehen. Es ging nicht so schnell, wie ich es gern gehabt hätte. Ich konnte sehen, wie sie die Nadel auf die Spritze steckte. Spritzen machen mir Angst.

»Mister Spain.«

»Ich heiße Moreno. Ich bin nicht Mister Spain.« Der Name klang wie der eines Superhelden. Ein spanischer Superheld, der Held mit dem dicken Zeh.

»Stopp«, sagte ich.

»Please«, sagte sie.

»Ja, genau, please«, sagte ich.

Mit einer schnellen, einen grellen Schmerz verursachenden Bewegung riss ich mir den Stiefel vom Fuß.

Eiter floss am Nagel entlang. Die Krankenschwester schaute auf den Fuß, lächelte freundlich und nickte.

»Mister Spain«, sagte sie und hielt mir die Spritze hin.

Der Anblick meines Fußes änderte nichts. Wahrscheinlich hätte ich ihr auch einen Fußstumpf zeigen können, einen blutenden, eiternden Stumpf. Sie wollte das Blut von Mister Spain.

»Aber hier, Sie müssen machen looky, looky, hier echt was schwer nicht in Ordnung.« Ich weiß nicht, warum ich plötzlich so sprach. Looky, looky hatte ich in Thailand aufgeschnappt. Die Straßenverkäufer sagten es zu mir, wenn ich an ihren Ständen vorbeilief.

Die Krankenschwester hielt die Spritze in der Hand, sanft lächelnd wie ein buddhistischer Mönch nach einem Nickerchen. Sie würde nicht weichen. Sie würde warten, bis der aufgedrehte Europäer ihr sein Blut gab.

Ich sagte nichts. Streckte meinen Arm aus und ließ es geschehen.

»Mister Spain«, sagte die Krankenschwester und verbeugte sich.

Vielleicht glaubte Sie, dass Mister Spain »Danke« bedeutet? Ich verbeugte mich etwas resigniert und sagte: »Mister Spain.«

Sie lächelte zufrieden.

Neben ihr stand ein weißes Tastentelefon, das in diesem Moment klingelte. Es war die Rezeptionistin. Nach einem kurzen Gespräch mit der Schwester bat sie mich ans Telefon und sagte mir, dass sie erst die Blutprobe abwarten müssten, bevor man mich weiterbehandeln könne.

»Aber ich habe doch nur ein Problem mit dem Zeh«, sagte ich zu ihr.

»Morgen kommen Sie bitte wieder zur Behandlung, falls das nötig sein sollte«, sagte die Rezeptionistin.

Sie legte auf. Ich verabschiedete mich von der Krankenschwester und ging auf mein Zimmer. Jetzt tat mir der Fuß und der Arm weh. Ich verbrachte die Nacht vor dem Fernseher. Ich schaute mehrere Stunden Sumo, dann einen Sender, bei dem viele aufgeregte Moderatoren zu arbeiten schienen und der Oliver Pocher vermutlich gut gefallen hätte; die Menschen jagten sich Spieße in den Hintern.

Am Morgen rief mich die Rezeptionistin an. Der Bluttest sei gut verlaufen, sagte sie. Ich sei gesund. Ob sie vielleicht noch etwas für mich organisieren könne? Eine Stadtrundfahrt oder ein Abendessen in einem Restaurant vielleicht? In Japan würde man viel Fisch essen, und es gäbe einige tolle Restaurants.

»Haben Sie einen Arzt, der Englisch spricht.«

»Eine Ärztin, ja.«

»Warum konnte ich sie gestern nicht sehen.«

»Sie hatte frei.«

»Kann ich sie sehen?«

»Aber ja, ich mache gleich einen Termin für Sie. Auf der Krankenstation.«

Diesmal hatte ich die Latschen an, die das Hotel ins Badezimmer gestellt hatte. Ich kam in die Krankenstation. Die Krankenschwester vom Vortag war nicht da. Stattdessen eine ältere Dame in einem Kittel.

»Sprechen Sie Englisch?«

»Ja, was kann ich für Sie tun?«

»Mein Zeh tut mir weh.«

Ich zeigte ihr den Zeh.

»Tut das weh?«

Ich schrie wie am Spieß, was ihre Frage zu beantworten schien.

»Über kurz oder lang wird man vermutlich operieren.«

»Operieren, amputieren, machen Sie, was immer Sie tun müssen.«

»Ich kann das hier nicht machen, aber ich kann einen Kollegen anrufen, der gut Englisch spricht und in einem Krankenhaus arbeitet.«

»Please«, sagte ich.

Die Ärztin griff nach dem weißen Tastentelefon, redete eine Weile. Sie legte den Hörer auf und drehte sich zu mir: »Morgen ist der 23. Dezember, morgen hat der Kaiser Geburtstag.«

»Ich wünsche ihm viele schöne Geschenke.«

»Wir können nicht operieren.«

»Warum?«

»Der Geburtstag des Kaisers ist ein Feiertag in Japan. Mein Kollege kann Sie erst am 6. Januar operieren. Er ist bis dahin im Urlaub.«

»Am 6. Januar? Das ist in zwei Wochen? Niemand hat so viel Urlaub in Japan, dachte ich.«

»Das ist ein Vorurteil. Wir Japaner haben durchaus auch mal frei.«

»Aber mein Zeh sieht aus wie eine faule Zwetschge.«

»Sie waren gestern zum Blutabnehmen hier, sehe ich.«

»Ich war gestern wegen meines Zehs hier.«

»Aber warum haben Sie sich Blut abnehmen lassen?«

»Ich weiß es nicht, ich dachte, das sei hier so Tradition.«

»Wer hat Ihnen denn das erzählt?«

»Niemand.«

»Hm.«

»Die Schwester wollte unbedingt.«

»Vielleicht hat Sie die Kollegin verwechselt.«

»Kann ich in ein anderes Krankenhaus?«

»Das ist schwierig zur Zeit. Sie sind kein Notfall, und die meisten Ärzte sind jetzt im Urlaub. Der Januar ist besser, um krank zu werden. Der Dezember ist nicht so gut.«

Es war der Moment, in dem Japan für mich sehr nah an mein Heimatland Spanien rutschte. Dieser letzte Satz der japanischen Ärztin war durch und durch andalusisch. In der Gegend, in der ich geboren wurde, ist es nie so, dass irgendjemand wirklich an etwas schuld ist, wenn irgendetwas nicht funktioniert. Es sind einfach nur unglückliche Umstände. Immer. Der Dezember ist einfach nur ein dummer Monat. Da kann niemand etwas dafür. Im Januar, da wäre so ein Zeh eine Kleinigkeit, und im Februar? Ja, im Februar, da lachen sich die Ärzte regelmäßig tot über eingewachsene Fußnägel, aber im Dezember, schlecht. Kann man nichts machen, im Dezember.

»Wann fahren Sie weiter?«, fragte die Ärztin.

»In einer Woche«, sagte ich.

»Ich kann Ihnen ein paar Schmerzmittel und Antibiotika geben, dann ist das leichter zu ertragen.«

Ich verließ die Krankenstation und schluckte in den nächsten Wochen so viel, dass ich vermutlich nur knapp einer Einweisung in die Betty-Ford-Klinik entgangen bin. Mein Zeh wies nach und nach alle denkbaren Farben auf, aber mit den Schmerzmitteln und den Antibiotika wurde es besser.

Am 30. Januar flog ich nach Vietnam. Am 31. Januar operierte mich ein ziemlich schmierig aussehender älterer Herr in Hanoi an meinem Zeh. Er sprach Englisch, Französisch und Italienisch. Sein Preis betrug 35 Dollar, mit Betäubung. Ehrlich gesagt, glaube ich, dass er noch runtergegangen wäre, wenn ich verhandelt hätte.

Eine Woche später konnte ich wieder halbwegs gehen.

Einen Monat später dachte ich über meinen Zeh kaum noch nach.

Alles ist wieder gut. Nur Japan ist für mich nicht mehr das, was es mal war.

IRIS BAHR

»Kein Problem. Machen Spaß!« oder Wie ich in Bangkok meinen HIV-Status per Intuition bestimmen ließ

(Thailand)

Diese Sache mit dem »Leute kennenlernen« stellt sich als schwierig heraus. Ich sitze seit Stunden im Thai World und versuche, so süß und ungebunden wie möglich auszusehen, doch die riskieren nicht einmal einen Blick in meine Richtung. Mit *die* meine ich jede verdammte Person hier. *Die* glucken alle in eingeschworenen Grüppchen zusammen und scheinen sich alle so gut zu kennen, dass man meinen könnte, sie hätten gemeinsam das Himalajagebirge durchwandert.

Ich verfluche Boaz dafür, dass er mich hier so zurückgelassen hat.

Hungrig beiße ich in mein Speck-Tomaten-Salat-Sandwich (was soll ich sagen, die Dinger machen süchtig – bis jetzt habe ich noch keine Bambussprosse probiert) und hoffe, dass der Vorgang des Essens eine Mauer zwischen mir und meiner Unsicherheit errichtet. Vier Sandwiches später bin ich mir immer noch darüber im Klaren, dass ich unsichtbar bin. Ich glaube, ich habe mein Soll an Selbstkasteiung für diesen Abend erfüllt. Seien wir ehrlich. Ich bin einfach eine Null mit sauberem Hinterteil und Schweinefleischproblem, eine Nulpe, die nach Aufmerksamkeit giert. Zeit, sich in den Schlafsack zu verkriechen.

Ich wische mir gerade ein verirrtes Stück sündiges Sandwich vom Gesicht, als sich von hinten jemand mit einer Reibeisenstimme heranpirscht.

»Nicht so hastig!«, sagt er.

Ich erstarre. War es möglich? Hat da tatsächlich jemand mit mir gesprochen? Ich drehe mich um und erblicke eine üppige Krausharmähne. Es ist Yoni, ein Typ aus Israel, den wir im Flieger getroffen haben. Eindeutig kein Anwärter für meinen Besatzungsplan, aber trotzdem ein willkommener menschlicher Kontakt. Seine Stimme wird getragen von einer merkwürdigen Kombination aus begeistertem Selbstbewusstsein und entspannter Ruhe, als wisse er im Voraus, was man sagen will – und dennoch scheint er gefesselt von dem Gesagten.

»Hey, Yoni! Wie geht es dir?«, rufe ich und drücke ihn, als wären wir alte Kumpel.

»Mir geht es phantastisch. Wo ist Boaz?«

»Paris.«

»Super!«

Bin ich die Einzige, die diese Wendung schockierend findet?

»Was hast du heute Abend vor, Iris?«

»Ich wollte eigentlich nur wieder auf mein Zimmer gehen, vor lauter Panik ein paar Stunden masturbieren und meine Mutter anrufen, um ihr zu erzählen, wie toll Boaz und ich uns hier amüsieren.«

»Oh.«

Es blieb nicht unbemerkt, dass Yoni nicht der Hellste war, wenn es um Sarkasmus ging. Andererseits wusste ich nicht ganz genau, ob das nur sarkastisch gemeint sein konnte.

»Was hast du vor, Yoni?«, frage ich, weil direkte Fragen am wenigsten Verwirrung stiften und nicht den Haken haben, dass man den hintergründigen Humor nicht verstehen könnte.

»Nun, ich fahre morgen nach Indien und wollte mir vorher noch eine Hardcore-Pornoshow in Phat Phong reinziehen. Magst du mitkommen?«, fragt er mich und schiebt seinen Israfro nach links.

»Klaro!«, rufe ich, überaus dankbar für den menschlichen Kontakt – und vollends dankerfüllt von diesem vielversprechenden Vorspiel meiner sexuellen Emanzipation.

Wer hätte ahnen können, dass sich die liederlichsten Kaschemmen der Welt auf einem beengten familienfreundlichen Flohmarkt befinden? Das nenne ich perfektes Marketing. Hier in Phat Phong kann man sich an einem Abend um seine lüsternen Sehnsüchte und den Kauf von Geschenken kümmern!

Als Yoni und ich uns einen Weg durch den Markt bahnen, teilt er mir mit, dass wir in ein Paradies gehen würden, das missverständlicherweise Queens Club heiße, obwohl sich dort nicht etwa Homosexuelle, sondern Heteros vergnügen – der einzige Club ohne Eintritt.

Sehr zu seinem ungeduldigen Unmut halte ich an und kaufe mir zwei gediegene Kerzenständer aus Bronze, der eine ist mit einer Sonne, der andere mit einem Mond verziert.

»Kann das nicht bis später warten?«, fragt er flehend und klärt mich über die unzähligen möglichen Missverständnisse auf, die sich ergeben könnten, wenn man zwei lange Metallobjekte in einen Sexclub mitnimmt. Doch ich hatte die Dame auf zweihundert Baht runtergehandelt und würde jetzt nicht mit leeren Händen weitergehen. Also schließe ich den Handel ab und folge Yoni mit meinen phallischen Doppeldauerständern die Treppe zum Club hinauf.

Man führt uns direkt in die vorderste Reihe. Ich nehme Platz, lehne mich zurück und versuche, cool und nicht wie eine Jungfrau zu wirken. Auf der anderen Seite sitzen einige bleiche Deutsche in Tretern mit Troddeln, die ohne jede Scham die Brüste einiger kichernder, auf ihren Schößen sitzender, Lolli lutschender Thai-Mädels bearbeiten.

Das Licht verdunkelt sich, und ein Stück von Depeche Mode ertönt aus der Anlage (*People Are People*, eines meiner alten Lieblingslieder). Eine nackte Frau kriecht auf die Bühne und begießt sich langsam mit heißem Wachs.

»Hab dir doch gesagt, dass die sich noch als praktisch erweisen würden!«, rufe ich und halte die Kerzenständer als Angebot in die Höhe. Aber Yoni zerrt meinen Arm wieder nach unten, und wir sehen dabei zu, wie die Frau zu ihrer nächsten Nummer übergeht: Sie öffnet mit ihrer Vagina den Kronkorken einer Bierflasche.

Es dauert nicht lange, da werden ihr weitere Requisiten in den Schoß gelegt: Pfeile. Ballons. Zigaretten. Ekel. Terror. Lustkitzel. Bevor ich rufen kann: »Vorwärts, zeig uns, was dein Beckenboden kann!«, ist bereits eine geschälte Banane in ihrer Körperhöhle verschwunden. DAS GANZE DING! Flutsch! Einfach so.

Meistervagina schleicht die Bühne hinunter und zwinkert mir verführerisch zu. Manch eine reife Frau mag in einer derart sexuell aufgeheizten Situation überfordert sein, ich aber nicht. Nicht die

Bohne. Als Bekundung meiner erwiderten Sympathie senke ich langsam mein linkes Augenlid, als ich im letzten Moment ein gemeines Grinsen auf Meistervaginas Gesicht bemerke. Ich schaue Yoni an, der nervös meine Hand ergreift. Ich bin verwirrt. Was geht hier vor?

ZOSCH!

Die Banane schießt wie eine Rakete aus dem keimverseuchten Inneren der Frau und rast mit siebzig Stundenkilometern direkt auf mich zu. Yoni versucht, mich aus dem Weg zu ziehen, doch es ist bereits zu spät. Die Banane klatscht mir direkt in den Mund, der sich vor Schreck weitet und ein wenig vom süß-sauren *shmutz* hineinlässt. Ich flitze auf die Toilette und spüle panisch den kontaminierten Bereich mit amöbenverseuchtem Wasser aus dem Wasserhahn.

Trotz meines Protestes zerrt mich Trainer Yoni vom Waschbecken und hinaus in Richtung Ausgang. Als wir an der Bühne vorbeikommen, hebt er meinen Arm zur Siegerpose und ermutigt die Deutschen zu einem gönnerhaften Applaus und lautem Toooor-Jubel. Sie strahlen und empfinden Ehrfurcht für das glückliche Mädel, das den Saft probieren durfte, für dessen Verkostung sie bezahlen müssten. Ich schaffe es noch, mich für meine Leistung schwach zu verbeugen. Ihre Anerkennung erfüllt mich mit seltsamer Befriedigung, als sei ich in meinem sexuellen Status eine Stufe höher gerückt. Immerhin hatte ich gerade Milch und Honig der Unterwelt entdeckt und einen Bananenmösenshake gekostet. (…)

Dank meines zuverlässigen Darmweckers bin ich heute Morgen lächerlich früh aufgestanden. Nicht, dass ich viel Schlaf gefunden hätte. Ich war viel zu sehr damit beschäftigt, mir krampfhaft zu überlegen, wo ich nach meinem nächtlichen Fruchtfest wohl einen Aidstest machen lassen könnte. Ich weiß, es ist Unsinn, so früh nach einer möglichen Ansteckung einen Test machen zu lassen, und die Gefahr, sich bei einer Frucht infiziert zu haben, ist ziemlich gering, doch ich gebe zu bedenken, dass das keimende Innenleben dieser Frau mit hoher Geschwindigkeit in meinem Mund gelandet ist. Außerdem fällt ein Aidstest in die Kategorie »Aktivitäten sexuell aktiver Menschen«, und jede Gelegenheit, mich unter Menschen dieser Kategorie zu mischen, muss genutzt werden.

Es dämmert mir, dass Yoni bereits auf halbem Weg nach Bombay ist, und so mache ich mich alleine auf den Weg ins Krankenhaus. Mein potenziell gefährdeter Gesundheitszustand beschäftigt mich viel zu sehr, als dass ich mich wegen meiner Einsamkeit grämen könnte.

Die Notaufnahme des laut *Lonely Planet* »besten Krankenhauses Bangkoks« ist völlig ausgestorben. Nicht einmal eine Klingel gibt es hier. Da meine thailändischen Sprachkenntnisse sich auf »Speck-Tomaten-Salat-Sandwich« und »Kao San Road« beschränken, hoffe ich, dass das Personal hier Englisch spricht – wo immer es sich auch aufhalten mag. Also bastle ich mir einen grammatikalisch falschen Satz auf Spezialenglisch für Ausländer und gebe diesen lautstark von mir.

»HALLO? IS THERE A PERSON IN HOSPITAL HERE?«

Eine verhuschte Frau in gestärkter weißer Uniform und schmuddeligen grünen Badelatschen trippelt auf mich zu.

»Was brauchen?«, grunzt sie.

»Aidstest!«

»HIV?«

»Ja.«

»Sehr beliebt.«

Soll mich das etwa trösten?

»Dreißig Minuten für Ergebnis.«

Wie in aller Welt kann es sein, dass ein Test, der in allen anderen Ländern eine Auswertungszeit von zwei Wochen erfordert, hier innerhalb einer halben Stunde zu einem Ergebnis führt? Das ist absurd! Wenn man es recht bedenkt, befinde ich mich in der Aids-Hauptstadt der Welt – und die haben hier, in der Aids-Hauptstadt der Welt, ganz offensichtlich keine große Ahnung von dem, was sie tun.

Tja, ich habe nicht wirklich viel zu verlieren, außer ein bisschen Blut, also überlasse ich meinen Arm bereitwillig der Gnade ihrer Einstichfertigkeit und eile zur Toilette, wo ich mich mit einem Strahl aus dem Allerwertesten meiner Sorgen entledige.

Ich kehre zurück zum verlassenen Wartebereich und studiere ein verkrustetes thailändisches Wochenmagazin, das ich zuvor entdeckt habe. Weniger als fünf Minuten später schlurft Schwester Christa aus der Schwarzwaldklinik wieder über den Gang – ihre rechte Badelatsche löst sich mit jedem ihrer Schritte weiter in ihre Bestandteile auf und hinterlässt eine dekorative Spur aus grünen Gummikrümeln.

»Sie okay«, befindet sie ausdruckslos.

»Ähem … danke«, erwidere ich und frage mich, ob sie meinen HIV-Status rein intuitiv erfasst haben mag.

»Kein Problem. Machen Spaß!«

»Danke. Sie … machen auch Spaß.«

PETER USTINOV

Ganz Ohr in Thailand

Fern der Heimat passieren unvorhergesehene Dinge. Während des Urlaubs in Thailand stellten sich unversehens in einem Ohr hin und wieder Schmerzen ein, mit denen eine gewisse Schalldämpfung ohne wirkliche Taubheit einherging. Bei relativ unwichtigen Dingen kennt die Solidarität der Menschen bekanntlich fast keine Grenzen. Gerade wenn keiner mehr durchblickt, bietet jeder seine spezielle Lösung für die infrage stehenden Wehwehchen an.

Die einen rieten mir zur direkten Anwendung von Meerwasser, denn dies sei der Natur ureigenes Desinfizierungsmittel, während andere Meerwasser als das Schlimmste darstellten, was ich in Betracht ziehen könne. Wer von den beiden recht hatte, ließ sich unmöglich feststellen. Ein schon etwas bejahrter Deutscher gab sich als Arzt zu erkennen, überreichte mir seine Visitenkarte und riet mir, ihn im Schwarzwald aufzusuchen, wo er die nötigen ärztlichen Gerätschaften besitze. Er werde sein Bestes tun. Ich ging mit mir zurate und kam zu dem Schluss, dass ich so lange nicht warten könne. Der Portier im Hotel hörte sich meine Symptomschilderung an und beschwatzte den Apotheker, irgendwelche Tropfen herauszurücken, die es eigentlich nur auf Rezept gab. Der Beipackzettel war so klein gedruckt, dass ich ihn nicht lesen konnte. Außerdem war er auf Thai.

Nach drei Tagen befand ich, die Tropfen seien nicht die richtige Lösung. Der Arzt in der Stadt sagte mir am Telefon, er müsse sowieso zu einem ernsthaft erkrankten Gast ins Hotel kommen und werde sich bei dieser Gelegenheit auch meiner annehmen. Er kam mit der Krankenschwester in einer Ambulanz angefahren. In der Empfangshalle untersuchte er hingebungsvoll mein Ohr, gab mir so viele weitere Pillen und Tropfen, dass mein Misstrauen erwachte, und sagte zugleich, ich solle sie nur nehmen, wenn es unbedingt nötig sei.

Als er mein Alter hörte, gab er einen leisen, ungläubigen Stoßseufzer von sich und wollte mein Ohr noch einmal sehen. Der Seufzer wiederholte sich, diesmal in einem klagend bestätigenden Moll. In Thailand, dessen Sprache je nach Tonhöhe jeweils etwas anderes bedeutet, tut man gut daran, die Tonart nicht zu verwechseln, selbst wenn man nicht den geringsten Schimmer hat, wovon einer redet. Nun stand ich mit einem ganzen Stapel Heilmittel da, begleitet von mehreren Stoßseufzern, die mich warnten, was alles passieren könne, wenn ich sie nähme. Dass keines davon half, bedarf keiner Erwähnung. Also wurde ein Besuch im Krankenhaus organisiert. Eine 40-minütige Taxifahrt brachte meine Frau und mich zum hell erleuchteten Eingang eines funktionalen Gebäudes, über dem »Notfälle« stand. Ich fragte den Fahrer, ob er sicher sei, dass dies die richtige Tür sei, aber da er Englisch weder sprach noch verstand, lächelte er, schloss die Hände zum Gruß und gab in einer sorgfältig zwischen Dur und Moll ausgewählten Tonart etwas von sich, was wie ein Wort fatalistischer Aufmunterung klang. Beantwortet wurde meine Frage durch eine alte Dame im blumigen Sarong, die die Fahrzeugtür aufmachte und fragte, ob ich allein gehen könne. Ich sagte ja.

Mit Schraubstockgriff um meinen Ellbogen steuerte sie mich in ein lärmendes Wartezimmer. Nach einer Weile wurde ich in die Notaufnahme gerufen und gebeten, ein Formular auszufüllen. Mit der bedrückenden Gründlichkeit aller Krankenhäuser wurde ich aufgefordert, meine Religion anzugeben. Dahinter steckt sicher die Überlegung: Falls das Krankenhaus einen ernstlichen Fehler macht, und sei es beim kleinsten Eingriff, dann weiß man wenigstens, wohin mit dir, wenn du dich aus ihrem Zuständigkeitsbereich verabschiedet hast. In diesem Teil der Welt sind die Wahlmöglichkeiten der Religion nicht gerade enorm, sodass sich die zutreffende mit einem simplen Kreuz in einem Kästchen identifizieren lässt. Unbeantwortet durfte die Frage indes nicht bleiben. Die vorgegebenen Kästchen lauten in der Reihenfolge der Präferenz oder jedenfalls Erwartung auf buddhistisch, moslemisch und christlich. Für Angehörige einer anderen Religion ist Meineid die Voraussetzung für eine Behandlung.

Eine Schwester maß meinen Blutdruck und fragte mich dann, welche Beschwerden ich hätte. Ich tippte ans Ohr. Daraufhin weiteten sich erschreckt ihre Augen. »Mental?«, fragte sie. Ich saß auf einem Bett, während der Arzt die Röntgenaufnahmen eines gebrochenen Fußgelenks studierte. Schließlich forderte er mich auf, mich hinzulegen. Er attackierte mein Ohr mit einem ausgewählten Sortiment Metallinstrumenten und sagte dann, dies sei eine Angelegenheit für einen Spezialisten; er selbst sei nämlich mehr für Fuß- und Fingergelenke zuständig, und wenn er sich mit Ohren abgebe, riskiere er mehr Ärger, als uns beiden guttue.

Er rief einen Spezialisten an und erklärte dem Fahrer, wie er dorthin komme. Inzwischen war es 20 Uhr durch. Der Spezialist hatte sein Sprechzimmer in einer Hauptstraße – das Geschäft auf der einen Seite verkaufte Billigpreis-Transistoren, das auf der anderen Seite war wegen Bankrotts geschlossen. Etwa zwanzig Menschen saßen auf harten Holzbänken und warteten auf Behandlung, hinzu kam die übliche Ration gelangweilter Kinder, die sämtliche Sitze eines hässlichen Plastikkarussells besetzt hielten, das aus vier farblosen Hennen bestand, die endlos hintereinanderherjagten.

Man gab mir eine Nummer, fragte mich wieder nach meiner Religion und bedeutete mir dann zu warten. Nach über einer halben Stunde, in der es nichts anderes zu bewundern gab als die orientalische Geduld und ein paar schreckerregende Darstellungen kranker Ohren im spätviktorianischen Stil, die die Wände zierten, kam ich zu dem Schluss, die Sache abzublasen. Ich sagte dem Mädchen am Empfang, meine Frau und ich gingen jetzt. Sofort befahl sie mich auf eine riesige schmiedeeiserne Waage. Ich lehnte dankend ab. Sie bestand darauf. Ich lehnte wieder ab. Verärgert fragte sie: »Wollen Sie den Arzt sehen?« Von ihrer Frage leicht überrascht, sagte ich, allerdings. »Gehen Sie rein!«, befahl sie. Ich tat wie geheißen. Es schien niemanden zu stören. Alle waren zu sehr mit Warten beschäftigt.

Der Spezialist war ein umgänglicher Bursche, der nicht lange fackelte. Binnen Sekunden hatte er etwas verknöchertes Material aus meinem Ohr gesaugt, und schon war ich wieder mit einem Paar Wattestopfen im Ohr und weiteren Tropfen entlassen. Nur eines sagte er mit grabdüsterem Seufzen: »Mit den Sprüngen vom Hochbrett ist jetzt nichts mehr.« Da meine Taucherkarriere noch gar nicht begonnen hatte, war ich zu diesem Opfer gerne bereit.

Ein Letztes noch. Die Behandlungskosten lagen weit unter zehn Prozent dessen, was ich auf meiner medizinischen Odyssee ausgegeben hatte. So ist denn die einfachste Antwort oft die beste, ungeachtet von Gewicht, Blutdruck oder Geisteszustand – sogar unbeschadet der Religion.

KAI STRITTMATTER

»It's just a fucking tooth.«

(München – Tibet – Hongkong – Allgäu)

Erinnert sich noch jemand an die alte Zeichentrickserie »In 80 Tagen um die Welt«? Der Running Gag der Serie ist, dass der reisende Gentleman und Zylinderträger Phileas Fogg in jeder neuen Folge morgens vor Aufbruch seinen Assistenten anweist, eine Reihe von sonderlichen Gegenständen – zum Beispiel einen Schirm, einen Dosenöffner und eine Hundeleine – einzupacken, von denen sich dann im Laufe des Tages herausstellt, dass er just sie braucht, um die Abenteuer des Tages zu überstehen. In Tibet war Phileas Fogg nie.

Tibet, im September – Ein Mönch führt uns zur Kammer des Lebenden Buddha, vorbei an schmutzigen Laiben Yakbutter. Der Mönch legt den Zeigefinger auf die Lippen. Wir gehen auf die Knie und senken den Kopf. Der Lebende Buddha murmelt ohne Unterlass, während er einen roten Wollfaden nimmt, ihn sanft anbläst und einen Knoten macht. Dann streichelt er uns über den Kopf und gibt jedem zum Abschied ein Erdnusskaramell. Der Mönch legt uns das Band um den Hals. »Das soll euch Glück bringen«, flüstert er auf Chinesisch, »auf keinen Fall dürft ihr es wegwerfen.«

Eine Woche später reißt sich unser Freund Harald seine Wollschnur vom Hals, hält sie in die Nacht und zündet sie an. Da war unserem Wagen gerade in voller Fahrt ein Rad abgesprungen. Von sieben Reisenden in der Gruppe hatten vier aufgegeben, wir befanden uns auf einem Umweg von 1000 Kilometern durch die Himalaya-Gebiete Sichuans und mussten uns vor der Polizei verstecken. »Was noch?«, stöhnt Harald, während sein Glücksfaden verglimmt. Die Reise hatte erst begonnen. Ob wir jemals unser Ziel erreichen werden?

München, im August, acht Jahre zuvor – Der Siebenermolar. Rechts unten. Der dicke ganz hinten. Mein Zahn. Mein toter Zahn. Das heißt, ganz tot war er noch nicht; der Mann im weißen Kittel war gerade erst dabei, ihn umzubringen. Er war ein wenig nervös. Schwitzte. Später erfuhr ich, warum: Er war der Lehrling hier in der Zahnarztpraxis am Schwabinger Hohenzollernplatz. Und ich war Student, DAK. Außerdem arbeitete er langsam. Sehr langsam. Einen Nerv nach dem anderen zog er mir aus der Wurzel, aus dem Kiefer, aus dem Leib. Wurzelbehandlung. Ein Wort, das ich damals zum ersten Mal hörte, aus dem Mund des Chefs, bevor der mich an seinen frisch von der Universität graduierten Lehrling weiterreichte. Er war unrettbar krank, der Molar. Und ich war Kassenpatient. Mit der Unbill des Lebens hatte ich bis dahin noch kaum Bekanntschaft gemacht. Die Wurzelbehandlung erinnerte mich zum ersten Mal an meine Sterblichkeit. Wie gesagt, der junge Mann arbeitete sehr langsam. Dustin Hoffman im »Marathon-Mann«, angekettet an den Zahnarztstuhl, die schreckensgeweiteten Augen auf die sich nähernden Bohrer, Zangen und Ösen gerichtet, so fühlte ich mich. Ich erinnere mich noch, wie meine Studienfreundin Gerlinde mir wenig später von der Geburt ihrer Tochter berichtete. Sie erklärte mir den Vorgang der Geburt so: »Das ist hundertmal schlimmer als eine Wurzelbehandlung.« Ich bekam einen heillosen Schreck, der schließlich einer bis heute anhaltenden Ehrfurcht wich vor allen Gebärenden.

Dabei wusste ich da noch gar nicht, dass der Siebener sich an mir rächen würde, noch im Tod. Dass er mich verfolgen würde über Jahre und über Kontinente, dass er mich jagen würde bis aufs Dach der Welt, und vom Himalaya wieder hinab nach Hongkong, bevor wir beide endlich im Allgäu Frieden schlössen.

Los ging es ein paar Wochen nach dem Termin am Hohenzollernplatz. Der tote Backenzahn hatte eine Krone aufgesetzt bekommen, schließlich sollte er mir, so hatte es mir der Zahnarzt in Aussicht gestellt, auch ohne Nerven als Mahlwerkzeug noch viele Jahre Dienste leisten. Die Wunden, die diverse Maulaufsperrzangen in mein Fleisch gegraben hatte, verheilten allmählich, als sich mit einem Mal dieser ziehende Schmerz meldete, der sich schließlich durchs Hirn Richtung Schädeldecke bohrte. »Wie kann das sein? Ich dachte, da sind keine Nerven mehr?«, fragte ich Lehrling und Chef. »Alsooo …«, murmelte der Chef: Entzündung im Kiefer, unterhalb eines Wurzelkanals, der nach Entfernung der Nervenstränge offensichtlich nicht sauber ausgeputzt worden war. Der Lehrling schwitzte. «Kann passieren«, sagte der Chef, Typ rheinländischer Golfer, klopfte mir jovial auf die Schulter und drückte mir die Überweisung zum Kieferchirurgen in die Hand. »Kann passieren«, sagte der Kieferchirurg, bevor er mir mit eisernen Spangen erneut den Mund aufsperrte. Dann brach er mit einem Stemmeisen seitlich den Kiefer auf, um den Entzündungsherd aus dem Knochen zu meißeln. »Schon erledigt«, sagte er nach zwei Stunden. Ich versuchte etwas zu erwidern, es gelang mir aber nicht.

Dann war Ruhe. Erst mal.

Ich machte meinen Magister, absolvierte die Journalistenschule und heuerte bei einer Zeitung an, die mich schließlich nach China schickte. Und während ich immer wieder mal eine gewisse Empfindlichkeit registrierte bei kräftigem Zubiss rechts unten hinten, beschloss ich, das zu ignorieren und mir keine Sorgen mehr machen zu müssen. Es waren bestimmt fünf, sechs Jahre vergangen seit jenem Sommer am Hohenzollernplatz, als sich eines Abends – inzwischen lebte ich mit meiner Freundin in Peking – plötzlich mein Kiefer meldete. Es war ein wenig so, als hielte einer ein Löteisen an meine Nerven. Und drehte dann, im Verlauf der nächsten Stunden, allmählich die Temperatur der Glutspitze hoch. Ich reagierte, indem ich erstarrte. Irgendwie glaubte ich, dem Schmerz möglichst wenig Angriffsfläche zu bieten, indem ich toter Mann spielte. Außerdem fühlte ich mich bald so. Wie ein toter Mann. Ich lag drei Tage lang flach, flach wie ein Brett. Und bekam die Zähne nicht mehr auseinander. Kiefersperre. Meine Freundin flößte mir mit einem flachen Löffel Suppe ein. Es war dieselbe Stelle. Die alte Infektionshöhle unter dem Siebenermolar stand wieder einmal in Flammen. Unser Zahnarzt in Peking, ein in Amerika ausgebildeter Pakistani, der sich an den Budgets der ausländischen Managergemeinde schadlos hielt, verschrieb mir schließlich ein besonderes Antibiotikum – »Nehmen Sie unbedingt dieses!« –, eine Woche später war ich wieder genesen. Es wurde mir in der Folge zur Angewohnheit, immer wieder mit der Zunge gegen den wurzelbehandelten Backenzahn zu tippen, misstrauisch, forschend, herausfordernd, um etwaige Neuentzündungen sofort zu registrieren. Mal glaubte ich, etwas zu spüren, mal war ich mir sicher, zeitweise war ich richtig paranoid. Nach zwei Jahren ließ meine Wachsamkeit nach, es gab Wochen und Monate, da vergaß ich meinen Zahn.

Tibet, im September – Tibet ist tabu für Journalisten. Peking fürchtet den Unruheherd Tibet, das Land des Dalai Lama im Himalaya, das seit mehr als einem halben Jahrhundert von den Chinesen okkupiert ist und wo Menschenrechte wenig gelten. Deshalb fürchtet Peking auch ausländische Beobachter. Touristen dürfen nur in Gruppen nach Lhasa und in andere Gebiete reisen, Journalisten brauchen eine Sondergenehmigung, ohne Aufpasser dürfen sie nicht ins Land. Manche Korrespondenten warten Jahre auf die Erlaubnis. Da lag plötzlich dieses Fax vom »Chinesischen Rat für die Entwicklung und Unterstützung der Westlichen Gebiete« auf meinem Schreibtisch. Der Rat versprach, er werde uns nicht nur nach Lhasa bringen, sondern auch durch die verbotenen Gebiete Südost-Tibets – und zwar mit offizieller Erlaubnis. Ein Sesam-öffne-dich. Das Fax lockte mit nagelneuen japanischen Jeeps, mit Hochgebirgszelten, Schlafsäcken, Sauerstoffflaschen und Notrationen für die Wildnis. Konnten wir ahnen, dass dem Rat weniger die Entwicklung der westlichen Regionen als vielmehr die der eigenen Belange am Herzen lag? Wir packten nicht viel. Feste Schuhe, Pullover, eine Jacke. Wie immer bestand meine Freundin darauf, vor Abreise in Peking eine Reiseapotheke zusammenzustellen: Pflaster, Durchfallmittel, ein paar Pillen gegen dies und das. Wie immer machte ich mich über sie lustig.

Tagelang fahren wir nun schon, in einen altersschwachen Jeep gepresst, durch die tibetischen Gebiete Yunnans. Die Notration besteht aus einem Karton Instant-Nudeln, Schlafsäcke habe man leider nicht, und Zelte? »Brauchen wir nicht«, versichert Nawa, unser Fahrer. »Da draußen gibt es viele Räuber.« Er ist Khampa, Nachfahre jenes kriegerischen Tibeterstammes, der sich den chinesischen Besatzern in selbstmörderischem Widerstand entgegenwarf. Wir kaufen dann doch noch ein Zelt, das einzige, das es gab. Ein kleiner Fetzen Zeltstoff, wie geschaffen fürs Übernachten der Kinder im heimischen Garten. Wir fahren los, vor uns der südliche Himalaya, dahinter: Lhasa.

Nawa ist ein Sonnenschein, und er liebt seinen Jeep. »Sieh her«, sagt er und deutet stolz auf den Beifahrersitz, »hier hat schon der Pantschen Lama gesessen auf einer Inspektionstour.« Der alte Pantschen Lama, hinter dem Dalai Lama der zweithöchste religiöse Würdenträger Tibets, ist seit 1989 tot. Der Jeep fast zwanzig Jahre alt. Sein Zustand und das, was wir mit ihm und unseren Begleitern in den ersten Tagen erleben durften, hat dafür gesorgt, dass vier unserer Mitreisenden schon kurz nach Abfahrt in Yunnan abgesprungen sind und sich auf den Heimweg nach Peking machten. »Mein Bauch sagt mir, ich soll umkehren«, hatte der NZZ-Kollege gemeint. »Und mein Bauch hat sich noch nie getäuscht«. Uns drei aber – Harald, meine Freundin und mich – schert das zu dem Zeitpunkt nicht. Wir sind auf dem Tibet-Highway. Endlich. An dem Wort »Highway« stimmt: Er liegt hoch, und es ist ein Weg: ein schlechterer Feldweg zumeist, und oft nicht einmal das.

So klettern wir hoch, durch kleine Wasserfälle hindurch, über Erdrutsche hinweg. Oft ist es vom Menschen verursachte Erosion: Einige Hänge sind kahl, abgeholzt. Immer wieder kommen uns mit Stämmen beladene Laster entgegen. Der Boden hält kein Wasser mehr, ständiger Regen schwemmt die Erde auf die Straße oder in den Fluss. Die alljährlichen Hochwasserkatastrophen in China – an den Hängen des Südhimalaya nehmen sie ihren Anfang. Bald steigen wir über die Baumgrenze, sie liegt hier aufgrund des milden Monsunklimas auf 4500 Meter, der weiche Faltenwurf der Bergrücken sieht im Schattenspiel von Sonne und Wolken aus wie Samt.

Am nächsten Tag, während eines Plausches mit Nawa über der neunten Reifenpanne, platzt unser Führer Xiao Yang plötzlich erschrocken heraus: »Was? Wir sind auf Gebiet, das für Ausländer gesperrt ist?« An dieser Stelle sei eingefügt, dass man Xiao Yang – »kleine Pappel« – mit etwas bösem Willen auch als »kleines Schaf« übersetzen kann. So jedenfalls erfahren wir, dass unsere Reiseerlaubnis für Tibet leider noch in irgendeinem Amt in Yunnan lag. Für ein paar Minuten sind wir wie vom Donner gerührt. Da stehen wir, mitten im tibetischen Hochland: ausländische Journalisten, die illegal durch verbotene Gebiete schlichen. Im Auto fasste sich Xiao Yang schnell wieder. »Kein Problem«, sagt er. »Da lässt sich im Notfall schon was machen. « Von nun an schlafen wir nicht mehr in Pensionen, schlagen fernab von Ortschaften und Nomadenlagern das Zelt auf, bei Wind und Wetter, einmal auf 5500 Metern Höhe. Es regnet in unser Zelt und in unsere Schlafsäcke, deren Baumwollfüllung sich schon in der zweiten Nacht als ein großer Klumpen am Fußende gesammelt hat, sodass für den Rest des Körpers nur dünnes Tuch bleibt. Wir sind auf der Flucht vor der Polizei, aber es finden uns nur neugierige Yaks. Bald passieren wir die Grenze zur »Autonomen Region Tibet«. Die Straße wird immer schmaler, eine Kerbe im Geröllhang zwischen Fluss und Gipfel. »Oha«, sagt Nawa, »lieber nicht runtergucken.« Tausend Meter und mehr fällt die Schlucht ab, gerade ein Wagen hat Platz zwischen Felswand und Abgrund, jedesmal wenn der Jeep einen Erdrutsch überklettern muss und um 30 Grad kippt, hat man den Panoramablick in die Schlucht.

Es ist der Anfang einer fast dreiwöchigen Reise, auf der wir atemlos gen Lhasa hetzen und auf der uns unter anderem noch dies zustoßen sollte: Wir verlieren nicht mehr nur einen Reifen, wir verlieren unser ganzes Auto. Wir marschieren tagelang zu Fuß durch die Berge. Wir retten uns in letzter Sekunde vor einem Bergrutsch, der Xiao Yang zwanzig Meter mit Richtung Flussbett schleift. Wir begegnen wild um sich schießenden Polizisten, die aber nicht uns jagen, sondern – wie wir kurz darauf an einem an die Wand genagelten Steckbrief sehen – zwei eben aus dem Gefängnis entflohene Mörder, die sich in der Gegend verstecken. Wir werden doch noch von der Polizei gefasst und kaufen uns frei.

Und irgendwann, mittendrin in alldem, als ich es am wenigsten erwarte, passiert dies: Mein Zahn meldet sich. Oder vielmehr: der zu neuem Leben erwachte Eiterherd unter meinem Zahn. Da hatten wir unseren Jeep noch nicht verloren, meine Freundin und ich saßen auf der Rückbank, es war bald nach Mitternacht, wir waren alle hundemüde und fuhren dennoch weiter, Kilometer schinden. Nawa hatte im Halbschlaf schon mehrfach neben die Gangschaltung gegriffen, wie wir mit wachsendem Entsetzen beobachteten, als es plötzlich wieder da war: das Ziehen hinten unten rechts. Wieder erstarrte ich, aber nicht vor Schmerz, so weit war es noch lange nicht, sondern vor Panik. Angst vor dem, was mich erwartete. Ausgerechnet jetzt. Wir hatten die 5000 Meter überklettert und näherten uns gerade dem höchsten Pass unserer Reise, von Harald hatten wir schon lange keinen Ton mehr gehört, er war, das wussten wir da noch nicht, zu dem Zeitpunkt schon höhenkrank und gestand uns später, wenn er in jenen Stunden eine Schlucht gesehen hätte, er wäre hinabgesprungen, allein um tiefer zu kommen. Bis Lhasa waren es noch geschätzte acht bis zehn Tage, bis zum nächsten Arzt, egal in welche Richtung, wahrscheinlich mehr als hundert Kilometer. Das Pochen in meinem Kiefer wurde allmählich stärker. Ich blickte meine Freundin an, und überlegte, ob ich es ihr verraten sollte. Diese Nacht schlief ich nicht viel. Am nächsten Morgen, die Schatten neugieriger Yaks zeichneten sich auf unserem klatschnassen Zelt ab, sagte ich es ihr.

Wie soll ich mein Gefühl beschreiben, als sie nach hinten griff, ihren Rucksack herbeizerrte, daraus eine gar nicht große Plastiktüte hervorzauberte, die sie etwas umständlich aufknotete, um mir dann ein kleines, unscheinbares Schächtelchen in die Hand zu drücken? Es war haargenau jenes Antibiotikum, mit welchem mich der Pekinger Arzt zwei Jahre zuvor aus meiner Kieferschmerzstarre erlöst hatte, und von dem mir der Namen ebenso längst entfallen war wie die Tatsache, dass wir davon in unserem Berg von angebrochenen Mustern und Pillenpäckchen noch eine Schachtel zu Hause herumliegen hatten. Es war mein kleines tibetisches Wunder. Um mein Handgelenk hing noch immer der rote Wollfaden des Lebenden Buddhas. Und an meiner Seite hatte ich nun eine Frau, der ich fortan nicht nur als Gebärende, sondern auch als direkter Nachfahrin von Phileas Fogg Ehrfurcht zollte.

Ich nahm das Antibiotikum. Das Pochen hörte auf. Irgendwann erreichten wir tatsächlich Lhasa, ausgepumpt, aber euphorisch. Ein leises Ziehen war geblieben. Zurück in Peking, ging ich sofort zum Zahnarzt, der dem Zahn die Krone abnahm und wochenlang die Wurzelkanäle betupfte, bis es mir zu blöd wurde. Ich flog nach Hongkong, wo man mir einen Kieferchirurgen empfohlen hatte, und das war ein weiterer leuchtender Moment in meinem Leben. Der Mann – ein Australier – schaute mir in den Mund, besah sich die Röntgenaufnahme, dann sagte er: »Ich weiß ja, dass die Zahnärzte sehr an ihren Zähnen hängen. Aber wissen Sie was?« – er blickte sich kurz um, ob die Zahnärztin, die sich mit ihm die klitzekleine Praxis teilte, auch nicht zuhörte: »Reißen Sie ihn doch einfach raus. *Get rid of it.*« Und dann sagte er den Satz, der mir beim Nachsprechen auch noch heute fast körperliches Vergnügen bereitet: »*After all, it's just a fucking tooth.*«

Und das tat ich dann. Ein paar Monate später, auf Heimaturlaub bei meinen Eltern im Allgäu, besuchte ich meinen alten Zahnarzt. Da lagen wir dann gemütlich im Stuhl, mein Molar und ich, hinter den großen Fenstern tat sich der Blick auf auf blühende Apfelbäume und satte grüne Wiesen, mein Zahnarzt holte die Zange, ich machte den Mund auf und hatte noch nicht den Satz »*It's just a fucking tooth*« zu Ende gesummt, da war es auch schon vorbei. Ungelogen: Zwei Minuten, und ich war den toten Zahn los und den Eiterherd darunter dazu. Gespürt habe ich nichts. Nichts. Zwei Minuten, die acht oder neun Jahren Leiden ein Ende machten.

Istanbul, heute – Ich lebe heute in der Türkei, schreibe noch immer für dieselbe Zeitung und habe nur mehr 27 Zähne. Den Siebenermolar habe ich keine Sekunde meines Lebens vermisst. Ab und zu fahre ich mit der Zunge in die Lücke unten hinten rechts und danke dem Himmel *for every fucking day*, den ich den Kerl los bin.

YU-CHIEN KUAN, PETRA HÄRING-KUAN

Der weise Arzt oder Erste Hilfe auf Chinesisch

Die Alten haben es immer gewusst: Der weise Arzt behandelt einen Menschen nicht erst, wenn er krank, sondern während er noch gesund ist.

Wir saßen zu fünft zusammen, als einer von uns, ein vierzigjähriger Fondsmanager, sagte, er hätte noch einen Termin bei seinem Kräuterarzt und müsse nun gehen. Der Arzt sei schon weit über achtzig Jahre alt und einer der besten von ganz Shanghai. Sofort wollten sich die drei anderen Chinesen ihm anschließen. »Ihr seid doch gar nicht krank«, rief Petra verwundert. »Na und?«, fragten sie zurück.

Der Mann praktizierte zu Hause. Schon vor der Wohnungstür warteten Patienten, ebenso im Flur der Wohnung und im geräumigen Wohnzimmer. Dort, an seinem Schreibtisch saß der alte Herr und führte gerade ein Gespräch mit einem Patienten. Dass die Wartenden zuhören konnten, störte weder Patient noch Arzt. Diskretion ist bei einem solchen Andrang nicht zu wahren, und aus den Krankenhäusern ist man auch nichts anderes gewöhnt.

Zuerst war der Fondsmanager dran. Er war schon seit Wochen in Behandlung, nachdem er infolge von beruflichem Stress einen völligen Zusammenbruch erlitten hatte. Die Kräutertherapie schlug gut an. Alle fünf Tage besprach er mit dem Arzt die Wirkung der Kräuterrezeptur und das weitere Vorgehen. »Was haben Sie für Beschwerden?«, fragte der Arzt Petra, und begann unverzüglich mit der Pulsdiagnose. »Keine«, meinte sie, und nach eingehender Prüfung konnte er das bestätigen, gab aber dennoch ein paar Ernährungstipps. Nach Petra kam jemand dran, der sich ebenfalls für gesund hielt. Doch der Arzt entdeckte eine Schwäche im Leberfunktionskreis, und nachdem er gezielt diverse Symptome aufgezählt hatte, nickte der Betreffende. Ja, das sei ihm auch schon aufgefallen. Er hätte sich aber nichts dabei gedacht. Auch bei den beiden Letzten unseres Grüppchens wurde der Arzt fündig. Jeder bekam ein Rezept, das wir in einer Apotheke einlösen konnten.

Niemand wundert sich in China, wenn auch ein Gesunder zu Untersuchungen geht. Die ausgefeilten Diagnosemethoden der chinesischen Medizin ermöglichen es, schon sehr früh Disharmonien und Störungen im Körper festzustellen und so den möglichen Ausbruch einer Krankheit zu erkennen, lange bevor sie sich manifestiert hat und für die Schulmedizin erkennbar ist. Allein die Methode der Pulsdiagnose, die an beiden Handgelenken und an jeweils drei Taststellen vorgenommen wird und über 50 Pulsarten unterscheidet, gibt dem erfahrenen Mediziner Hinweise darauf, in welchem Zustand sich die inneren Organe befinden und wie es um die Gesamtkonstitution des Betreffenden bestellt ist. Für die Diagnose sind neben den körperlichen und organischen Symptomen auch Gefühlsregungen, Vorlieben und andere Lebensäußerungen von Bedeutung. Deshalb reagieren Chinesen grundsätzlich sehr viel schneller auf die leisesten Anzeichen einer Erkrankung, als es bei den Menschen im Westen üblich ist. Veränderungen in der körperlichen Befindlichkeit werden wesentlich genauer beobachtet und mit stärkenden oder ausgleichenden Mitteln behandelt.

Grundlage der chinesischen Medizin ist das Konzept von dem Universum, in welchem Himmel, Erde und Mensch als Teile eines Ganzen in Wechselbeziehung zueinander stehen und nicht isoliert betrachtet werden dürfen. Das Qi, das im Universum zirkuliert, durchströmt auch den Menschen, und genau wie die Erde und der Himmel eine Einheit aus Yin und Yang bilden, lässt sich der menschliche Körper bis ins kleinste Detail den polaren Kräften zuordnen. Auch das Prinzip der »fünf Wandlungsphasen«, die alle Dinge dieser Welt hervorbringen, finden im Körper ihre Entsprechung. Der Mensch muss in Harmonie mit den Naturgesetzen leben und auf die Ausgewogenheit von Yin und Yang sowie den Ausgleich der fünf Wandlungsphasen achten, nur dann bleibt er gesund. Widersetzt er sich, wird er krank. So bringen es schon die Mütter ihren Kindern bei: Wenn zum Jahresende die Kälte naht, muss sich der Mensch mit entsprechender Kleidung und wärmenden Speisen darauf einstellen, um ein Übermaß an Kälte in seinem Körper zu verhindern. Naht die Sommerhitze, muss er ihr mit kühlenden Maßnahmen entgegentreten, um ein Übermaß an Hitze zu verhindern.

Das Qi durchströmt den menschlichen Körper, indem es in den Gefäßen und auf den Leitbahnen, den Meridianen, zirkuliert. Das gesamte Konzept der Akupunktur und Akupressur basiert auf dieser Erkenntnis. Ist das Qi nicht im richtigen Fluss, ist es zu schwach oder zu stark, stagniert es oder staut es sich oder zieht es sich aus Bereichen zurück, dann muss stimuliert, sediert oder aufgelöst werden, um Krankheiten entgegenzuwirken. Krank machende Faktoren können auch von außen in Form von Kälte, Hitze oder Feuchtigkeit eindringen. Dies führt zu einem Ungleichgewicht von Yin und Yang. Zu viel Yang verursacht Hitze, zu viel Yin Kälte. Phänomene aus der Natur, wie Hitze und Kälte, Wind, Feuer, Nässe, Feuchtigkeit und Trockenheit, finden als krank machende Faktoren bei der Beschreibung von Krankheitsbildern ihre Entsprechung.

Die chinesische Medizin geht von einer ganzheitlichen Betrachtungsweise aus. Mit Halsschmerzen geht man nicht zum Hals-Nasen-Ohren-Arzt, mit Schmerzen im Bewegungsapparat nicht zum Orthopäden, mit Beschwerden im Urogenitaltrakt nicht zum Urologen. Der traditionelle Arzt sieht die Beschwerden immer im Zusammenhang mit dem gesamten System.

Nach der Lehre der fünf Wandlungsphasen steht jedes Organ in Beziehung und Wechselwirkung zu den anderen und wird deshalb nicht unabhängig betrachtet. Die Lehre besagt, dass sich die Organe in mehreren Wirkungskreisen gegenseitig beeinflussen und einander Schaden zufügen können. Eine kranke Niere kann schädigend auf das Herz wirken, ein krankes Herz wirkt auf die Lunge, diese auf die Leber und so weiter. Der traditionelle Arzt wird Herzbeschwerden immer im Zusammenhang mit den Funktionen von Niere, Lunge und Leber sehen, ebenso die Beschwerden anderer Organe in ähnlicher Weise.

Wo Schwäche besteht, kann der Mensch erkranken. Dass die Stärkung der Abwehrkräfte wichtig ist, hat man in China schon früh erkannt und deshalb vielfältige Methoden der Prophylaxe entwickelt. In ihrem ganzheitlichen Denken versuchen die Chinesen das Maß der Mitte zu finden, niemals den Körper zu überfordern und extremen Situationen auszusetzen. Interessanterweise war den chinesischen Heilkundigen schon in vorchristlicher Zeit der Einfluss psychischer und emotionaler Phänomene bewusst. Das Übermaß an Gefühlen zählte damals wie heute zu den krank machenden Faktoren. Man unterschied zwischen sieben typischen Gefühlen und ihrer Wirkung auf bestimmte Organe. So sind Zorn, Frustration und Wut Emotionen, die vor allem die Leber schaden, ebenso wie Trauer und Sorge die Lunge treffen.

Die traditionelle chinesische Medizin hat eine schriftlich belegte Geschichte von mehr als 2000 Jahren. Schon in den ältesten Originaltexten, die man in Grabanlagen aus vorchristlichen Jahrhunderten fand, wurde eine Vielfalt von damals gängigen Heilverfahren genannt, darunter die Arzneitherapie, Moxabehandlung, Massage und das Schröpfen, aber auch Atem- und Körperübungen.

Den größten Teil der traditionellen Heilkunde nimmt die Arzneitherapie ein, die sich über Jahrtausende als reine Erfahrungsmedizin entwickelt hat. Sie profitierte insbesondere von der Suche der Daoisten nach lebensverlängernden Kräutern und Unsterblichkeitselixieren. Man unterscheidet zwischen pflanzlichen, tierischen und mineralischen Substanzen. Diese werden unter anderem nach ihrem Temperaturverhalten unterteilt, ob sie beispielsweise kühlend oder wärmend wirken, und nach ihren Geschmacksrichtungen, ob eine Substanz etwa bitter oder scharf ist und nach dem Prinzip der fünf Wandlungsphasen auf die entsprechenden Organe wirkt. Eine Rezeptur kann aus einigen wenigen Substanzen, aber auch aus zwei Dutzend und mehr bestehen. Die alten, erfahrenen Ärzte vermögen die Rezepturen mit genauen Grammangaben der einzelnen Bestandteile auswendig aufzuschreiben. Die Mischung wird in Apotheken zusammengestellt und zu Hause mit Wasser zu einem Sud aufgekocht. Viele der bewährten, jahrhundertealten Rezepturen sind heute als Fertigpräparate in Form von Pillen, Granulaten oder Säften erhältlich, was die Einnahme bequemer macht. Jedoch hat die traditionelle Zusammenstellung von losen Mischungen den Vorteil, dass ein Arzt mit den Mengenangaben der benötigten Substanzen besser auf den individuellen Krankheitsfall eingehen kann.

Zum weiteren Spektrum der traditionellen Heilkunde gehört die Akupunktur, die darauf abzielt, den Qi-Fluss zu regulieren, Stauungen und Blockaden aufzulösen sowie Mangel oder Überschuss im Körper auszugleichen. Dies geschieht, indem bestimmte Punkte auf den Leitbahnen mit Nadeln stimuliert werden. Die Akupunktur ist nicht so alt wie die Arzneikunde, sie ist aber gerade im Westen zu einem Symbol der chinesischen Medizin geworden und als solche sehr verbreitet.

In den letzten zwei, drei Jahrhunderten des Kaiserreiches erlebte die traditionelle Medizin einen Niedergang. Dies ging einher mit den dramatischen politischen Ereignissen. Die Überlegenheit der europäischen Mächte war erschreckend, die eigene Rückständigkeit beschämend. Ausländische Ärzte brachten Hygienevorschriften mit nach China und verbuchten auf dem Gebiet der seuchenartig auftretenden Infektionskrankheiten sensationelle Erfolge. Die traditionelle Medizin schien disqualifiziert und Bestandteil eines überkommenen Systems zu sein. In Scharen widmeten sich junge Studenten dem Studium der westlichen Medizin, die einen wahren Siegeszug in China antrat. Erst im Laufe des 20. Jahrhunderts, als kommunistische Truppen im Kampf gegen Nationalisten und Japaner aus Mangel an westlichen Medikamenten zwangsläufig auf die Volksmedizin zurückgreifen mussten und diese sich als nützlich erwies, wurde sie wieder entdeckt. Nach Gründung der Volksrepublik China reformierte man die alte Heilkunde und erklärte sie zu einer Naturwissenschaft, die wie die westliche Medizin an Hochschulen unterrichtet und an Forschungsinstituten in langfristigen Studien untersucht wird.

Heute fahren die Chinesen gern zweigleisig: Sie wählen den Weg der Mitte, in dem sie sich traditionell chinesisch und auch nach westlicher Schulmedizin behandeln lassen. Die westliche Medizin bevorzugen sie bei vielen akuten, die traditionell chinesische bei vielen chronischen Erkrankungen. Insgesamt haben sie zu ihren altbewährten Kräuterpräparaten großes Vertrauen, sind deren Wirkungsweisen doch über Jahrhunderte beobachtet und beschrieben worden. Von westlichen Medikamenten weiß man, dass sie meist schnell wirken, dafür aber starke Nebenwirkungen haben können. Deshalb greifen die Chinesen auch im medizinisch gut versorgten Westen im Zweifelsfall lieber auf Mittel der traditionellen Heilkunde zurück, obwohl auch diese bei falscher Anwendung schwere Schäden anrichten können.

Wir kamen von einer anstrengenden Reise durch die Taklamakan-Wüste nach Shanghai zurück. Während eines Treffens mit Schriftstellern klagte Petra darüber, dass sie sich während dieser Reise eine Durchfallerkrankung zugezogen hätte, gegen die weder einschlägige schulmedizinische Mittel noch verschiedene chinesische Kräuterpräparate geholfen hätten. Sofort setzte eine lebhafte Diskussion ein. Mögliche Ursachen und Behandlungsweisen wurden besprochen. Für alle stand fest, dass man das Problem nur mit der traditionellen Medizin lösen könnte. Schließlich besorgte einer von ihnen eine Kräuterrezeptur, auf die schon seine Großmutter geschworen hatte. Tatsächlich schlug sie sofort positiv an.

NIGEL BARLEY

»Für haarige Lungen«

(Bali, Indonesien)

Mit dem Taxi fuhr ich in das Krankenhaus, wo Aneka arbeitete, fühlte mich sehr indonesisch, weil ich in einen Kreis von Betroffenen eintauchte – die auch krank waren. Die Grippe suchte die Hauptstadt heim, eine Krankheit der kalten Jahreszeit in feuchter Hitze. Ich konnte nicht atmen. »Meine Lungen«, erklärte ich mühsam auf Indonesisch, »fühlen sich an, als ob sie voller Federn wären.« *Bulu*, »Federn«, bedeuten auch »Haar«, »Wolle« oder »Pelz«. Ich konnte nicht sagen, was sie sich bei diesem Satz vorstellten. Federn in der Lunge zu haben war ein nachvollziehbares Gefühl – aber Pelz?

Aneka nickte und horchte mit dem Stethoskop. Draußen erhob sich ein aufgeregter Stimmenwirrwarr, und eine Frau wurde hereingetragen, vollkommen steif, die Füße nach oben gerichtet, wie die Assistentin eines Zauberers, den man mitten im Schwebeakt unterbrochen hatte. Ich wich vor der Dringlichkeit des Falls zurück und wartete auf dem Flur.

Es war ein durch und durch anständiges Krankenhaus, wie jene in meiner Kindheit, bevor vierstündige Wartezeiten und institutionelle Arroganz zur Gewohnheit wurden. Eine Gruppe Schulkinder, die zum Impfen gekommen war, sprühte geradezu vor Gesundheit. Der Mann neben mir hatte ein unklares Gebrechen, das eine Tropfinfusion erforderte; da es aber keinen Ständer für Tropfbeutel gab, musste er ihn stundenlang über seinen Kopf halten.

»Die Frau«, deutete er mit erhobener Hand anklagend auf die Tür, »wurde von einem Lastwagen angefahren.« In dem Moment öffnete sich die Tür, und sie kam heraus, völlig in Ordnung – erweckt wie Lazarus –, aber schluchzend, und ich wurde wieder hineingebeten.

»Sie wurde von einem Lastwagen angefahren?« Sie starrten mich an und lachten.

»Nein«, sagte Aneka, »sie ist ausgerastet, sonst nichts.«

»Ausgerastet?«

»Ja. Das passiert oft. Die Menschen finden sich mit vielem ab und lächeln und lächeln, innerlich aber kochen sie. Dann, vielleicht nach Jahren, können sie es plötzlich nicht mehr ertragen und schreien und fluchen und fallen um. Man muss versuchen, sie zum Weinen zu bringen. Wenn sie weinen, dann fühlen sie sich sofort besser.«

Das erinnerte mich an die Amokläufe, die von europäischen Kolonialherren so gefürchtet waren. Sie horchte mich weiter ab, stellte eine Kongestion der Lunge fest und gab mir ein ellenlanges Rezept, das sich als mikrotechnologisches Wunder, Mikropillen in einer Mikroflasche, herausstellte. Auf ihr stand »für haarige Lungen«.

MERLE HILBK

»Pomogitje!« oder Erste Hilfe in einer sibirischen Vorstadt

(Ulan-Ude, Russland)

Um uns herum ist nur noch Wasser, Wasser bis zum Horizont, das in hundert Blautönen glitzert. Das muss ein Meer sein, über das wir hier mit unserem knatternden Diesel fahren!

»Heiliges Meer«: so nennen in der Tat die meisten Russen den Baikal – wegen seiner gewaltigen Ausmaße und vor allem wegen der Götter, die nach schamanischem Glauben an und in ihm wohnen sollen.

Vier Stunden sind wir unterwegs, und noch immer ist kein Land zu sehen. Die Ausländer liegen auf dem blanken Boden des Oberdecks, die Anoraks, zu Kissen zusammengeknüllt, unter dem Kopf, und lassen sich bräunen. Ein kalter Wind fegt über den See, an dessen Ufer es mindestens sechs, sieben Grad kälter ist als im Binnenland, der Baikal hat sein eigenes Mikroklima. Aber die Sonne, die jetzt am Mittag steil am Himmel steht, brennt angenehm auf der Haut. Eine dösende Stille hat sich auf dem Deck breitgemacht – die Platten mit den Kaviarschnittchen sind ein bisschen zu maßlos geplündert worden.

Ich nickte neben dem großen, rot-weiß gestrichenen Schornstein ein, bis mich eine Schiffssirene aus dem Schlaf reißt. Ich blicke hoch und sehe, wie der Kapitän das Schiff an einem Pfosten am Ufer vertäut. Ein fremdes Ufer mit einem kleinen Sandstrand, Holzhütten und Wald. Unendlich viel Wald, der sich an den steilen, nebelverhangenen Bergrücken hinaufzieht. Über dem See hängen jetzt dichte Regenwolken. Das Einzige, was noch von der Sonne beschienen wird, ist ein Schild: *Basa otdycha*, Erholungscamp.

Unter dem Schild sitzen drei Frauen in Windjacken, die, ihrem Gesichtsausdruck nach zu urteilen, von diesem Camp nicht gerade begeistert zu sein scheinen, das nur per Boot zu erreichen ist und in dem die einzige Ablenkung die täglichen drei Mahlzeiten in der Kantinenbaracke sind.

Fröstelnd marschiere ich hinter den Amerikanern, den Engländern und den Österreichern über den Anleger. Als wir die Kantinenbaracke erreichen, setzt ein heftiger Schauer ein. Leider hat sie um diese Zeit geschlossen. Mit klitschnassen Strümpfen und quietschenden Sohlen erklimmen wir den ersten Felsen, der wie ein vorstehender Schneidezahn in den See ragt. Die Einzigen, die noch trocken sind, sind die schlechtwettergewohnten Engländer, die tatsächlich einen Regenschirm im Gepäck haben. Der Bergpfad führt durch einen Fichtenwald hinauf zu einer Aussichtsplattform, die wie ein Adlernest auf dem Gipfel thront. Von oben sehen wir eine blaugraue, gekräuselte Fläche, die sich bis zum Horizont erstreckt, ein stürmisches Meer, das seine Launen austobt. Plötzlich reißen die Wolken einen Spaltbreit auf, bahnen eine Schneise für die Sonne, die unseren Gipfel mit der Aussichtsplattform plötzlich wie eine Theaterbühne ausleuchtet.

Ein kleiner Sonnenstrahl, und schon beschließen die Engländer, schwimmen zu gehen. Die Queen wäre bestimmt stolz auf ihre Untertanen, denn es ist noch immer windig und das Baikalwasser so kalt, dass es sofort die Muskeln krampfen und das Herz wie wahnsinnig schlagen lässt. Aber immerhin folge ich ihnen nach einigen Ablehnungsversuchen, noch vor den Russen, die fröstelnd am Ufer warten.

In der Ferne tutet eine Schiffssirene. Halb angezogen, mit um die Hüften geknoteten T-Shirts, rennen wir auf den hölzernen Pier zu. Unter Deck steht Wodka für uns bereit, zum Aufwärmen. Wir prosten uns zu. Während das Schiff auf den Baikal hinaustuckert, reden wir in vier verschiedenen Sprachen durcheinander und verstehen uns wunderbar.

Das war der letzte Nachmittag, an dem ich mich so unbeschwert gefühlt habe. Eineinhalb Tage später hing ich am Tropf eines Vorstadtkrankenhauses und wünschte mir nichts sehnlicher, als zu sterben.

Es hatte im Zug von Irkutsk nach Ulan-Ude begonnen, mit leichten Magenkrämpfen um Mitternacht, die sich von Stunde zu Stunde steigerten. Das Essen, dachte ich anfangs. Irgendwas hast du nicht vertragen, so was passiert oft auf Reisen. Doch ich hatte nichts Magenunfreundliches gegessen. Nur einen Gemüseeintopf und dazu trockenes Brot. Zu den Krämpfen kam ein Schüttelfrost; ich zitterte, fror, schwitzte, mein Kopf wurde heiß und schwer. Das Fieber nahm meinen Körper in die Mangel. Mein Herz raste wie verrückt; ich hatte das Gefühl zu halluzinieren.

Hinter den Gardinen waren schemenhaft die Berge des südlichen Baikalufers zu erkennen, die bis in den Himmel zu ragen schienen, dann eine Stahlbrücke, die über einen gewaltigen Abgrund führte. Aber vielleicht sah alles auch nur aus der Perspektive von jemandem, der auf der untersten Pritsche hilflos zusammengekrümmt lag, so gewaltig aus.

»Pomogitje!«, flehte ich den einzigen Abteilnachbarn an, der noch wach war, weil das das einzige russische Wort war, das mir in diesem Moment einfiel. »Helfen Sie mir!« Der Nachbar brummte etwas Unverständliches, dann zog er seine Ballonseidenhose an und verschwand auf dem Gang. Fünf Minuten später leuchtete mir eine Schaffnerin mit einer Taschenlampe ins Gesicht. »Ganz ruhig! In vier Stunden sind Sie beim Arzt!«, raunte sie und reichte mir einen Plastikbecher mit Tee.

Ich hielt durch bis Ulan-Ude, wo bereits ein Ambulanzwagen auf dem Bahnsteig wartete, den die Schaffnerin per Funk bestellt haben musste; ein klappriger Minibus, der aussah wie die Plastikautos aus den Kinderüberraschungseiern: plattnasig, rundlich und niedlich. Ich konzentrierte mich ganz auf das Design des Wagens, um nicht daran denken zu müssen, dass neben mir noch eine ältere Frau auf der Trage lag, der der Arzt eine Sauerstoffmaske aufgesetzt hatte. Außerdem hatte ich Angst vor dem Krankenhaus. Eine Klinik in einer sibirischen Provinzstadt … ich rechnete mit dem Schlimmsten: riesige Säle mit wimmernden Patienten, nicht sterilisierte Nadeln, Medikamentenmangel. Von außen schienen sich meine Befürchtungen zu bestätigen. Den Mauern fehlte es an Putz und dem Eingang an Fliesen. Nicht einmal eine Krankenauffahrt gab es. Die letzten Meter bis zum Eingang musste ich zu Fuß gehen.

Im Aufnahmeraum wurde ich von einem alten russischen und einem jungen burjatischen Arzt mit Handschlag begrüßt, als ob sie damit dem Nationalitätenproporz dieser Region Rechnung tragen wollten. Eine halbe Stunde lang befragten die beiden mich gnadenlos, obwohl ich Mühe hatte zu sprechen. Welche Symptome ich hätte, wollten sie wissen, und seit wann; was ich gegessen hätte, mit wem und wo. Und dann endlich unterbreiteten sie mir ihre Diagnose, die ich zunächst gar nicht glauben wollte: Allem Anschein nach hätte ich eine Vergiftung. »Aber ich habe doch gar keinen Fisch gegessen.«

»Sie haben auch keine *Fisch*vergiftung.«

»Was dann?«

»Das wird sich hoffentlich noch herausstellen. Ein Labor haben wir hier allerdings nicht.«

Dann führte mich eine Krankenschwester mit geblümtem Kopftuch ins Nebenzimmer und stellte mir einen Blecheimer mit etwa fünf Litern Salzwasser vor die Füße. »Alles austrinken!«, befahl sie. »Sie wollen doch nicht, dass wir Ihnen den Magen auspumpen? Sterile Schläuche haben wir nämlich nicht mehr auf der Station.« Ich glaube, es genügt, an dieser Stelle mitzuteilen, dass das, was sich in der nächsten halben Stunde in diesem Nebenzimmer abspielte, ziemlich eklig war. Eklig und schmerzhaft, denn fünf Liter Salzwasser erzeugen heftige Konvulsionen im Magen.

Als der Eimer endlich leer war, nahm mir die Schwester vier Röhrchen Blut ab, mit der sterilen Spritze, die ich seit Jahren ungenutzt in meinem Reiserucksack mit mir herumgetragen hatte. Ich lernte das russische Wort für »Tropf« kennen, das mir so gut gefiel, dass es mir gar nichts mehr ausmachte, an einen solchen *kapelniza* angeschlossen zu werden.

Ein paar Stunden lag ich in einem frisch bezogenen Bett in einem Stationszimmer, das extra für mich, die erste Europäerin seit Eröffnung des Krankenhauses, geräumt wurde. Doch fünf Minuten später flog die Tür auf, die Kinder aus den Nachbarzimmern rannten herein, starrten mich an wie ein Alien und tuschelten, bis sie von der Krankenschwester verscheucht wurden. Abwechselnd setzten sich die Krankenschwestern neben mein Bett, erzählten von ihren Familien, flößten mir Tee ein, wischten mir mit einem feuchten

Lappen den Schweiß von der Stirn. Eine solche Intensivbetreuung hätte ich in einem deutschen Krankenhaus sicher nicht bekommen. Jedenfalls nicht nach der Gesundheitsreform.

Am Nachmittag steht plötzlich ein Besucher in meinem Zimmer: ein Berliner Fotograf, dem ich noch auf dem Bahnsteig eine SMS geschickt hatte und der – welch ein Glück – gerade in Ulan-Ude für eine Ausstellung fotografierte. Begleitet wird er von seiner russischen Freundin. »Bringt mich hier weg!«, flehe ich, denn die Vorstellung, auf dieser Station die Nacht verbringen zu müssen, versetzt mich in Panik. Eine Nacht mit diesen Klinikgerüchen – geronnenes Blut, Desinfektionsmittel und Moder –, diesem Wimmern aus den Nachbarzimmern und vor allen Dingen allein in einem Zimmer in einer fremden Stadt –, das überstieg mein psychisches Fassungsvermögen deutlich. »Ich hab einen Zettel mit einer Adresse von der Bekannten einer ehemaligen Kommilitonin meiner Russischlehrerin.«

»Bist du sicher, dass du da unterkommen kannst?«, fragt der Fotograf.

»Auf meine Mails hat sich leider bisher niemand gemeldet. Am besten, wir fahren da einfach mal vorbei.«

Die Freundin des Fotografen schaut auf den Zettel. »Uliza Kalaschnikowa? Das ist auf der anderen Seite des Flusses. Mit dem Marschrutka eine halbe Stunde.«

Gegen den Protest der Ärzte schleppe ich mich, gestützt auf die Freundin, aus dem Zimmer, die Treppen hinunter und bis zur Marschrutka-Haltestelle. »Uliza Kalaschnikowa? Da müssen Sie an der Haltestelle Bolniza skoraja pomoschtsch aussteigen!«, sagt der Fahrer des Marschrutka, dem ich den Zettel hinhalte. Na, denke ich, der Name passt! *Skoraja pomoschtsch* heißt auf Russisch »Erste Hilfe«.

BORIS REITSCHUSTER

Erpressung auf dem OP-Tisch

(Moskau, Russland)

Zum Behinderten-Ausweis ist es offenbar nur noch ein kleiner Schritt. »Es sieht schlecht um Sie aus«, sagt der Mann im weißen Kittel in einer Moskauer Klinik und deutet auf meine Hand: »Um eine Haut-Transplantation werden Sie kaum herumkommen.« Dabei hatte ich mir doch nur an einer Kerze den Unterarm verbrannt und wollte lediglich eine lindernde Salbe verschrieben bekommen. Stattdessen stelle ich mich nach drei Terminen und täglichem Verbandswechsel innerlich allmählich auf die Frühverrentung ein.

Doch bevor ich mir die Haut verpflanzen lasse, gehe ich noch ins »Europäische Medizin-Zentrum«, eine Oase der französischen Medizin mitten in Moskau – unbezahlbar für Iwan Normalverbraucher, und auch für jede deutsche Krankenversicherung ein Albtraum. Ich muss 120 Dollar auf den Tresen legen – der Greenback ist für viele Russen seit der Rubel-Entwertung in den neunziger Jahren die Währung, auf die sie vertrauen und in der sie rechnen –, dafür sieht sich die russische Hautärztin mit dem Diplom aus Frankreich meine Hand an. Und gibt dann prompt Entwarnung: »Das ist nur falsch behandelt! Mit der richtigen Creme verheilt das in ein paar Wochen!«

Nicht nur Normalsterbliche haben zuweilen ihre Not mit Russlands Halbgöttern in Weiß. Als Präsident las Wladimir Putin höchstselbst den Ärzten in seinem Land schon einmal die Leviten: Vor allem die Mängel im Gesundheitswesen seien schuld, dass die Lebenserwartung in Russland um zwölf Jahre niedriger liege als in den USA und fünf Jahre unter der in China. Formal haben zwar alle Russen das Recht auf kostenlose Behandlung. De facto aber fehlen den Ärzten oft die nötigsten Medikamente und Geräte; viele greifen erst in den Arzneischrank oder zum Skalpell, wenn der Rubel oder Dollar rollt.

»Wissen Sie, wie niedrig unsere Gehälter sind? Wir bekommen nicht einmal unsere Kinder richtig satt. Es fehlt uns am Nötigsten. Wenn Sie wollen, dass wir eine schöne feine Naht nähen, kostet das extra, denn wir haben nur Nähzeug aus vaterländischer Produktion, und das ist sehr grob«, eröffneten die Chirurgen in einem Militärkrankenhaus direkt auf dem Operationstisch kürzlich meiner Bekannten, als sie unter lokaler Betäubung ihren Leistenbruch operierten – offiziell kostenlos. Erst nachdem die entsetzte Frau eine großzügige »Spende« zusagte, versprachen die Inkasso-Götter in Weiß, ihr nur mit feiner Nadel und dünnen Fäden »made in USA« zu Leibe zu rücken.

Dabei schafft es nicht jeder bis auf den Operationstisch. Ein Kollege berichtet vom vergeblichen Notruf seiner Nachbarn auf dem Dorf, anderthalb Autostunden von Moskau entfernt: Als deren Oma plötzlich mit einer Herzattacke umfiel und sie die Notrufzentrale anriefen, fragte der Diensthabende nach dem Alter der Patientin – und winkte dann ab: »Was? Über 70? Da lohnt es sich nicht mehr rauszufahren. Die Benzin-Preise sind zu hoch.«

Horrorgeschichten dieser Art wissen fast alle meine Bekannten zu berichten. Da ist das Neugeborene in Kiew, das umkam, weil eine betrunkene Hebamme es kopfüber auf den Betonboden fallen ließ. Da ist der Student im georgischen Tiflis aus der Familie eines Abgeordneten, dem ein Arzt in einer Eliteklinik mit einem Venen-Verödungsmittel eine Beule am Kopf heilen wollte, ihm so das halbe Gesicht verätzte und für immer entstellte. Da ist die Mutter, die nach dem Kaiserschnitt lediglich die Auskunft bekam, es sei etwas schiefgegangen und das Kind sei nicht in Ordnung – bis sie es dann nach drei Tagen zum ersten Mal sehen durfte: Das Kind war völlig gesund – dafür war die Mutter mit den Nerven am Ende. Und da ist die junge Frau, der ein Zahnarzt statt der versprochenen Wurzelbehandlung einfach oberflächlich ein bisschen Füllung über den Karies-zerfressenen Zahn schmierte.

Dabei herrscht in Russland kein Mangel an guten Ärzten; manche haben es wie der Augenchirurg Swjatoslaw Fjodorow gar zu Weltruhm gebracht. Selbst Boris Jelzin vertraute bei seiner schwierigen Herzoperation einem russischen Chirurgen (bestand aber darauf, dass ihm deutsche Kollegen über die Schulter blickten). Es liegt vor allem am fehlenden Geld, dass Russlands Medizin zum Notstandsgebiet wurde: Ärzte verdienen oft weniger als Taxifahrer.

»Bei alten, armen Patienten ohne Angehörige habe ich oft die Wahl, ob ich ihnen auf eigene Rechnung Medikamente kaufe, obwohl ich selbst kaum was zu beißen habe, oder ob ich auf meinen Ärzte-Eid pfeife und sie nicht behandle«, klagt ein junger Arzt in einer Provinz-Stadt.

Überall fehlt es an Geräten und Arzneimitteln. Selbst in Moskau sind Brutkästen für Frühgeborene Mangelware. Vielen Russen fehlt zudem das Verständnis für die Nöte der Mediziner, solange sie deren Hilfe nicht selbst brauchen: Manche Autofahrer scheinen sich regelrecht einen Spaß daraus zu machen, Krankenwagen mit Blaulicht den Weg zu versperren. Regelmäßig sieht man verzweifelte Notärzte im Stau stehen. Wäre man Zyniker, könnte man unterstellen, dass sich die russischen Mediziner für die Geringschätzung ihres Berufsstandes rächen, sobald Normalsterbliche in ihre Hände geraten.

In vielen Krankenhäusern verlangen die Schwestern selbst fürs Leeren der Nachttöpfe Bestechungsgelder – weil sie mit ihren Mini-Gehältern nicht über die Runden kommen. Die Zimmer sind oft überbelegt, selbst auf den Gängen stehen Betten, und nachts wimmelt es vor Kakerlaken.

Entsprechend groß war mein Schreck, als ich einst um ein Haar selbst in die Fänge der russischen Krankenhaus-Medizin geraten wäre. Leichtsinnig hatte ich von einem Kuchenteig genascht und nicht an die Gefahr durch rohe Eier gedacht. Als sich mein Bauch immer widerspenstiger zeigte, spukte mir das Wort »Salmonellen« durch den Kopf. Ich quälte mich zur nächsten Poliklinik. Im Behandlungszimmer saßen schon drei andere Patienten: ein Alkoholiker mit beachtlicher Fahne, ein Rentner, der dem Nervenzusammenbruch nahe war, und ein strahlengeschädigter Ingenieur eines Atomkraftwerks.

Nach einer Stunde war ich über ihre Leidengeschichten ebenso im Bilde wie sie über meine. Das Fieberthermometer ging von einem zum anderen, ohne einen Umweg über das Waschbecken zu machen. Die Chefärztin – ein wahrer Feldwebel – führte die Behandlung wie ein Kreuzverhör.

Nach einem zehnminütigen Vortrag darüber, wie dumm man sein muss, um rohe Eier zu essen – unterbrochen von meinen Mitpatienten im gleichen Zimmer, denen der Gesprächsstoff ausgegangen war und die sich ganz auf kraftvolles, zeitlich versetztes Stöhnen beschränkten –, besteht sie darauf, mich in einem Infektionskrankenhaus untersuchen zu lassen, und ruft einen Krankenwagen. Zwei Stunden später, als ich mich schon nach Kräften in das Stöhnkonzert eingeklinkt habe, ist immer noch keine »Schnelle Hilfe« da – wie die Ambulanz offiziell auf Russisch heißt. Dafür kenne ich inzwischen die Wehwehchen des halben Viertels: wer wann welchen Stuhlgang hatte und ähnlich interessante Einblicke in die Verdauungstrakte meiner Mitbürger.

Als nach drei Stunden die »Schnelle Hilfe« vorfährt, herrscht helle Aufregung: Ein Rentner hatte zu Hause eine Herzattacke erlitten. Als nach einer Stunde immer noch keine »Schnelle Hilfe« zu sehen war, machte er sich mit seiner Frau selbst auf den Weg in die Poliklinik – und brach zehn Meter vor dem Eingang zusammen. Meine Ärztin musste uns deshalb kurz dem Schicksal überlassen, um Erste Hilfe zu leisten. Vergeblich. Der Mann war schon tot. So kam die Frau in Weiß schnell zurück. Sie hatte sich durch den Zwischenfall nicht aus der Ruhe bringen lassen: »Es war auch dumm, selbst zu gehen.«

Ich bin heilfroh, dass ich dieser herzlosen Ärztin entkomme und nur Probleme mit dem Magen und nicht mit dem Herzen habe. Die »Schnelle Hilfe« fährt mich durch halb Moskau ins Botkin-Hospital; Tabakrauch liegt über der Pritsche. Wäre mir nicht so speiübel, würde ich gerne mitrauchen. Kaum bin ich angekommen, nimmt mir eine Krankenschwester die gesamte Kleidung ab und inspiziert genauestens Hosentasche und meine Herrenhandtasche. »Gelbsucht-Station« steht in großen Lettern auf der Tür. In meinem Magen scheint sich die Schlacht von Borodino zu wiederholen, in der Marschall Kutusow einst Napoleons Truppen attackierte und es keinen Sieger gab, nur blutige Verluste auf allen Seiten. Doch ich spüre, dass eine Kapitulation tödlich sein kann. Deshalb nehme ich meine letzte Kraft zusammen und mache schüchtern darauf aufmerksam, dass ich eigentlich nur mit Verdacht auf Salmonellenvergiftung eingeliefert wurde. Das interessiert niemanden: »Später liegt ihr ja doch alle zusammen«, verheißt mir der Arzt, ein gemütlicher Bilderbuch-Opa ohne Zähne, der hier seine Rente aufbessert.

Ich muss plötzlich an den alten russischen Krankenhaus-Witz denken, in dem der Patient im Krankenbett durch die Gänge gefahren wird und die Schwester anfleht: »Vielleicht doch zum Röntgen?« Nein. »Vielleicht doch in den OP?« Bis die Krankenschwester böse wird: »Der Arzt hat gesagt in die Leichenhalle, und dabei bleibt es!«

Auch für mich beginnt die Stunde der Selbstheilungskräfte – und ein zähes Ringen mit dem Arzt. Die Behandlung würde zu teuer für mich, schütze ich vor. Er lässt sich nicht erweichen. Dann werde man mich eben kostenlos behandeln, obwohl ich Ausländer sei: »Die Medizin kennt keine Grenzen.« Ängstlich mustere ich die vergitterten Fenster. Ich verspreche hoch und heilig, niemanden anzustecken und das Bett zu hüten. Enttäuscht lässt mich der alte Doktor schließlich doch gehen – und drückt mir eine ganze Monatsration Medikamente in die Hand. »Nehmen Sie das, in den Apotheken werden Sie nämlich nichts finden.«

Als ich ihn zum Abschied frage, was ich ihm schuldig bin, ist der alte Doktor fast böse: »Lassen Sie das, ich bin doch kein Business-Mann!« Vielleicht hätte ich doch dableiben sollen? Seinetwegen. Oder war das Ganze nur eine psychologisch geschickte »Heilmethode« eines alten Medizin-Gurus? Sind die vermeintlichen Probleme in der russischen Medizin am Ende nur ein Kniff, um die Leute vor allzu großer Wehleidigkeit abzuhalten? Böte sich da gar ein Ausweg für das überlastete deutsche Gesundheitswesen? In diesem Fall fühlte ich mich mit einem Mal kerngesund!

COLIN ANGUS

Klinikgroteske in Anadyr

(Autonomer Kreis der Tschuktschen, Russland)

Wir trafen am nächsten Abend in Anadyr ein und fuhren mit einem Lada-Taxi zu einem Hotel im russischen Stil – einer Ansammlung von Wohnungen in einem alten sowjetischen Wohnblock. Ich fragte mich allmählich, ob mein elender Zustand mit meinem langsamen Urinfluss zusammenhing. Ich habe ein angeborenes Leiden, eine sogenannte Harnröhrenstriktur oder -verengung, die das Wasserlassen zu einer langsamen Prozedur macht. In letzter Zeit war mir der Harnfluss noch langsamer erschienen als gewöhnlich. So wie ich im Moment beieinander war, war mir klar, dass ich mir möglicherweise eine Blasenentzündung einfangen konnte.

Der Besitzer des Hotels führte uns durch ein stockfinsteres Betontreppenhaus nach oben in den sechsten Stock. Er öffnete eine Tür und wies uns in eine Wohnung mit insgesamt etwa sechs Betten, die überall herumstanden. Wir waren die einzigen Bewohner.

Julja und Tim zogen es vor, in dem angrenzenden Raum zu übernachten, sodass ich das große Schlafzimmer für mich allein hatte. Fünf Einzelbetten waren rings an den Wänden aufgestellt, und ich sank auf das Bett direkt neben der Tür und fiel in einen unruhigen Schlaf. Eine Stunde später erwachte ich völlig durchgefroren und musste urinieren. Meine Zähne klapperten, während ich einen kleinen Teil meiner Blase Tropfen für brennenden Tropfen entleerte. Es war, als würde man Lava durch eine Spritze hindurchleiten.

Wieder im Bett, rollte ich mich zusammen wie ein Embryo und versuchte warm zu werden, vergebens. Ich holte mir noch ein paar Steppdecken von den benachbarten Betten, wickelte mir eine Fleecejacke um den Kopf und schlief endlich, als ich das Gefühl hatte, dass meine Blase sich bereits wieder zu füllen begann, ein. Eine halbe

Stunde später wurde ich wach. Es war, als hätte jemand einen Eimer mit warmem Wasser über mir ausgeschüttet. Das Bett war schweißdurchtränkt, ich war wirr im Kopf, und hinter meinen Augen tanzten Lichter.

Am anderen Morgen badete ich lange und hoffte, das Wasser würde mich von meinem unerfindlichen Gebrechen reinwaschen. Das Fehlen eindeutiger Symptome machte mich ein bisschen unruhig. Ich hatte weder eine Erkältung noch Grippe oder Magenprobleme. Woher kamen mein extremes Fieber und die Trägheit?

Ich hielt es für besser, ins Krankenhaus zu gehen. Julja führte mich die vereisten Straßen hinunter zu einem modernen vierstöckigen Gebäude. An der Tür reichte uns eine Krankenschwester Plastiktüten, die wir über unsere Schuhe ziehen sollten, und dann eierten wir den Flur hinunter. Eine andere Schwester führte mich in einen sterilen Raum und steckte mir ein Thermometer in die Achselhöhle.

»Diese Thermometer sind neu«, sagte Julja, die für die Schwester übersetzte. »Früher haben sie nicht die Achselhöhle genommen.«

Hätte ich mich besser gefühlt, hätte ich vielleicht in mich hineingelacht bei dem Gedanken an eine Schwester mit fleischigen Armen, die ein Thermometer aus kommunistischer Produktion einschmierte, während ihr Patient vor Angst zitterte. Stattdessen wartete ich ruhig, dass das Instrument meine Temperatur registrierte. Die Schwester blickte auf die Anzeige und sagte ›Na, na!‹.

»Du hast eine sehr hohe Temperatur«, informierte mich Julja. »Die Schwester fragt, warum.«

Ich wusste nicht, warum. Ich sagte ihr, dass ich sehr langsam pinkelte und dass da vielleicht ein Zusammenhang bestünde. Die Schwester machte einen verwirrten Eindruck und rief zwei ihrer Kolleginnen, denen eine junge Ärztin auf dem Fuß folgte. Die Ärztin sagte schroff etwas auf Russisch.

»Lass die Hose runter«, übersetzte Julja.

Ich ließ meine Hose auf den Boden fallen, während die fünf Frauen zusahen. Die Ärztin drückte meine Oberschenkel von beiden Seiten.

»Tut das weh?«, gab Julja weiter.

»Nein«, sagte ich.

Die Ärztin umklammerte meine Hoden und quetschte sie leicht.

»Tut das weh?«, sagte Julja.

»Nein.«

Dann drückte die Ärztin den Bereich direkt über meinem Penis.

»Wie ist das?«

»Nicht anders, als wenn meine Blase sich voll anfühlt.«

Die Ärztin schnappte sich meinen Penis, betrachtete ihn nüchtern und ließ ihn dann los.

»Wieso kannst du nicht pinkeln?«, übersetzte Julja.

Ich hob zu einem Monolog an und erklärte, dass ich ein angeborenes Leiden namens Harnröhrenstriktur hätte, verursacht durch eine Verengung der Harnröhre. Das sich allmählich verschlimmernde Leiden verlange regelmäßige Operationen, um den verengten Durchlass zu erweitern. Das Problem verursache nicht nur einen geringen Harnfluss, sondern bedeute auch eine unvollständige Entleerung der Blase, was zu einer Entzündung führen könne.

Julja schüttelte den Kopf, noch immer verwundert, ebenso wie der Rest meiner Zuhörerschaft.

Ich war verlegen, da mein unbekleideter Penis bei jedem Wort wackelte. »Kann ich meine Hose wieder anziehen?«

»Nein«, sagte Julja. »Wir warten auf den Chefchirurgen. Er kennt dieses Problem vielleicht besser.«

Ein Mann um die fünfzig mit dicker Brille trat ein. Er strahlte eine gewisse Autorität aus und trug lockere blaue Dienstkleidung, die ihn von den Krankenschwestern unterschied.

»Wo fehlt's?«, fragte er. Sein Blick wanderte direkt zu meinen Genitalien.

Ich fragte mich langsam, ob ich nicht etwas Intimkosmetik hätte betreiben sollen, bevor ich zum Krankenhaus gekommen war. Vielleicht die Schambehaarung mit Wachs entfernen. Ich hätte nie gedacht, dass meine Männlichkeit Gegenstand einer derart eingehenden Prüfung sein würde. Die Ärztin versuchte die Situation zu erklären, aber es war offenkundig, dass sie keinen Schimmer hatte.

Da ich kaum ein Wort von dem verstehen konnte, was sie zu dem Chirurgen sagte, füllte mein fiebernder Verstand die Lücken. »Er hat ein Problem mit seinem Penis, wobei wir allerdings nicht sicher sind, welches. Wir glauben, die einzige Möglichkeit ist, ihn abzuschneiden.«

Der Chirurg bedeutete mir, ich solle meine Hose wieder hochziehen und ihm den Gang hinunter folgen. Julja und ich latschten hinter ihm her, bis wir den Operationssaal erreichten. »Legen Sie sich hin«, befahl er auf Englisch und zeigte auf ein Bett, das von drei Deckenlampen angestrahlt wurde. »Und lassen Sie die Hose runter.« Zwei Assistenten gesellten sich zu ihm, und plötzlich führte er ein langes, biegsames Periskop in meine Harnröhre ein. Der Chirurg klebte mit einem bebrillten Auge am Okular und versorgte seine Helfer mit anschaulichen Kommentaren.

Während ich mich unbehaglich wand, übersetzte Julja: »Er sieht Verstopfung. Er versucht zu durchstoßen.«

Das merkte ich. Ein brennender Schmerz strahlte von meinen unteren Regionen aus. Das Fünf-Millimeter-Periskop war zu dick, um durch die Verengung zu passen, aber der Doktor schob weiter – und ich wand mich weiter und biss mir auf die Lippen, um etwaige Schreie zu ersticken.

»Es sieht so aus, als ob es nicht passt«, sagte Julja schließlich. »Er wird jetzt Schlauch in dich stecken, damit du pinkelst.«

Der Katheter erwies sich gleichfalls als zu groß, also wurde er nach einer weitere Drehungen und Windungen meinerseits auslösenden Sitzung wieder herausgezogen. Der Chirurg runzelte die Stirn. »Seeehr schwieeerig. Sehr klein.«

Einer seiner Assistenten trieb einen kleineren Schlauch auf, und nach einem kräftigen Stoß glitt der Plastikschlauch durch meine Verengung und in meine Blase. Binnen Minuten wurde meine Blase entleert. Der Doktor klebte den Schlauch an meiner Penisspitze fest und schloss das andere Ende an einen Beutel an. »Kommen Sie mit«, sagte er.

Ich lief unbeholfen den Flur hinunter, und wir fuhren mit einem Fahrstuhl in den Keller. Meine Blut- und Urinproben waren untersucht worden. Laut den Ergebnissen hatte ich eine Nierenentzündung. Eine Technikerin fuhr anschließend mit einem Ultraschallstift über meine Nieren, während der Doktor auf den Bildschirm starrte und den Kopf schüttelte. »Nicht eine, sondern zwei Nieren«, erklärte er. »Seeehr krrrank. Ihre Nieren seeehr krrrank. Miiiendestens drei Wochen Krankenhaus.«

Das war ein ziemlicher Dämpfer. Wir waren bereits in Verzug. Und jetzt sollte ich mit angeschlagenen Nieren fast einen Monat in einem Krankenhaus verrotten. Eine Schwester führte mich in einen sauberen, aber überfüllten Krankensaal. Der 10 mal 15 Meter große Raum enthielt sechs Betten, die bis auf eines belegt waren von Patienten mit ersichtlichen Gebrechen: einem alten Mann mit einer leeren, blutigen Augenhöhle, einem Tschuktschen mit einem grapefruitgroßen Kropf am Hals und einem Teenager mit einem frisch genähten Einschnitt quer über dem Unterleib. Ich humpelte zu dem leeren Bett, blickte durch das Fenster auf die gefrorene Hafenansicht und legte mich matt unter die Decken. Eine Schwester befestigte einen intravenösen Tropf an meinem Arm und gab mir dann ein halbes Dutzend Injektionen mit wer weiß was in mein Hinterteil.

Das Mittagessen wurde mit einem gackernden Ruf angekündigt, und alle möglichen Patienten liefen, hinkten und krochen buchstäblich zum Ende des Korridors, wo das Essen ausgeteilt wurde. Ich stellte mich an, wobei ich mit der einen Hand den Tropfhalter schob und mit der anderen meinen Urinbeutel festhielt. Eine Babuschka teilte an jedes Paar Hände, das sich ihr entgegenstreckte, einen Napf Fischsuppe (Fischbrocken voller Gräten, irgendeine Getreidesorte und viel Wasser), zwei Stücke trockenes Brot und eine Tasse Tee aus. Die Patienten mussten sich jeder um seinen eigenen Napf, um Tasse und Löffel kümmern, die, wenn wir unsere Mahlzeit beendet hatten, im Waschbecken der Toilette gespült werden sollten. Da ich wegen des Fiebers keinen Appetit hatte, machte ich mir keine allzu großen Gedanken über meine mageren Rationen. Ich würgte das Essen langsam hinunter und fiel anschließend in meinem neuen Zuhause in einen unruhigen Schlaf.

»TEMPERATUR ZU HOCH!«

Ich erwachte und blickte auf einen Arzt mit blauen Handschuhen, der sich darüber zu freuen schien, endlich eine Verwendung für seine zwei Semester Englisch an der medizinischen Fakultät zu finden.

»Neununddreißig Grad«, erklärte er. »Wir geben Ihnen Medikament, um Temperatur zu senken. Ja?«

Ein paar Minuten später schritt eine junge Schwester mit einem bösen Glitzern im Blick und einer gewaltigen Spritze in der Hand zielstrebig auf mein Krankenbett zu. Die anderen Schwestern baten mich gewöhnlich, mich herumzudrehen, damit sie mich in das fettere Gewebe meines Hinterteils piksen konnten. Diese Schwester tauchte einfach drohend über mir auf, sah verächtlich auf mich herab und bohrte mir dann die Nadel in den Oberschenkel. Brennende Flüssigkeit spritzte in den Muskel.

Um zwei Uhr morgens wachte ich mit einer vollen Blase wieder auf. Der Beutel neben meinem Bett war leer. Ich vermutete, dass entweder der Katheter verstopft oder das Ende des Schlauchs herausgerutscht war. Ich tappte die dunklen Flure entlang, um jemanden aufzutreiben, der die Situation beheben könnte. Am Ende des Gangs fand ich die Nachtschwester in einem Feldbett schlafend vor.

»Da?«, sagte die matronenhafte Frau matt, als ich sie wach rüttelte.

»Problem«, sagte ich und zeigte auf den leeren Entleerungsbeutel. Ich versuchte mich an pantomimischen Darstellungen von »aufgeblähter Blase«.

Die Schwester folgte mir zurück auf mein Zimmer, befestigte meinen Urinbeutel am Bettgestell und ging. Ich vermutete, sie sei gegangen, um einen Arzt aufzutreiben oder irgendwelche Instrumente zu holen. Aber eine halbe Stunde verstrich, und sie war nicht zurückgekommen. Allmählich fragte ich mich, ob die Schwester meine Gesten missverstanden hatte und einfach dachte, ich sei ein Schwachsinniger, der keinen Altweiberknoten knüpfen konnte.

Ich machte den Beutel los und lief wieder den Flur hinunter. Tatsächlich schlief die korpulente Schwester tief und fest. Diesmal schlug ich das Verb »entleeren« in meinem russisch-englischen Wörterbuch nach.

»Da?« Die Schwester wirkte ausgesprochen verärgert über meinen zweiten Weckruf. Sie blickte auf den leeren Urinbeutel in meiner Hand, als wollte sie sagen: ›Ich werde dieses Ding da nicht ein zweites Mal anbinden, du Trottel.‹

»Njet entleeren, njet entleeren«, sagte ich langsam. Wieder machte ich Aufblähgesten in Richtung meiner Blase, die sich nun anfühlte wie ein übervoller Wasserballon. Wieder marschierten wir zurück zu meinem Bett, und wieder befestigte die Schwester meinen Beutel am Bettgestell. Diesmal kehrte sie mit einer großen Spritze in der Hand zurück.

»Wofür ist die?«, brüllte ich erschrocken, aber meine Worte stießen auf taube Ohren.

Die Schwester hatte das Licht eingeschaltet. Alle anderen Patienten sahen belustigt zu. Ich wollte schreien, dass die Verstopfung des Katheters irgendetwas mit dem Material zu tun habe und kein Medikament das Problem lösen würde. »Njet, njet«, war alles, was ich zustande brachte.

»Da, da«, erwiderte die Schwester. Ein fleischiger Arm verabreichte mir ein rätselhaftes Medikament in den Hintern.

Die Schwester schaltete das Licht aus und ging, während ich schwitzend dalag. Was war in dieser Spritze gewesen? Ein Beruhigungsmittel? Ein Muskelrelaxans? Ein streng geheimes russisches Medikament, um Patienten davon abzuhalten, Krankenschwestern zu belästigen?

Mehrere Minuten vergingen, und ich spürte keine wahrnehmbaren Wirkungen aufgrund des Medikaments. Meine Blase stand kurz vor dem Platzen, und ich wurde immer verzweifelter. Ich ging ins Bad und setzte mich auf die Toilette. Dann löste ich den Katheterschlauch von dem Beutel und saugte an dem Schlauch, um eventuelle Verstopfungen zu beseitigen. Nichts. Wenn er nicht verstopft war, dann musste das Ende des Schlauchs aus meinem Blasenschließmuskel gerutscht sein. Ich schob den Schlauch nach oben, bis ich einen Druck verspürte, und dann schob ich ein bisschen fester. Ich spürte einen leichten Schmerz tief in meinem Innern, als irgendetwas schließlich nachgab und warme, gelbe Flüssigkeit aus dem Katheter schoss. Binnen Augenblicken war meine Blase leer, und ich fühlte mich ein ganzes Stück besser. Ich hatte – denkbar knapp – meinen ersten Tag in einem sibirischen Krankenhaus überlebt.

PHILIPPE VALÉRY

Warum ein umsichtiger Wanderer weder rennen noch tanzen sollte

(Georgien)

9. Juli – 28. August 1999

Hinter riesigen Gitterzäunen, Relikten aus Sowjetzeiten, verweist uns der Passkontrolleur sogleich auf die Gebräuche des Landes: »Fünf Dollar Gebühr für die Einreise nach Georgien.« Offensichtlich entrichten die georgischen Prostituierten, die nach Hause zurückkehren, auch diese Steuer. Wir verhandeln und zahlen nach kurzem Zögern lieber die bescheidene Summe, um nicht Gefahr zu laufen, später einen Fotoapparat oder einen Schlafsack abgeben zu müssen. Gut zehn Meter weiter sind die Zöllner mit ihrer Version amtlichen Diebstahls an der Reihe: Für zwei Dollar wollen sie uns mit unserem Gepäck passieren lassen. Die Summe ist akzeptabel, und für uns Ausländer sind sie eher ehrenwerte Diebe. Um jedoch das unliebsame System nicht noch zu fördern, weigern wir uns. Das verblüfft sie. Sie blicken sich an, sehen unsere Pässe durch und geben sie uns lächelnd zurück. Mit dem Ausruf der Anerkennung: »Ah! Frankreich! Platini! Platini! Auf Wiedersehen!« Dank an Michel, der uns aus der Patsche geholfen hat.

Nach einer Stunde Marsch über Land zur nächsten größeren Straße verkündet uns ein riesiger Christus am Kreuz, dass wir uns wieder auf christlichem Boden befinden. Da Olivier am 13. Juli zurückfliegen und ich mein armenisches und iranisches Visum abholen muss, fahren wir direkt mit dem Bus in die Hauptstadt Tiflis. Am 14. Juli gehe ich zum Empfang in die französische Botschaft und freue mich, Landsleute zu treffen und Informationen über das Land zu bekommen. Bei einem feurigen Salsa, gesungen von Gloria Estefan, versagt ganz plötzlich mein Knie, und ein heftiger Schmerz durchfährt mich. Ich breche zusammen. Beim Versuch aufzustehen, kann ich mit dem rechten Fuß nicht mehr auftreten. Ich nehme an, dass meine vor Jahren operierten Kreuzbänder erneut gerissen sind und damit das Ende der Reise besiegelt ist. Ich bin verzweifelt.

Die Szene entbehrt jedoch nicht einer gewissen Komik. In dieser in Tiflis versammelten internationalen Gesellschaft gibt es viele Ärzte. Eine erste Stimme meldet sich: »Was ist passiert? Ich bin Arzt!« Dann befiehlt eine zweite, zu einer hübschen Frau gehörende Stimme: »Lassen Sie mich durch! Ich bin von den *Médecins du monde*!« Schließlich ruft eine dritte: »*Excuse me! I am a doctor!*« Vincent Braniff, ein 31-jähriger Australier, der eine Zeitlang Arzt in der australischen Luftwaffe war, ist mit Knieproblemen vertraut. Er arbeitet für die medizinische Gesellschaft OMS und kümmert sich um die in Georgien arbeitenden Ausländer. Voller Verständnis für mein begrenztes Budget bietet er mir an, mich in seiner Klinik unterzubringen. Ich bin von diesem Schicksalsschlag niedergeschmettert. Unaufhörlich geht mir durch den Kopf: Ich bin gescheitert! Ich werde nicht bis nach China kommen! Erst gegen Morgen schlafe ich ein und wache am Nachmittag auf.

Am 15. und 16. Juli sieht es nicht viel anders aus. Noch immer kann ich mit dem rechten Fuß nicht auftreten. Ist meine schöne Reise wirklich schon zu Ende? Giorgi, ein sympathischer Arzt um die dreißig, begleitet mich ins größte Krankenhaus von Tiflis zu Röntgen- und Ultraschallaufnahmen. Er ist dünn, bärtig, mit kahler Stirn und pechschwarzen Augen, wirkt aber trotz seiner strengen Erscheinung recht gutmütig. Sein melancholischer Blick passt zu meinen momentanen Gedanken. Der Befund ist nicht sehr gut, verbietet jedoch nicht völlig das Gehen: leichte Meniskusverletzung mit Gelenkerguss. Meine Bänder sind intakt. Ich gehe noch zwei Tage auf Krücken, dann vier Tage mit nur einem Stock, ehe mein rechtes Bein wieder an Muskelkraft gewinnt und ich mich auf den Weg machen kann. Nach meinem Missgeschick in Istanbul und in Georgien habe ich so am eigenen Leib erfahren, dass ein umsichtiger Wanderer weder versuchen sollte zu rennen noch zu tanzen.

HELGE TIMMERBERG

Im Krankenhaus zu Zahedan

(Iran)

Der nächste Tag bringt eine Überraschung. Mustafa hat seinen Pass verlängert bekommen. Gegen Mittag können wir Teheran verlassen. Wir nehmen die Südroute nach Pakistan. Das bedeutet für uns rund 1 600 Kilometer Salzwüste, und bereits 100 Kilometer hinter Teheran brettert der pure Terror vom Himmel, und weil wir keine Air Condition haben, ist es im Bus noch mal um einiges unerträglich heißer als draußen. Natürlich kann man die Fenster öffnen, um sich am Fahrtwind zu erfrischen, nur ist der Fahrtwind so heiß wie ein Föhn und noch dazu voll mit Sand, und ich liege die meiste Zeit des Tages irgendwo im Bus und versuche zu atmen.

Des Nachts kühlt es über der Wüste ganz gut ab, der Fahrtwind bringt Erfrischung, der Kreislauf meldet sich zurück, und es wäre ein angenehmes Fahren, aber Mustafa ist ein alter Mann, der regelmäßigen Schlaf benötigt. Außerdem gibt er merkwürdige Theorien bezüglich des Fahrverhaltens auf einer schnurgerade, breit ausgebauten und asphaltierten Wüstenpiste zum Besten. Hier, wo jedes Hindernis, jede Kurve, jeder entgegenkommende Wagen auf einen Kilometer im Voraus zu erkennen ist, gerade hier habe man langsam zu fahren. So an die 50 Stundenkilometer.

Türkische Busfahrerregeln: »Einfache Straße, viel geradeaus: gefährlich. Langsam fahren. Schwere Straße, viel Kurven: schnell fahren.«

Eine interessante Theorie für alle Lebensbereiche. Wobei gar nicht erwähnt zu werden braucht, dass Mustafa in Wahrheit nur deshalb so rumspinnt, weil sein Dieselmotor noch schlimmer hustet als er selbst, und das einzig Tröstende dabei ist, dass »Ali-Denunziant« geröstet wird, weil Mustafa, um seinen Motor zu schützen, mit voll aufgedrehter Heizung fährt. So brauchen wir für diese

Strecke über Gom, Isfahan und Kerman volle drei Tage, bevor wir Zahedan erreichen, die letzte iranische Stadt vor der pakistanischen Grenze.

Eigentlich habe ich mich auf Zahedan gefreut, weil ich gute Erinnerungen an diese Stadt habe.

Hier lag ich vor fünfzehn Jahren mit einer Elephantiasis im Krankenhaus. Das ist eine Infektionsgeschichte, bei der Ober- und Unterschenkel unter irrsinnigen Schmerzen anschwellen, bis schließlich die Beine platzen. Ohne jemals nach Geld gefragt worden zu sein, hat man mich damals im Krankenhaus zu Zahedan aufgenommen, behandelt, gefüttert und umsorgt, als sei ich der Schah von Persien gewesen und nicht ein abgerissener, bettelnder Hippie, der an einer Bushaltestelle schlechtes Wasser getrunken hatte.

Eine wunderschöne schwarzhaarige Krankenschwester hat mir alle zwei Stunden eine Ladung Penicillin in den Hintern gejagt und dann meine Haare gestreichelt, die sie golden nannte, und der Polizeichef der Stadt, der in dem Krankenhaus eine Gelbsucht auskurierte, bot mir seine Tochter zur Frau und eine Stellung als Polizeioffizier. Ich sollte sein Schwiegersohn, sein Stellvertreter, sein Nachfolger werden. Wie sich später herausstellte, tat ich damals gut daran, diese Offerte abzulehnen, aber denken tu ich immer noch gern an diese Tage der Gastfreundschaft im südlichsten Zipfel des Iran.

SÜDAMERIKA

MIKE HORN

Von Schlangenbissen und goldenen Regeln im Dschungel

(Regenwald, Breitengrad 0, Brasilien)

Zweiunddreißigster Tag.
Der Regenwald ist eine riesige Vorratskammer, in der man eigentlich nicht verhungern kann – außer man ist völlig unerfahren oder stellt sich besonders ungeschickt an, was schon vorgekommen ist. Für Notfälle trage ich in meinem Rucksack fünf Beutel mit gefriergetrockneten Lebensmitteln mit mir herum, die mich bereits auf dem Trimaran begleitet haben. Sie sollen mir das Leben retten, falls ich durch Krankheit oder Unfall nicht mehr jagen und mich versorgen können sollte. Aber sie sind nur für den äußersten Notfall bestimmt.

Außer Fleisch – ich jage in regelmäßigen Abständen und lege jedesmal Vorräte an – liefert mir der Regenwald eine zahllose Vielfalt an Früchten, Wurzeln, essbaren Blättern und anderem mehr oder weniger genießbaren Grünzeug.

An diesem Tag stoße ich auf einen Wildwechsel von Zwergantilopen oder Pekaris. Die Spuren sind ganz frisch. Obwohl kein Jagdtag ist, kann ich mir die Gelegenheit, fast sicher Beute zu machen, nicht entgehen lassen.

Mit einem langen, elastischen Zweig, an dem wie üblich eine Schlinge befestigt ist, baue ich dicht neben den Spuren meine Falle auf. Direkt im Wildwechsel grabe ich eine Mulde, die so tief wie ein Suppenteller ist, stecke ein Stück Holz in den Rand und bedecke das Ganze mit Laub. Dieser Mechanismus reagiert noch empfindlicher als der meiner zuvor aufgestellten Fallen. Das Gewicht eines Vogels könnte ihn auslösen. Ein weiterer Vorteil: Da ich meine Falle unmittelbar auf einem Pfad ausgelegt habe, den das Wild regelmäßig benutzt, brauche ich nicht einmal einen Köder.

Ich muss nicht lange warten. Nach zehn Minuten tritt eine Zwergantilope in die Falle und löst den Mechanismus aus.

Fünfunddreißigster Tag.
Ich bin mit dem Tempo, in dem ich vorankomme, nicht zufrieden und beschließe daher, eine Zeitlang auch bei Dunkelheit zu marschieren. Als ich mich im Schein der Stirnlampe mit der Machete durch die Finsternis schlage, spüre ich am kleinen Finger plötzlich eine Art Stich. Habe ich beim Wegbiegen eines Astes eine Schlange übersehen und bin gebissen worden? Ich weiß es nicht.

Wahrscheinlich ist es nur ein Kratzer, den ich mir an einem spitzen Ast oder Dorn gerissen habe. Mir ist bekannt, dass manche Schlangen winzige Giftzähne haben und damit so rasch zubeißen, dass ihr Biss fast nicht zu spüren ist. Und ich habe schon so viele Schrammen, dass ich auf eine weitere gar nicht mehr achte.

Nach einigen Minuten verschwimmt alles um mich herum. Mir dreht sich der Kopf. Vielleicht ist es nur Müdigkeit. Wegen der dauernden körperlichen Erschöpfung weiß ich schon gar nicht mehr, ob es etwas richtig Ernstes ist, wenn es mir körperlich nicht gut geht.

Aber das Problem verschärft sich. Ich sehe immer schlechter. Und ich spüre meine Hand nicht mehr. Obwohl ich sie kaum noch sehe, erkenne ich eine deutliche Schwellung. Es gibt keinen Zweifel mehr. Ich bin von einer Schlange gebissen worden.

Ich bleibe sofort stehen und muss mich unbedingt hinlegen. Ich mache so gut es geht meine Hängematte fest. Ich habe weder Zeit noch die Kraft, um in meinem Rucksack das Set für Schlangenbisse zu suchen. Ich nehme ein Messer und schneide mir an der Bissstelle tief ins Fleisch, um das Gift ausbluten zu lassen. (Man sollte es keinesfalls mit dem Mund aussaugen, wie man es in Filmen manchmal sieht.) Jetzt wird auch mein Gesicht taub. Ich weiß nicht, was das zu bedeuten hat, aber es ist auf alle Fälle ein schlechtes Zeichen. Schlangengifte wirken auf unterschiedliche Weise: Manche verdünnen das Blut so sehr, dass das Opfer innerlich verblutet, andere greifen das Nervensystem an, und wieder andere machen die Blutgefäße porös, sodass das Opfer ebenfalls innere oder äußere Blutungen erleidet.

Ich bin kein Experte. Für mich sind alle Schlangen von vornherein gefährlich. Ich gehe ihnen aus dem Weg oder esse sie. Ich erkenne Boas, die grüne und die schwarze Mamba, Kobras und die Gabunviper … Aber dies alles sind afrikanische Schlangen. Am Amazonas habe ich weitere Schlangen kennengelernt: die *Sucurruru*, deren Gift das Nervensystem angreift, und den *Bushmaster*, die gefährlichste aller im Wasser lebenden Schlangen …

Um das Gift nicht ins Herz gelangen zu lassen, lege ich mich in meine Hängematte und lasse die Hand herunter ins Freie baumeln. Ich weiß, dass ich jede Beschleunigung meines Herzschlages vermeiden muss. Und ich muss möglichst viel Wasser trinken.

Wohl zum ersten Mal überfällt mich richtige Angst. Jetzt hängen die Dinge nicht mehr von mir ab. Vielleicht sterbe ich, vielleicht auch nicht. (Ich habe die Schlange nicht gesehen und weiß also nicht, ob sie tödlich giftig war.) In beiden Fällen kann ich nichts mehr tun. Selbst wenn mich das Gift nicht umbringt, wie viel Zeit werde ich hier liegen bleiben? Einen oder zwei Tage? Drei Wochen? Einen Monat? Hier kann mich keiner herausholen, um mich in ein Krankenhaus zu verfrachten. Unter diesen Umständen ist es möglich, dass ich verhungere und verdurste.

Ich bin fast blind. Mein Gesicht fühlt sich aufgedunsen und teigig wie eine Gummimaske an und ist praktisch gelähmt. Meine Hand hat die Form einer Keule mit drei kleinen Einstichen am Ansatz des kleinen Fingers. Vollkommen erschöpft, versuche ich zu schlafen, um meinen Pulsschlag möglichst zu verlangsamen. Aber ich tue kein Auge zu, weil ich Angst habe: Was passiert, wenn ich eingeschlafen bin? Soll ich mich mit letzter Kraft aus der Hängematte quälen, mein Funknotsignal auslösen und so die Außenwelt informieren, dass ich im Sterben liege? Aber das wäre nur eine höfliche Geste an meine Familie und Freunde, damit sie nicht ganz im Dunkeln tappen, wo ich geblieben bin: Kein Hubschrauber könnte mich hier aus dem Dschungel herausholen.

Am nächsten Tag geht es mir unverändert schlecht. Und der seelische Stress macht die Dinge nicht besser. Meine Wasservorräte gehen zur Neige.

An zwei Tagen hat sich mein Zustand verschlechtert. Ich bin völlig ausgetrocknet, und alle Knochen tun mir weh. Ich fühle mich am ganzen Körper zerschlagen. Um die Bissstelle herum fault das Fleisch, die Haut fällt in Fetzen ab. Ich schneide brandiges Gewebe aus, warte, bis das Blut geronnen ist, und schneide erneut, bis es wieder blutet.

Am dritten Tag spüre ich eine leichte Besserung. Mein Organismus baut möglicherweise Antikörper auf. Meine Sehfähigkeit wird langsam besser. In mein Gesicht kehrt wieder etwas Gefühl zurück. Und die Schwellung an der Hand verschwindet allmählich.

Nach vier Tagen fühle ich mich in der Lage zu gehen. Trotzdem gönne ich mir lieber noch einen Tag Ruhe. Wenn ich nach einer oder zwei Stunden Marsch zusammenbrechen würde, wäre der Zeitverlust umso größer.

Fünf Tage nachdem ich von einer Schlange gebissen wurde, packe ich meinen Rucksack und breche auf. Ich bin noch immer sehr schwach, habe aber schon genug Zeit verloren.

Von jetzt an verzichte ich auf Nachtmärsche. Ich werde früher aufstehen, den ganzen Tag gehen, mich möglichst gut ernähren und alles tun, um gesund zu bleiben. Ich werde vor Sonnenuntergang haltmachen, mir beim Aufschlagen meines Lagers Zeit lassen und mir die besten Bedingungen schaffen …

Mit diesen guten Vorsätzen will ich weiteren gefährlichen Zwischenfällen vorbeugen.

Das Erlebte hat mich an eine goldene Regel erinnert: Beim Marsch durch den Dschungel muss man grundsätzlich darauf achten, wohin man seine Hand legt.

RÜDIGER BARTH

Montezumas Rache

(Antonina, Brasilien)

Am Ende des Wegs holpern wir über einen Feldweg, die Schlaglöcher tief wie der Teufelsschlund, und dann sind wir da. *Icatu* heißt die Rafting-Agentur von Julio, es ist ein Familienbetrieb von acht Mann, die im Haupterwerb im neuen Wasserkraftwerk arbeiten. Das alte hat man vor 30 Jahren aufgegeben, es rottet jetzt im Regenwald vor sich hin, vor ein paar Jahren wurde oben am Berg ein Loch gebohrt, das Wasser fällt nun 800 Meter in die Tiefe und treibt mächtige Turbinen an. Tolle Sache. Zumindest habe ich's so verstanden.

Der Fluss bricht sich an dieser Stelle breite Bahn durch den Wald, gurgelnd geht es durch eine Galerie runder Felsen, die aussehen wie Granit. Eine Mutter schrubbt kleinen Jungs die Haare im Flusswasser, sie beachtet uns nicht.

Zwei Helfer lassen das Gummifloß zu Wasser, wir klettern in das Raft, sind zu viert. Anna vorne links, ich rechts, hinter ihr Nicolas, hinter mir Julio, der ein dunkles Gesicht hat und ein dickes Grinsen, einen Schnurrbart trägt und keine Kleidung, die man im Jack-Wolfskin-Katalog abdrucken würde, aber er weiß, was er macht. Er ist flussaufwärts aufgewachsen, erzählt er, Nicolas übersetzt, und das heißt, dass sie als Jungen im Fluss schwimmen lernten und von den Felsen ihre Köpper machten und von der Mama gewaschen wurden wie jetzt gerade die Jungs am Ufer und am Wasser sehr sicher auch ihr erstes Mädchen küssten. Vor neun Jahren haben sie gelernt, wie man ihren Fluss mit dem Schlauchboot befahren kann, Julio kennt jeden Felsen, er kennt den Fluss, wenn er viel Wasser führt und das Boot wild hinausschießt, man sieht die Felsen dann kaum, aber es gibt viele Wege, und er kennt ihn wie heute, da er gerade genug Wasser hat, und da ist nur ein Weg, durch den müssen wir durch, aber der hat es in sich. Julios Befehle sind klar: *Go*, *Back*, *Atenção*! und *Stop*.

Die ersten hundert Paddelschläge begleiten uns drei Jungen, die sich von der Strömung mittreiben lassen, dunkel glänzende Leiber im sprudelnden Wasser, schwarze Schöpfe. Sie schauen uns erst an, zum Abschied auf den Steinen kauernd, als wir ihnen den Daumen entgegenstrecken, sie lachen uns an, *sim*!

Und dann wird es ernst. Vor uns die erste Stromschnelle, rauschendes Weißwasser, schnell näher kommend. Ich schaue Anna an, sie nickt mir entschlossen zu, klammere meinen nackten linken Fuß in die Lasche, ruckel an meinem Helm, zuppel an der Weste, klemme den rechten Fuß in die Gummispalte, packe mein Paddel fester, und so geht es hinab, das Wasser spritzt, Julio brüllt, Julio steuert, er kennt alle Strudel und Rinnen, ein Heidenspaß, wir sind gefangen im Moment, yeah!, plötzlich Ruhe, das Boot gleitet sachte dahin. Nicolas lässt sich über Bord fallen, winkt uns, es ihm nachzumachen. Wir stürzen uns rücklings in den Fluss, das Wasser überraschend warm. Wir treiben in unseren Schwimmwesten langsam weiter, um uns dichter Wald, ein Wald voller Schlangen, so hat es Nicolas zuvor behauptet. Wir klettern auf einen Felsen und springen aus drei Metern hinunter ins dunkle Wasser. Es ist herrlich. Mehr Abenteuer brauche ich gar nicht, flüstere ich Anna zu.

Bald kommt die Monsterstelle, raunt Nicolas.

Wir Iguaçu-Kenner machen große Augen. Monsterstelle, frage ich, muss das sein?

Nein, Masterstelle, sagt er. Und er grinst breit.

Die Masterstelle entpuppt sich als ungeheuer fiese Links-rechts-Kombination, es geht steil hinab, die Gischt spritzt uns nur so ins Gesicht, das Raft bockt wie ein wildes Pferd, ich meine ein Ratschen zu hören, als schrappten wir über Stein, Julios aufgeregtes Kommando, das ich nicht verstehe, ich schaue nach hinten, er lehnt sich weit zurück, schwebt beinahe hinter dem Boot, paddelt in weiten Bögen, wir sind gefangen in einer Walze, einer mächtigen Walze, kommen nicht vom Fleck, der Sog zieht uns zurück, Wasser flutet das Boot, es kippt, nein, es kippt nicht, wir hängen quer zum Schwall, das Wasser schießt uns entgegen, ich dusche in der Walze, Nicolas ist ins Wasser gefallen, und dann erwischt es mich, ich stürze nach hinten, in düstere Schwärze, kriege mit der Rechten das Seil des Boots zu fassen, tauche unter, halte mich fest, tauche auf, kriege einen Schwall ins Gesicht, ich mache die Augen zu wegen der Kontaktlinsen, meine Rechte hat die Leine noch immer umklammert, da packen mich kräftige Hände an der Weste und zerren mich ins Floß, und ich höre ein Lachen, ein kräftiges Lachen aus mehreren Kehlen, am lautesten lacht Anna.

Noch mal?, fragt Julio.

Ja, schreien wir, und wir paddeln zurück, nun sehe ich, wie Julio die Kräfte der Walze ausnutzt, er arbeitet sich quer zur Strömung und bringt das Boot ins Kippen, dass sich die Kräfte aufheben; nun lässt sich Nicolas acht-, neunmal nach hinten fallen, duscht rückwärts, Anna klammert sich wacker fest, ich hänge hilflos im schrägen Boot, und am Ende landen wir alle drei wieder im Wasser.

Dieses elementare Gefühl, der Kampf mit den Gewalten! Das Untertauchen. Erst die Kühle, dann die Schwärze, das Nach-oben-Stoßen, Luftholen, dieses Gepacktwerden vom Fluss. Es ist ein heiliger Spaß, das Rafting bei Morretes.

Zur Erholung bummeln wir danach durch Antonina, das am Meer liegt. Hier wurde früher Gold verschifft, das heute in Lissabons Kirchen welkt, später baute man Mate-Tee an, es kamen ein paar Touristen, dann eröffneten sie den Zug von Curritiba nach Morretes, und Antonina geriet in Vergessenheit. Die Uferpromenade so halb angefressen, wie es die Deutschen im Urlaub lieben und in der Heimat niemals dulden würden. Alle Ostseebäder sind ja geleckt, Tradition muss bei uns blinken. Als Deutscher machte man sich sofort Sorgen: Was, wenn der Stein nicht nur verwittert, sondern sich zersetzt? Gelobt seien die Menschen, die antworten: Dann war es wenigstens bis dahin schön.

In einem kleinen Restaurant mit Blick auf die Bucht essen wir Krabben mit Palmenherzen – und das entpuppt sich als Fehler.

Es regnet stark in der Nacht, und mich meucheln plötzlich schreckliche Magenschmerzen. Die ersten auf dieser Reise. Montezumas Rache verschonte uns bislang, nicht mal ein Rächlein, nichts. Aber nun: Immer einen Hauch kurz vorm Kotzen. Ein Spaziergang bringt keine Besserung. Anna versucht mit heldenhafter Rhetorik, mich vom Brechreiz abzulenken, sie weiß: Wenn ich einmal loslege, pflege ich meist in eine männliche Spirale des Grauens zu geraten. Ich warte vor dem Supermarkt, als Anna Cola und Salzstangen kauft. Drinnen viel zu heiß. Lehne entkräftet an der Mauer. Sehe Männer mit Fahrrad, die ihre Frauen auf dem Gepäckträger zum Einkaufen gebracht haben und nun vor dem Markt warten. Die meisten Restaurants haben jetzt geschlossen, sind nur mittags geöffnet, wegen der Zug-Touristen. Alles ist sehr still in Morretes, niemand redet laut. Wenig Wichtigtuerei. Aber auch wenig Musik zu hören, überraschend wenig, und die jungen Frauen nicht sehr hübsch. Ein etwas saftloses Brasilien. Oder kommt es mir gerade nur so vor?

Bin selbst kraftlos, antriebslos, lustlos, luftlos. Würde mich am liebsten zu Hause verkriechen. Schneckenimpuls. Das Leben reduziert sich aufs Atmen, wenn die Kraft fehlt, wenn kein Überschuss da ist. Das ist wohl das, was man in jedem Urlaub auffrischen muss. Den Überschuss.

Um zehn wanke ich nach Hause, Anna begleitet mich besorgten Blickes, falle sofort aufs Bett, schlafe ein, schrecke aber auf, als eine Familie samt schreiendem Kleinkind in den Hotelpool springt, nachts um zwölf. Danach an Schlaf nicht mehr zu denken. Entwerfe im Fieberwahn den Plot zu einem Roman, der niemals geschrieben wird. Er handelt von einem Deutschland der Zukunft, in dem all das wahr wird, was die düstersten Propheten vorhersagen.

Anna schläft tief, und ich spinne vor mich hin. Es werden in diesem unerzählbaren Roman eine Menge Country-Musik, viel Rum und noch mehr Schlangen vorkommen, dies scheint mir eine gute Idee, und am Ende wird eine gewaltige Flutwelle alles hinwegspülen, selbst den Kölner Dom, und über den Wassern werden Geier kreisen, über unser schönes feuchtes, fernes Vaterland.

ROBERT JACOBI

Es ist nicht mein letzter Tag

(Medellín, Kolumbien)

Es war schon dunkel, als ich nach eineinhalb Stunden auf dem Flughafen von Medellín landete. In einem schlingernden Bus fuhr ich die steilen Hänge in die Stadt hinab, die sich zwischen den nördlichsten Ausläufern der Anden ins Tal des Río Medellín quetscht. Im Dunkeln wirkten die beleuchteten Straßen der Stadt, die sich vom Zentrum aus die Hänge hinaufzogen, wie die Beine einer riesigen goldfarbenen Spinne.

Mir war übel, ich hatte Kopfweh und einen seltsamen Ausschlag. All diese Symptome schob ich auf meine Brandwunde, die sich inzwischen entzündet hatte. Keine guten Voraussetzungen für einen Besuch in jener Stadt, die aus Fernsehnachrichten und Hollywoodfilmen als Sitz eines skrupellosen Drogenkartells bekannt ist. Dessen Anführer Pablo Escobar liegt längst auf dem Friedhof. Die Kartelle sind in den Norden des Landes oder gleich nach Mexiko weitergezogen, und die Stadt erholt sich langsam von ihrer brutalen Vergangenheit.

Ich suchte gar nicht erst nach einem Hostel. Ich kämpfte nicht mit Guerillas, sondern mit meinem Körper, fühlte mich zu schwach, um ein Stockbett zu besteigen oder vor einer Dusche zu warten, bis ich an der Reihe war. Auf Empfehlung des Busfahrers, der mich im Zentrum absetzte, ging ich ein paar Hundert Meter weiter zum Hotel Fernando Botero, benannt nach dem bekanntesten kolumbianischen Bildhauer und Maler der Gegenwart.

Es war kurz nach Mitternacht, das Hotel mit Gittern verrammelt. An der Wand links neben der Tür fand ich eine Klingel. Ich läutete, nichts geschah. Die Gasse hinter mir war dunkel und menschenleer. Noch einmal läutete ich. Ich hörte Schritte, und durch die Scheiben schien ein fahles Licht auf. Ein Wachmann in grüner Uniform drehte mehrfach den Schlüssel im ersten Schloss, dann in einem zweiten, und öffnete schließlich die schwere Glastür.

»Hola«, sagte er. »Wie geht's?«

»Ganz gut«, antwortete ich. »Haben Sie noch ein Zimmer für die Nacht?«

»Klar, komm einfach rein. Du siehst müde aus.«

Ich betrat die Lobby, über deren blank polierten Marmorboden mehrere Sofas und Sessel in grün-braunen Farbtönen verteilt waren. An der Rezeption saß eine junge, blondierte Frau, die gähnte und gleichzeitig versuchte, mich anzulächeln.

»Buenas noches, señor!«

»Buenas noches. Ich komme gerade vom Flughafen und bräuchte noch ein Zimmer.« Sie blickte kurz in den Computer und nannte mir den Preis, umgerechnet rund vierzig Euro für eine Nacht. Ich war bereit, das zu zahlen.

In Zimmer 1004 angekommen, ließ ich meinen Rucksack, der mir heute besonders schwer vorkam, auf den Boden fallen und schleppte mich ins Bad. Mein Kopf und meine Glieder schmerzten, ich fühlte mich fiebrig und allein. Bald legte ich mich in das bequeme Bett und versuchte zu schlafen, aber immer wieder weckte mich mein aufgewühlter Magen. Am frühen Morgen fand ich endlich Ruhe.

Als ich aufwachte, war es hell. Während ich mich an das Tageslicht gewöhnte, erinnerte ich mich an die Details eines wirren Traumes, an dessen Ende ich mich in Miesbach wiederfand, meiner oberbayerischen Heimat. Die Wohnung meiner Oma im Erdgeschoss des alten Familiensitzes hatte sich in eine Jugendherberge verwandelt. Ich arbeitete dort als Helfer und verlieh Isomatten an durchreisende Backpacker, deren Gesichter mich an gute Bekannte erinnerten.

Ich versuchte aufzustehen, fiel aber sofort wieder aufs Bett, schwitzend und mit pochendem Herzen. Jede Bewegung fiel schwer. Mein Gesicht war geschwollen, der heftige Ausschlag hatte sich über den ganzen Körper ausgebreitet. Ich zog ein T-Shirt und meine Jeans an, nahm den Aufzug nach unten und fragte die Rezeptionistin, diesmal eine freundliche, ältere Dame mit Goldzahn, nach dem nächsten Krankenhaus. Sie bestellte ein Taxi, das mich ein paar Straßen weiter ins Hospital de Los Tres Santos brachte.

Es war ein Sonntag und sehr heiß. Im schlecht klimatisierten Warteraum entdeckte ich gerade noch einen freien Sitzplatz. Ich ging zur Anmeldung und schilderte mein Problem.

»Zwei Stunden wird das dauern«, beschied mich ein Assistent im türkisfarbenen Kittel. »Und, übrigens, Ausländer müssen in bar bezahlen.«

Ich zog eine Nummer und setzte mich. Mir gegenüber saß ein Junge mit Gipsbein, neben mir eine ältere Frau im Rollstuhl und ein schniefendes Mädchen. Alles war sauber und glänzte, an der Wand hingen Bilder von grünen Hügeln. Ich atmete schwer. Die wenigen Schritte hatten mich erschöpft.

Die rote Ziffernanzeige über der Eingangstür zeigte 139, ich hielt die Nummer 172 in der Hand. Die Menschen schauten mich neugierig an. Ein Gringo, groß und mit blauen Augen, an einem Sonntag in einem Krankenhaus in Medellín? Was hat der für ein Problem? Ich verhielt mich ruhig, antwortete höflich auf Fragen und versuchte, in Malcolm Gladwells *Tipping Point* zu lesen, das ich in Panama City gekauft hatte.

Es ging in dem Buch gerade um den *fundamental attribution error*, ein Konzept aus der Psychologie, das den Fehler beschreibt, nur den einzelnen Menschen für sein Verhalten verantwortlich zu machen und die Umstände und Zwänge zu übersehen, in denen dieser Mensch steckt.

Ich starrte auf die Anzeigetafel und überlegte, warum diese Tafeln überall auf der Welt gleich aussahen, egal ob man im Kreisverwaltungsreferat in München, im Supermarkt in Bologna oder im Krankenhaus in Medellín wartete.

Nach eineinhalb Stunden formten die roten Striche endlich meine Nummer. Eine Pflegerin in türkisfarbenem Plastikumhang brachte mich in ein türkis gestrichenes Behandlungszimmer mit einer schmalen Pritsche in Türkis, machte kehrt und schloss die Tür hinter sich. Ich war allein. Es roch nach Desinfektionsmitteln. In einem Wandregal befanden sich Scheren, Spritzen, Mullbinden und ein Stethoskop. Daneben hing ein Plakat mit dem Querschnitt des menschlichen Körpers. Nach zehn Minuten klopfte es an der Tür.

Herein kam eine junge Ärztin, die sich mit einem kräftigen Händedruck vorstellte.

»Was bringt dich denn hierher?«, fragte sie und blickte in meine geschwollenen Augen. Ich berichtete ihr von meinen Leiden und zeigte ihr die eitrige Brandwunde an meinem Arm.

»Das ist nicht der Grund«, sagte sie, »so viel steht fest. Die Wunde verheilt ganz gut. Du hast entweder Dengue oder Malaria, das sehe ich sofort.«

Ich schwieg und versuchte abzuschätzen, wie lange ich meine Reise wohl unterbrechen müsste.

»Jetzt schauen wir uns das erst einmal genau an, dann nehmen wir Blut ab und geben es ins Labor.«

Malaria wird es schon nicht sein, hoffte ich. Dengue kannte ich aus den Berichten anderer Tropenreisender als eine Fieberkrankheit, gegen die es weder einen Impfstoff noch eine spezielle Medizin gibt. Das Virus schaltet den Körper weitgehend aus, und die Erkrankten liegen untätig im Bett. An der schweren Version von Dengue, übertragen von einer bestimmten Sorte Stechmücken, sterben jedes Jahr Tausende von unterernährten Kindern. Bei der leichteren Form würde die erste Welle nicht länger als eine Woche dauern, dann hätte man ein paar Tage Pause, auf die eine weniger unangenehme zweite Welle folgen kann.

»So, jetzt setz dich ins Wartezimmer, wir rufen dich auf«, sagte die Ärztin, nachdem sie mein Blut in mehrere Ampullen abgefüllt hatte. »Die Analyse dauert zwei Stunden, dann wissen wir Bescheid.«

Also wieder warten. Ich dämmerte vor mich hin. Irgendwann hörte ich meinen Namen und sah die Assistentin im türkisfarbenen Kittel winken. Ich ging mit ihr zum Behandlungszimmer, in dem sich wieder die Ärztin befand, um mir die Diagnose mitzuteilen.

»Es ist Dengue«, sagte sie. »Nicht erschrecken, das ist nicht schlimm. Du wirst in den nächsten Tagen viel schlafen.«

Nach nichts anderem stand mir der Sinn. Bevor ich das Krankenhaus verließ, bezahlte ich die Rechnung und ging zu einer nahe gelegenen Apotheke, um ein Rezept einzulösen, das mir die Ärztin ausgehändigt hatte. Die Tabletten kosteten umgerechnet zwei Euro; es schien sich um eine kolumbianische Version von Paracetamol zu handeln. Das war alles.

Während der kurzen Taxifahrt zum Krankenhaus hatte ich mich halbwegs orientiert, nun suchte ich zu Fuß den Weg zurück zum Hotel. Ich kam an einer endlosen Reihe von Gemüseständen und Autowerkstätten vorbei, auch an einer Videothek. Gute Idee, dachte ich mir, warum nicht ein paar Filme ausleihen, um die Zeit zu vertreiben, bis das Fieber abklingt? Geistig war ich ziemlich wach, nur mein Körper versagte seinen Dienst.

Ich stellte mir eine ziemlich bunte Mischung zusammen. Eine kleine Plastiktüte mit Filmen und Medikamenten in der Hand, erreichte ich schließlich das Hotel Fernando Botero und nahm den Aufzug in die zehnte Etage. Immerhin hatte ich von meiner Krankenzelle aus einen annehmlichen Blick hinab auf die Stadt mit ihren modernen Bürohäusern und den beiden Metrolinien, die sich direkt unter meinem Fenster kreuzten – die einzigen Metrolinien in Kolumbien überhaupt.

Ich legte mich wieder ins Bett und schaltete durchs Fernsehprogramm. Es liefen Gewinnshows in knallbunten Studios, moderiert von kleinen, dicken Männern, denen große Frauen mit sehr dicken Brüsten und wenig Kleidung assistierten. Das erinnerte mich an die Werbeplakate für Brustoperationen, die ich auf dem Weg vom Krankenhaus zum Hotel gesehen hatte – offenbar ein Standardangebot in Kolumbien.

Ich schlief wieder ein, bis sich mein Magen meldete. Es war dunkel, mein Shirt durchgeschwitzt, und das Bettlaken feucht. Zurück aus dem Badezimmer, schaltete ich mein kleines Notebook an und schob die erste DVD hinein: Alfie, etwas Leichtes für die Nacht.

Der Film war wie für mich gemacht. Ich fühlte mich, als würde ich mit Jude Law auf dem Motorroller durch das East Village düsen und mit ihm die Läuterung eines jungen, zwanghaft ungebundenen Mannes vollziehen – wobei das Fieber half. Auch der Kitsch und die sanfte Musik taten mir gut und passten zu meinem Selbstmitleid. Ich wusste zu diesem Zeitpunkt nicht, dass das Drehbuch des Films eine Vorlage hatte, ein Theaterstück aus den Fünfzigerjahren, und wunderte mich über die Qualität von Alfies Monologen.

»Es ist mein Leben, und ich kann allein darüber bestimmen«, sagt Alfie an einer Stelle. »Aber ich habe keinen inneren Frieden. Und wenn du den nicht hast, dann hast du gar nichts.«

Die Suche nach dem inneren Frieden war einer der Beweggründe für meine Reise, auch wenn ich ahnte, dass dieser Friede nirgendwo in der Welt zu finden war, sondern in mir steckte und ich ihm einfach die Zeit lassen musste, sich zu entwickeln. Ein alter Mann erzählt Alfie in dem Film, er habe in seinem Leben zwei Dinge gelernt: »Finde jemanden, den du liebst, und lebe jeden Tag so, als sei es dein letzter.«

Ein gutes Konzept, vorausgesetzt, man liegt nicht gerade mit Dengue-Fieber im Bett. Aber es war glücklicherweise nicht mein letzter Tag.

CARSTEN JANZ

Fahrradtortur oder Riesensteaks gegen Rippenbruch

(Cochrane, Chile)

Es gehört zu den Reisevorbereitungen, die Schwachstellen seines Körpers und dessen Anfälligkeit zu kennen, um sich zu schützen und seine Reiseapotheke entsprechend auszustatten. Meine Schwachstellen sind mein rechtes Fußgelenk, mit dem ich oft umknicke, mein Hals, der anfällig für Infektionen ist, und meine Hände, die aufgrund von Erfrierungen, die ich mir beim Bergsteigen zugezogen habe, nicht mehr gut durchblutet sind. Dementsprechend hatte ich meine Bordapotheke bestückt und auch immer zwei Paar gut wärmende Handschuhe dabei. Es war jedoch so klamm und nass hier, dass beide nicht mehr richtig wärmten. Meine Fingerkuppen wurden weiß und gefühllos. Zum Glück hatte ich auf diesem Streckenabschnitt nur einmal einen Platten zu flicken. Meine Hände waren allerdings so kalt, dass ich sie erst zwischen meinen Oberschenkeln wärmen und für den Einsatz vorbereiten musste, um überhaupt den Schlauch austauschen zu können. Ich bemühte mich immer, unterwegs einen heilen Schlauch im Gepäck zu haben, um nicht am Straßenrand flicken zu müssen. Das erledigte ich lieber entspannt im Hotel. Eine gute Idee, wie sich nun wieder einmal herausstellte.

Das von Nässe durchtränkte Zelt wirkte sich negativ auf meine Psyche aus. Es war ein elendes Gefühl, mit eiskalten Händen und zitterndem Körper die schweren Stoffwände abends genau so aufzustellen, wie ich sie am Morgen, ohne Aussicht auf Wetterbesserung, eingerollt hatte. Trotz meiner Mattigkeit bemühte ich mich peinlich genau, meinen Schlafsack aus Gänsefedern trocken zu halten. Er war mein Heizungsersatz und seit 18 Jahren mein treuer Begleiter. Ich zog ihn erst aus der wasserdichten Packrolle, wenn ich meine Kleidung in eine Ecke gelegt hatte, die Isomatte trocken war und ich ebenso trockene lange Unterhosen angezogen hatte. Erst dann stellte ich die »Heizung« an, indem ich den Reißverschluss zuzog. Zitternd lag ich da und wartete darauf, dass meine verbliebene Körperwärme den Innenraum ausfüllte. Meine Hände nahm ich unter meine Achseln. Ich muss immer lange so dagelegen haben, denn ich begann stets erst in der Abenddämmerung damit, mir etwas zu kochen.

Die Italiener wären stolz auf mich. Chefkoch Janz bereitete mit wenigen Ausnahmen Spaghetti, Ravioli oder Tortellini zu. Pasta ist leicht zu transportieren, ich konnte mehrere Kilo davon laden. Ich brauchte sie nur zu kochen, etwas fertige Pastasoße aus der Tüte kalt dazuzurühren, und schon hatte ich die perfekte Esstemperatur. Die Pasta füllte den Magen und half, meinen hohen Tagesbedarf an Kalorien zu decken. Hatte ich diniert, säuberte ich das Geschirr im Vorzelt, ohne dabei aus dem Schlafsack zu kriechen. Nicht einmal zum Pinkeln verließ ich meine Wohnung, sondern ich urinierte in eine Plastikflasche. Daran gewöhnte ich mich nicht nur in den kalten Regionen, sondern auch in den heißen, wo nachts viele Tiere aktiv sind. So vermied ich ungewünschten direkten Kontakt mit Schlangen, Spinnen, Skorpionen oder Großwild.

Den Abend verbrachte ich damit, etwas Musik zu hören oder einfach nur dazuliegen und dem Rauschen der Wasserfälle oder der wilden Flüsse zu lauschen. Den Morgen begann ich mit Kaffee, etwas Müsli oder Brot mit Honig, soweit vorhanden. War ich richtig wach geworden, stand der schwierigste Teil des Tages an: raus aus dem herrlich warmen Schlafsack, wieder in die feuchtkalten Klamotten des Vortages steigen und das durchnässte Zelt abbauen. Die Hoffnung auf Wetterbesserung gab ich nach einer Woche auf.

Es war kurz vor dem kleinen Dorf Puerto Bertrand, etwa 300 Kilometer südlich von Coyhaique, der einzigen Stadt an dieser Strecke, als die ohnehin schon beinharte Tour zu Tortur wurde. Während der Abfahrt auf einer Schotterpiste, bei der ich mit etwa 35 Stundenkilometern relativ schnell dahinrüttelte, quittierte mein vorderer Gepäckträger seinen Dienst und brach. Der Überrollbügel knallte auf das Vorderrad, das sofort blockierte. Ich wurde aus dem

Sattel katapultiert, dabei bohrte sich das rechte Lenkerhorn in meine Brust und brach ebenfalls. Ich fand mich fünf Meter weiter benommen im Matsch liegend wieder und versuchte zu begreifen, was passiert war. Instinktiv tastete ich nach meinen Extremitäten. Arme, Beine, auch der Kopf – alles noch dran. Ich bewegte mich vorsichtig, um zu checken, ob etwas gebrochen oder ausgekugelt war. Die ersten zaghaften Bewegungen machten mir Mut, doch beim Aufstehen durchzog ein fürchterliches Stechen meine Brust. Oh Gott, dachte ich, was ist das? Scheiße, das tut so weh! Ich setzte mich wieder auf den nassen Schotter, um die Situation zu analysieren. Mein Lenkerhorn steckte zum Glück nicht in meiner Brust, es lag zerbrochen neben dem Rad. Doch ich hatte Atemprobleme, was mich in dieser abgelegenen Region sehr beunruhigte. Ich konnte relativ schmerzfrei flach, aber nicht tief einatmen. Dass ich mit meiner Diagnose »Rippenbruch« recht hatte, stellte sich zwei Tage später heraus, als ich in einem kleinen Ort namens Cochrane durch Zufall eine Ärztin aus der Schweiz traf, die mich abtastete, um zu prüfen, ob einige Rippen auf andere Organe drückten. Das taten sie nicht.

Ich erklärte ihr meine Situation. Es war bereits der 18. 3., und ich hatte keine Zeit, die Verletzung ausheilen zu lassen. Der erste Schneefall stand bevor, und es wurde immer kälter. Es fehlten nur noch etwa 1750 Kilometer bis zu dem Ort, der mir aus geografischen Gründen so unendlich viel bedeutete: Ushuaia auf Feuerland, die südlichste Stadt der Welt. Es war eigentlich ein Katzensprung, wenn ich auf die 32 000 Kilometer zurückblickte, die ich seit meiner Ankunft in Vancouver gefahren war. Mit gebrochenen Rippen im stürmischen Patagonien auf endlosen Schotterpisten jedoch erschien es mir unsagbar weit weg. Ein halbes Jahr auf den nächsten Frühling zu warten war auch nicht möglich, denn dann würde ich im südlichen Afrika, meinem nächsten Ziel, zur falschen Zeit unterwegs sein. Ich musste weiter. Medizinisch bekam ich das Okay: »Musch halt Schmerzen verlieden, gell«, sagte Frau Doktor in mitfühlendem Schwyzerdütsch.

Am nächsten Morgen saß ich wieder im Sattel. Über den Roballo-Pass fuhr ich nach Argentinien. Anfangs spürte ich so etwas wie Erleichterung, denn der Regen blieb auf der chilenischen Seite zurück. Die Pazifikwolken regnen sich größtenteils auf der Westseite der Anden ab. Doch ich kam vom Regen in die Traufe, d. h. in die Winde. Und was für welche! Windgeschwindigkeiten von 80 Stundenkilometern sind in dieser Region der Durchschnitt. In Böen bläst es mit einer Sturmstärke von über 100 Stundenkilometern. Ich folgte der Ruta 40. Auch hier bedeutete das: einsames Tourenfahren, nur unterbrochen durch kleine Ortschaften, die manchmal Hunderte von Kilometern auseinanderliegen. Patagonien hat eine der geringsten Bevölkerungsdichten der Welt. Die Weiten sind endlos, der Himmel ist hoch, das südliche Sternenbild wirkt nachts zum Anfassen nah.

Genießen war für mich aber nicht mehr möglich. Zu groß waren meine Schmerzen. Ein Radfahrer, der gegen die Stürme Patagoniens ankämpft, muss sich viel Sauerstoff in die Lungen pumpen, aber genau das tat sehr weh. Ich versuchte, ausschließlich flach zu atmen. Die Winde rissen so stark an meinem Rad, dass ich es nur mit Mühe auf Kurs halten konnte, der Kraftaufwand ließ mich aufstöhnen vor Schmerzen. Die Kommentare der Einheimischen in den wenigen Ortschaften am Wegesrand ermutigten mich kaum: »Du bist zu spät, du wirst nicht mehr da unten ankommen«, sagte mir jemand, während ich eines der größten und leckersten »churrascos« der Welt in mich hineinschlang, Steaks, die so groß sind, dass kein Teller der Welt sie aufnehmen kann.

Es war nicht nur das Fahren auf Wellblechpisten unter ständigen Schmerzen, das mir Sorgen bereitete. Täglich beunruhigte mich die Frage, ob ich einen schützenden Platz finden würde, der die Kraft des Windes zumindest etwas abhalten könnte. Dabei stellte ich wenig Ansprüche: eine Brückenunterführung, eine Röhre aus Beton, ein Hügel, ein ausgeschlachtetes Auto oder ein Graben. Ich musste ein Hindernis finden, das den Sturm brechen würde, um mein Zelt aufstellen zu können, ohne dass es mir aus den Händen gerissen und vor mir Afrika erreichen würde. Beim Aufstellen nahm ich zuerst alle Packtaschen ab und legte sie über den Zeltboden verteilt aus, erst dann beginn ich die Stangen einzuziehen, das Überzelt darüberzulegen und alles abzuspannen.

Der Sturm brauste mir so stark um die Ohren, dass sie mir am Abend wehtaten und pfiffen. Ich stöpselte Ohropax in meine Hörmuscheln. Erwischte mich eine Bö, wurde ich gelegentlich einfach mitsamt dem Rad umgerissen. An besonders schlimmen Tagen stieg ich aus dem Sattel, wurde aber sogar schiebend zum Spielball der Natur. Wie ein volltrunkener Seemann wankte ich vom linken zum rechten Pistenrand und wieder zurück. Ich war so langsam unterwegs, dass mein Bordcomputer aufhörte, die Geschwindigkeit anzuzeigen. Ich legte also weniger als 3,5 Stundenkilometer zurück. Ich fluchte aus Frustration und zählte jeden Tag die restlichen Kilometer bis zum großen Teilziel. Mein Körper wurde zunehmend schwächer, ich verlor an Gewicht und wurde mürbe. Der Wind war mein Feind. Einzig der Wille trieb mich weiter, mit jedem einzelnen Kilometer näher heran ans Ziel.

Ruhetage gönnte ich mir keine mehr. Nur in Puerto Natales, dem Ausgangspunkt zum spektakulären Nationalpark Torres del Paine, gestand ich mir einen Tag Rast zu. Touristen waren Anfang April kaum noch hier. Erst auf dem Weg von Puerto Natales nach Punta Arenas bekam ich wieder etwas Oberwasser, hatte ich doch endlich wieder Asphalt unter meinen Rädern und war nur noch 470 Kilometer vom Ende der Qualen entfernt.

Am allerletzten Tag begann das, wovor mich die Einheimischen gewarnt hatten. Weiße Flocken fielen vom Himmel. Der Wind hatte aufgehört, doch nun war die Straße spiegelglatt und unter einer zehn Zentimeter dicken Schneedecke verschwunden. Aber es war der allerletzte Tag auf der Panamericana, 55 Kilometer vor dem Ziel. Auch wenn ich hätte kriechen müssen, hätte ich an diesem Punkt nicht mehr aufgegeben. Der stechende Schmerz war in den letzten Wochen so zur Gewohnheit geworden, dass ich zwar immer wieder laut aufstöhnte, aber nicht mehr fluchte. Ich akzeptierte einfach, dass er da war.

Ich schob die Berge hoch, wobei ich immer wieder ausrutschte, ich versuchte bergab zu fahren und ließ meine Beine als Stützräder auf dem Boden mitschleifen. Aus den wenigen Autos, die mich mit ihren Schneeketten passierten, guckten ungläubige Gesichter. Einige fotografierten mich, andere schrien mir aus dem Fahrzeug zu, dass ich ein Tier sei. Meine Kette vereiste mehrmals und blockierte den Antrieb. Ich taute sie auf, indem ich draufpinkelte. Ich trank viel, um ausreichende Mengen der warmen Flüssigkeit produzieren zu können. Meter um Meter näherte ich mich meinem Ziel. Als ich endlich, am späten Nachmittag des 13. 4. 2006, das Ortsschild mit der Aufschrift »Ushuaia, südlichste Stadt der Welt« sah, schluchzte ich wie ein Baby. Meine Tränen gefroren in der Kälte zu kleinen Eiskristallen. Es war das perfekte Geburtstagsgeschenk für mich, an diesem 44. Geburtstag.

Bereits vor meiner Abfahrt, die nun mehr als siebeneinhalb Jahre zurücklag, hatte ich mir vorgestellt, wie es wohl sein würde, hier nach vielen Jahren des Unterwegsseins anzukommen. Insbesondere seitdem ich den amerikanischen Kontinent erreicht hatte, beantwortete ich die oft gestellte Frage nach dem Wohin immer mit der gleichen Antwort: Ushuaia, Argentinien. Immer wieder, zwei Jahre lang, manchmal mehrmals am Tag. Dass es hart werden würde, war mir immer klar gewesen, und ich hatte mich darauf eingestellt. Dass ich aber über sechs Wochen lang so leiden würde, konnte ich natürlich nicht ahnen. Mein Bordcomputer zeigte die Gesamtdistanz mit knapp 79 000 Kilometern an. Die letzten 2000 Kilometer waren die härtesten gewesen. Ich kam nur durch, weil ich dieses Teilziel fest im Kopf hatte und somit Aufgeben nicht zur Debatte stand.

In Ushuaia brauchte ich mehrere Tage, um wieder Kräfte zu tanken. Ich beschäftigte mich im Wesentlichen damit, ruhig, schmerzfrei und regungslos auf dem Bett eines geheizten Hotelzimmers zu liegen, und außerdem nur noch mit Essen. Die Riesensteaks des Landes waren genau das, was der Arzt mir verschrieben hatte.

Stolz flog ich zurück nach Santiago und kurierte meine Verletzung aus. Patricia half mir, allein durch ihre Gegenwart, meine seelischen Wunden zu flicken, denn ich hatte sehr viel Zeit alleine verbracht. Zu viel. Einen ganzen Monat später war ich dann wieder vollständig hergestellt und hatte Kraft genug, den fünften und letzten Kontinent anzupacken: Afrika.

NORDAMERIKA

MICHAEL STRECK

Über sieben Brücken musst Du gehen oder Sommerschlussverkauf bei Dr. Peterson

(New York, USA)

Wir hatten im kleinen Familienkreis beschlossen, nicht krank zu werden in Amerika. Vor allem aus Kostengründen, aber auch grundsätzlich. Krankheiten machen schon in Deutschland keinen Spaß, aber in Amerika erst recht nicht. Außerdem hatten wir uns alle in Deutschland noch mal durchchecken lassen, dental, mental, hausärztlich und sogar hautärztlich. Dem Mann wurde bei dieser Gelegenheit am Kinn eine Talgdrüse entfernt, die, wie man lernte, im Fachjargon als »Grützbeutel« bezeichnet wird, was die Töchter schon damals urkomisch fanden. Die Grützbeutel-entfernende Ärztin sagte: »Damit müssten Sie jetzt Ruhe haben«, und das klang gut. (…)

Doch unser Vorsatz, nicht krank zu werden, ließ sich trotz aller Bemühungen in der Praxis nicht eins zu eins umsetzen, und den Mann erwischte es als Ersten mit einer Kinderkrankheit, welche sich durch rötlichen Ganzkörperausschlag äußerte. Es sah – vorsichtig ausgedrückt – nicht eben appetitlich aus, Frau und Töchter hielten sich vorsichtshalber fern, aber das konnte keine Dauerlösung sein. Auf diese schnöde Art und Weise endete, knapp drei Monate nach unserer Ankunft, der Vorsatz, Arztpraxen nicht zu betreten.

Kurz darauf wuchs an der Stelle am Kinn, wo der entfernte Grützbeutel mal gewesen war, ein neuer Grützbeutel. Die Töchter fanden das abermals urkomisch, »klingt wie eine Nachspeise«, aber die Hautärztin konnte mit dem Begriff herzlich wenig anfangen und taufte den schönen Grützbeutel einfach um in »epidermal cyst«, was weniger heiter und eher nach richtiger Krankheit klang. Sie entfernte ihn und sagte: »Damit müssten Sie jetzt Ruhe haben.«

Kurz darauf brach sich die jüngere Tochter beim Ballett den Fuß, was wir allerdings zunächst als ordinäre Verstauchung abtaten. Wir zogen abends, es war Halloween, mit der Kleinen sogar noch um die Häuser. Das heißt, wir trugen sie mehr um die Häuser. Im Krankenhaus waren sie über unsere Eingangsvermutung, »bestimmt nur verknackst«, wenig begeistert.

Kurz darauf musste der älteren Tochter ein gewaltiger Splitter aus dem Fuß operiert werden.

Kurz darauf schwoll mein Knie auf Handballgröße, alter Fußballschaden, und der Orthopäde verschrieb mir neben Schmerzmitteln zur großen Freude der Töchter einen Stock, »jetzt siehst du aus wie Doktor House«.

Kurz darauf, und wieder grüßt das Murmeltier, war der Grützbeutel am Kinn wieder da, und diesmal lachten nicht mal mehr die Töchter.

Wir gingen fortan, Kosten hin und her, sogar zu zahnärztlicher Vorsorge, nachdem sich beim Mann ausgerechnet während der »Katrina«-Tragödie in New Orleans ein längst für tot erachteter Weisheitszahn quicklebendig zurückmeldete – eine Katastrophe kommt selten allein –, was den Beginn einer Jahre währenden dentalen Odyssee einleitete. Die Fachkraft Dr. Peterson inspizierte den Rachenraum, nahm seinen Mundschutz ab und sagte: »This looks like a major operation.« Das war keine leere Drohung, sondern der Beginn einer innigen Arzt-Patient-Beziehung. Etwa zwei Jahre und viele, viele Dollar später schüttelte er mir die Hand und sagte: »Wir sind einen langen, langen Weg gemeinsam gegangen.« Das klang so, als hätten wir soeben gemeinsam den Mount Everest bestiegen. Es war ein langer, steiniger Weg da rauf, den Everest …

Als die provisorische Brücke zum sechsten Mal aus dem Mund purzelte und diesmal, platsch, in einer chinesischen Nudelsuppe landete, war das überhaupt nicht mehr schlimm. Niemand in »Ming's Deli« auf der Third Avenue schaute verblüfft. Wahrscheinlich ist es ganz normal, dass provisorische Brücken aus Mündern in Suppen fallen, und ich selbst hatte mich an solcherlei Imponderabilien längst gewöhnt. Der letzte dentale Notbehelf war nur zwei Wochen zuvor in einem mexikanischen Taco stecken geblieben und fand sich erst nach einigem Suchen im benachbarten Salsa-Häufchen wieder. »Über sieben Brücken musst du gehen« kommt nicht von ungefähr.

Das sechste Mal war also nur Routine. Sie kannten unsere Familie inzwischen sehr gut beim Zahnarzt. Sie mochten uns dort. Die netten Damen im Vorzimmer fragten nie, was dem werten Patienten denn fehlte, sondern, wie der werte Patient zu zahlen gedenke: Cash, Kreditkarte oder Krankenkasse. Wer diese Frage zufriedenstellend beantwortet, wird behandelt. Cash ist am besten. Sie sind reizend, die Vorzimmerdamen.

Unser Zahnarzt Dr. Peterson ist ein munterer Mann Ende vierzig, der entweder unablässig Witze erzählt oder von seinem letzten Urlaub, vorzugsweise Hawaii, während er Wurzeln behandelt oder Brücken und Provisorien einklebt, die ein paar Wochen später in Weichspeisen oder Nudelsuppen enden. Man hätte ihm gerne gesagt, dass er bitte ruhig sein soll, denn es war klar, dass allein unsere Kleinfamilie wenigstens eine Woche Hawaii finanzierte.

Amerikanische Ärzte gehen prinzipiell immer auf Nummer sicher, schon aus Angst, verklagt zu werden und nicht mehr nach Hawaii fahren zu können. Mein Gebiss wurde wenigstens sechsmal geröntgt, und die Gammastrahlenbelastung müsste reichen bis zum Ende meiner Tage. Obendrein neigen sie dankenswerterweise dazu, den Schmerz so klein wie möglich zu halten, weshalb solche Mengen des Narkotikums Novocain ins Zahnfleisch appliziert werden, die Polarbären einschläfern könnten. Und schließlich ist Zahnarzt nicht gleich Zahnarzt, schon gar nicht in Amerika. In unserer Nachbarstadt gibt es sogar einen »Dental Spa«, eine Art Wohlfühlpalast für Zahnkranke. Man kriegt dort nach Kräutern duftende warme Lappen um den Hals gelegt, ehe die Experten in die Mundhöhlen absteigen. Kostet zwar mehr, erhöht aber den Spaß beim Bohren immens, versichern sie. Die Patienten oder besser: die Gäste in dem Zahnpalast wirken allesamt glücklich und zufrieden, als würden sie in diesem Spa ihre Flitterwochen verbringen. Vielleicht kriegen sie aber auch nur Lachgas als Betäubung.

Wir sehen nie so glücklich aus, wenn wir zum Zahnarzt müssen.

Streng genommen haben wir nicht nur einen Zahnarzt, sondern vier: einen ganz normalen Zahnarzt (den mit den Witzen und Hawaii), einen für Zahnspangen (für die jüngere Tochter), einen fürs Zähneziehen (für den Mann des Hauses), einen Brückenbau-Experten schließlich für Implantate, die dort hinkommen, wo früher mal die gezogenen Zähne standen. Sehr zuvorkommende Menschen allesamt, mit netten Vorzimmerdamen, »cash, Kreditkarte oder Kasse?«. Wahrscheinlich fahren alle Zahnärzte nach Hawaii.

(…) Dr. Peterson klebte die provisorische Brücke wieder in den Mund und verlangte nicht mal Geld dafür. Brückeneinkleben gehört zum Service, sagte er. Ich fragte ihn vorsichtig, warum er sie nicht, nun ja, besser befestigt, anderer Kleber oder so. Und berichtete ihm von den letzten Brückenfundstellen, mexikanischen Tacos und chinesischen Nudelsuppen. Aber er hörte gar nicht richtig zu. Vielleicht war er in Gedanken auf Hawaii.

Monate später hatten wir den Everest erklommen wie Edmund Hillary und Sherpa Tenzing. Ich war fraglos Sherpa Tenzing, ich musste ja die Kosten tragen. Der Doktor schüttelte mir die Hand am Ende unseres gemeinsamen Weges. Er wünschte mir viel Glück, richtete beste Grüße auch an den Rest der Kleinfamilie aus, und dann fiel sein Blick auf mein Kinn. Er schaute besorgt und sprach: »Sie haben da was. Sieht aus wie eine Zyste. Sie sollten mal zum Hautarzt gehen.«

AFRIKA

RYSZARD KAPUŚCIŃSKI

Luftsprünge bei Doktor Doyle

(Tanganjika)

Meine Wohnung in Daressalam besteht aus zwei Zimmern, Küche und Badezimmer im ersten Stock eines Hauses, das in der Nähe der Ocean Road unter Kokospalmen und üppigen, gefiederten Bananenpalmen liegt. In einem Zimmer gibt es einen Tisch und ein paar Sessel, im zweiten ein Bad, über das ein Moskitonetz gespannt ist: Dessen feierliche Anwesenheit – denn es erinnert in seinem Aussehen an eine weiße, durchsichtige Hochzeitsschleppe – soll eher den Bewohner bei Laune halten, als dass es wirklich die Moskitos abschreckt: Ein Moskito schlüpft überall durch. Die kleinen, lästigen Aggressoren scheinen am Abend jedesmal einen Kriegsplan auszuhecken, wie sie ihr Opfer fertigmachen können, denn wenn sie zum Beispiel zehn an der Zahl sind, dann greifen nie alle auf einmal an – was uns ermöglichen würde, sie alle mit einem Schlag zu erledigen und für den Rest der Nacht unsere Ruhe zu haben –, sondern sie gehen einzeln vor: Zuerst startet quasi ein Kundschafter mit einer Aufklärungsmission, während die Übrigen offenbar zuschauen, was weiter passiert. Dieser eine, wunderbar ausgeruht nach einem durchschlafenen Tag, macht uns nun mit seinem verrückten Gesums rasend, bis wir schließlich, schlaftrunken und wütend, auf die Jagd nach ihm gehen, den Angreifer erschlagen und uns schon wieder niederlegen wollen, in der Überzeugung, dass wir nun endlich schlafen können, doch kaum haben wir das Licht gelöscht, da beginnt schon der nächste Moskito seine Kreise, Spiralen und Schleifen zu ziehen.

Nach langen, viele Jahre (oder eher Nächte) dauernden Beobachtungen der Moskitos kam ich zum Schluss, dass in diesen Geschöpfen ein tief wurzelnder selbstmörderischer Instinkt sitzen muss, ein unbezähmbarer Trieb der Selbstzerstörung, der bewirkt, dass sie keineswegs, den Tod ihrer Vorgängerin (denn es sind die Weibchen, die uns attackieren und mit Malaria infizieren) vor Augen, von ihrem Vorhaben ablassen und die Sache aufgeben, nein, ganz im Gegenteil, dieser Tod scheint sie sogar anzustacheln, sodass sie sich in verzweifelter Entschlossenheit, eine nach der anderen, ins sichere und rasche Verderben stürzen.

Wann immer ich von einer langen Reise in meine Wohnung zurückkehre, bringe ich größte Verwirrung und Ungemach in das Leben, das ich hier antreffe. Denn die Wohnung ist während meiner Abwesenheit keineswegs leer. Kaum habe ich nämlich die Tür hinter mir geschlossen, nimmt schon eine ganze Welt unzähliger flinker und vorwitziger Insekten die Wohnung in Besitz. Aus Spalten in Fußböden und Wänden, aus Rahmen und Ecken, unter Leisten und Fensterbrettern hervor kommen ganze Armeen von Ameisen und Hundertfüßlern, Spinnen und Käfern gekrochen und Wolken von Fliegen und Motten geflattert, die Räume füllen sich mit den verschiedensten Winzlingen, die ich weder zu beschreiben noch zu benennen vermag, und das alles regt seine Flügel, malmt mit den Kauwerkzeugen und bewegt trippelnd die Beinchen. Die größte Bewunderung rang mir stets eine gewisse Unterart der roten Ameisen ab, deren Vertreter unvermutet wie aus dem Nichts auftauchten, in ideal ausgerichteten Reihen und perfektem Gleichschritt zu einem Schrank marschierten, alles auffraßen, was sie dort an Süßem fanden, worauf sie die Futterstelle verließen und in ebenso mustergültiger Ordnung wie zuvor wieder spurlos verschwanden, keiner wusste, wohin.

So war es auch diesmal, als ich aus Kampala zurückkehrte. Bei meinem Anblick machte sich ein Teil der Gesellschaft, ohne lange zu überlegen und zu zögern, davon, während die anderen eher unwillig und ungehalten das Feld räumten. Ich trank etwas Saft, schaute meine Briefe und Zeitungen durch und legte mich schlafen. Am Morgen konnte ich mich nur mit Mühe erheben – ich fühlte mich völlig kraftlos. Noch dazu hatten wir die Trockenzeit, das heißt die Zeit der schlimmsten, mörderischsten Hitze, die schon am Morgen einsetzt. Ich überwand meine Schwäche, schrieb ein paar Depeschen über die Situation in Uganda in den ersten Wochen der

Unabhängigkeit und trug sie zum Postamt. Der Beamte, der sie entgegennahm, notierte in einem Heft Datum und Stunde. Dann wurden sie per Fernschreiben an unser Büro nach London geschickt und von dort weiter nach Warschau; so kam das am billigsten. Mich verblüffte jedes Mal die Geschicklichkeit der hiesigen Mädchen an den Fernschreibern, die einen polnischen Text auf den Lochstreifen schrieben, ohne einen Fehler zu machen. Ich fragte sie einmal, wie das möglich sei. Weil man uns beigebracht hat, nicht die Worte oder Sätze abzuschreiben, sondern Buchstabe um Buchstabe, antworteten sie. Daher ist es für uns ganz egal, in welcher Sprache die Depesche verfasst ist. Was uns betrifft, schicken wir nicht den Sinn, sondern nur Zeichen.

Obwohl schon einige Zeit verstrichen war, seit ich Kampala verlassen hatte, ging es mir nicht besser, sondern immer schlechter. Das sind die Reste der Malaria, suchte ich mich zu beruhigen, und dazu kommt noch die unerträgliche Temperatur der Trockenzeit. Und obwohl ich in meinem Inneren eine mir bis dahin unbekannte intensive Wärme verspürte, dachte ich nur, das sei die äußerliche Hitze, die in mich hineinkroch und von dort auf meinen Organismus ausstrahlte. Ich war ständig schweißgebadet, aber auch die anderen Menschen kamen ganz nass daher – der Schweiß bewahrte die Menschen davor, auf dem feurigen Scheiterhaufen des Sommers zu verglühen.

So vegetierte ich einen Monat elend und apathisch dahin, als ich eines Nachts erwachte, weil ich spürte, dass mein Kissen feucht war. Ich machte Licht und erstarrte: Das Kissen war blutig. Ich lief ins Badezimmer und schaute in den Spiegel: Mein ganzes Gesicht war blutverschmiert. Im Mund spürte ich etwas Klebriges, einen salzigen Geschmack. Ich wusch mich, konnte jedoch bis zum Morgen nicht mehr einschlafen.

Ich erinnerte mich, dass in einem der Häuser an der Hauptstraße, der Independence Avenue, eine Tafel mit dem Namen eines Arztes hing – John Laird. Dort ging ich hin. Der Arzt, ein großer, hagerer Engländer, lief geschäftig durch ein Zimmer, das mit Kisten und Paketen vollgeräumt war. In zwei Tagen wollte er nach Europa zurückkehren, doch er gab mir Name und Adresse eines Kollegen, bei dem ich mich melden sollte. Nicht weit von hier, neben dem

Bahnhof, dort würde ich ihn antreffen. Der Kollege heiße Ian Doyle und sei Ire, fügte er hinzu (als wäre in der Medizin, zumindest in diesem Land, weniger die Spezialisierung als die Nationalität von Bedeutung).

Die Klinik war in einer alten Baracke untergebracht, die den Deutschen zur Zeit, als Tanganjika ihre Kolonie war, als Kaserne gedient hatte. Vor dem Gebäude lagerte eine apathische Menge von Afrikanern, die vermutlich an allen nur erdenklichen Krankheiten litten. Ich drängte mich durch und fragte drinnen nach Doktor Doyle. Ich wurde von einem müden, erschöpften Mann mittleren Alters empfangen, der vom ersten Moment an große Herzlichkeit und Wärme bewies. Allein seine Anwesenheit, sein Lachen, seine Freundlichkeit wirkten auf mich wie Balsam. Er sagte, ich sollte am Nachmittag zum Ocean Road Hospital kommen, weil es nur dort einen Röntgenapparat gebe.

Ich wusste, dass es schlecht um mich stand, doch ich machte für alles die Malaria verantwortlich. Und ich wünschte mir sehnlichst, dass der Arzt meine Diagnose bestätigte. Als wir die Abteilung verließen, in der sich der Röntgenapparat befand – Doyle hatte mich selber durchleuchtet –, legte er mir den Arm um die Schulter und führte mich auf einen sanften Hügel mit hohen Palmen. Hier war es angenehm, denn die Palmen spendeten Schatten, und vom Ozean her wehte eine leichte Brise.

»Ja«, sagte Doyle schließlich und drückte leicht meine Schulter, »es ist eindeutig Tuberkulose.«

Und er verstummte.

Meine Beine gaben unter mir nach und wurden auf einmal so schwer, daß ich sie nicht mehr heben konnte. Wir blieben stehen.

»Wir stecken dich ins Spital«, sagte er.

»Ich kann nicht ins Spital gehen«, erwiderte ich. »Ich habe kein Geld.« (Ein einmonatiger Aufenthalt im Spital kostete mehr, als mein vierteljährliches Gehalt betrug.)

»Dann musst du in dein Land zurückkehren«, sagte er.

»Ich kann nicht in die Heimat zurückkehren«, erwiderte ich. Ich spürte, wie das Fieber an mir zehrte, ich war durstig und fühlte mich schwach.

Ich entschloss mich auf der Stelle, ihm alles zu sagen. Dieser Mensch hatte von Anfang an mein Vertrauen geweckt, und ich war überzeugt, dass er mich verstehen würde. Ich sagte, dieser Aufenthalt in Afrika stelle für mich eine einmalige Chance dar. So etwas habe es in meinem Land noch nie gegeben: Wir hätten noch nie einen ständigen Korrespondenten in Schwarzafrika gehabt. Das sei nur den unermüdlichen Bemühungen meiner Redaktion zu verdanken, doch diese sei arm, in unserem Land werde jeder Dollar mit Gold aufgewogen. Wenn ich die Leute in Warschau von meiner Krankheit benachrichtigte, sähen sich die außerstande, für meinen Spitalaufenthalt aufzukommen, weshalb sie mich auffordern würden, nach Hause zu kommen, und ich könnte nie mehr hierher zurückkehren. Damit hätte sich der Traum meines Lebens, nämlich in Afrika zu arbeiten, ein für allemal zerschlagen.

Der Arzt hörte sich das alle schweigend an. Wir spazierten immer noch unter den Palmen, zwischen Büschen und Blumen, in der ganzen Schönheit der Tropen, die mir aber jetzt wie eine von meiner Niederlage und Verzweiflung vergiftete Schönheit erschien.

Das Schweigen dauerte lange. Doyle wälzte einen Gedanken hin und her, bis er schließlich sagte:

»Eigentlich gibt es nur einen Ausweg. Du warst am Morgen in der städtischen Klinik. Dort werden die armen Afrikaner behandelt, weil die Behandlung kostenlos ist. Die Bedingungen dort sind leider ziemlich betrüblich. Ich selber komme nur selten hin, weil ich der einzige Lungenspezialist in diesem ganzen riesigen Land bin, in dem die Tuberkulose eine weit verbreitete Krankheit ist. Dein Fall ist ziemlich typisch: Eine starke Malaria schwächt den Organismus dermaßen, dass der Mensch dann leicht eine andere Krankheit einfängt, häufig ist das gerade Tuberkulose. Ab morgen setze ich dich auf die Liste der Patienten der Klinik. Ich stelle dich dem Personal vor. Du musst jeden Tag hingehen, um eine Injektion zu bekommen. Wir wollen es versuchen, wir werden ja sehen.«

Doktor Doyles Personal bestand aus zwei Personen, die in Wahrheit alles machten: Sie räumten auf, gaben Injektionen, vor allem aber lenkten sie den Strom der Kranken, die einen ließen sie ein, die anderen jagten sie, aus unerfindlichen Gründen, noch an der

Schwelle der Baracke davon (ein Verdacht von Korruption war auszuschließen, weil hier keiner Geld besaß).

Der Ältere und Dicke hieß Edu, der Jüngere, Kleinere und Muskulöse – Abdullahi. In vielen afrikanischen Gesellschaften gibt man einem Kind einen Namen in Verbindung mit irgendeinem Ereignis, das am Tag seiner Geburt geschah. Edu war die Abkürzung für *education*, weil an dem Tag, da Edu geboren wurde, in seinem Dorf die erste Schule eröffnet worden war.

Daher war dort, wo sich Christentum oder Islam noch nicht endgültig durchgesetzt haben, die Vielfalt an Namen unermesslich. Darin kam die Poesie der Erwachsenen zum Ausdruck, die ihren Kindern Namen verliehen wie etwa Frischer Morgen (wenn es im Morgengrauen geboren wurde), oder Akazienschatten (wenn es unter einer Akazie zur Welt kam). In Gesellschaften, die keine Schrift kennen, werden mithilfe von Namen bedeutende Ereignisse aus der früheren oder aktuellen Geschichte aufgezeichnet. Wenn das Kind zur selben Zeit geboren wurde, als Tanganjika die Unabhängigkeit erlangte, wurde es Unabhängigkeit genannt (in Kiswahili: *Uhuru*). Wenn die Eltern begeisterte Anhänger von Nyerere waren, konnten sie das Kind Nyerere nennen.

Auf diese Weise war seit Jahrhunderten eine nicht geschriebene, sondern gesprochene Geschichte entstanden, mit einem besonders starken, weil sehr persönlichen Grad der Identifizierung: Die Identifizierung mit meiner eigenen Gesellschaft bringe ich dadurch zum Ausdruck, dass der Name, den ich trage, den Ruhm von jemandem verkündet, der im Gedächtnis meines Volkes bewahrt wird.

Die Einführung des Christentums und des Islams reduzierte diese blühende Welt der Poesie und Geschichte auf ein paar Dutzend Namen aus Bibel und Koran. Seither gibt es nur mehr Namen wie James und Patrick oder Ahmed und Ibrahim.

Edu und Abdullahi waren wirklich wunderbare Menschen. Wir schlossen rasch Freundschaft. Ich bemühte mich, den Eindruck zu erwecken, dass mein Leben in ihren Händen lag (was ja auch tatsächlich der Fall war), und sie nahmen sich das sehr zu Herzen. Sie ließen alles liegen und stehen, wenn ich Hilfe brauchte. Ich kam jeden Tag um vier Uhr nachmittags zu ihnen, wenn die mittägliche Hitze nachließ, die Klinik schon geschlossen war und die beiden die alten Holzböden fegten, wobei sie unglaubliche Staubfahnen hochwirbelten. Alles Weitere erfolgte genau so, wie Doktor Doyle es angeordnet hatte. In einem Glasschrank in seinem Zimmer stand eine riesige Blechdose (eine Spende des dänischen Roten Kreuzes), in der sich graue, große Tabletten eines Medikaments namens PAS befanden. Von denen nahm ich 24 täglich. Während ich sie in meine Tasche abzählte, holte Edu aus dem Kocher eine massive metallene Spritze, setzte die Nadel auf und zog zwei Zentimeter Streptomyzin aus der Flasche. Dann machte er eine weit ausholende Bewegung, als wollte er einen Speer werfen, und jagte mir die Nadel hinein. Ich machte jedesmal – das hatte sich im Verlauf der Zeit schon zum Ritual entwickelt – einen Luftsprung und quiekte laut, worauf Edu und Abdullahi, der das alles mit ansah, in brüllendes Gelächter ausbrachen.

Es gibt nichts, was die Menschen in Afrika so miteinander verbindet wie die Tatsache, dass sie gemeinsam über etwas lachen können, was wirklich umwerfend komisch ist, wie zum Beispiel ein Weißer, der wegen einer Lappalie wie einer Injektion einen Luftsprung vollführt. Daher teilte ich später auch diese Freude mit ihnen und hielt mir, obwohl ich mich vor Schmerzen krümmte, wenn mir Edu die Nadel mit so entsetzlicher Wucht in den Körper rammte, gemeinsam mit ihnen vor Lachen die Seite.

In dieser verrückten, paranoiden Welt rassischer Ungleichheit, in der die Hautfarbe (oder auch nur deren Schattierungen) alles entscheidet, verschaffte mir meine Krankheit, obwohl ich sie körperlich so schlecht ertrug, unverhofft einen Vorteil: Dadurch, dass sie mich so schwach und leidend machte, setzte sie meinen prestigeträchtigen Status als Weißer, der höhersteht, herab und gab den Schwarzen die Chance, sich mir ebenbürtig zu fühlen. Nun konnten sie mit mir per Du sein, denn ich war immer noch ein Weißer, aber ein reduzierter Weißer, ein Ausschussweißer, ein mit Fehlern behafteter Weißer. In meiner Beziehung zu Edu und Abdullahi kam jene Herzlichkeit zum Ausdruck, die nur unter Gleichen möglich ist. Sie wäre völlig undenkbar gewesen, wenn ich ihnen als starker, gesunder, herrischer Europäer gegenübergetreten wäre.

MICHAEL OBERT

Der gute und der böse Rauch

(Gao, Mali)

Ich fühlte mich schlecht, krank, schwer. Wie damals in Guinea, als ich die Ruhr gehabt hatte. Wie lange war das her? Wie viele Monate oder Jahre war das her? Ich lag in dieser üblen Höhle von einer Unterkunft am Stadtrand von Gao. Es gab kein Licht, keinen Strom. Die Wüste drängte herein, tagsüber glühend heiß und nachts eisig kalt. Doch ich kümmerte mich nicht darum. Ich lag auf der fleckigen Matratze und starrte einfach nur an die Decke.

Am folgenden Morgen zwang ich mich, aufzustehen. Mein Kopf war bleischwer. Mein Nacken schmerzte. Ich zog die Halskrause aus dem Rucksack und legte sie an. Gao kam mir grau und tot vor. Es war bei Weitem lebendiger als Timbuktu, doch ich wollte, dass es grau war. Also war es grau. Und verdorrt. Es war staubig, schmutzig. Es stank. Gao stank. Es gab keinen Grund, in dieser grauen, stinkenden Stadt herumzulaufen. Also schleppte ich mich wieder in meine Höhle und warf mich auf die Matratze. Mein Kopf fühlte sich seltsam an. Ich stellte mir vor, wie es klang, wenn jemand mit einem Stock auf ihn einschlüge. Dumpf! Es würde dumpf klingen.

Auf dem Weg zur Latrine – ich ging gebeugt und hielt das obligatorische Plastikkännchen in der linken Hand – hielt mich der Hotelbesitzer an. Über seinem Boubou trug er einen schweren grauen Wollmantel. Buschige Koteletten zogen sich bis zum Kinn.

»Sie sehen nicht gut aus, mein Freund«, sagte er ehrlich besorgt, zeigte auf meine Halskrause und stellte sich mit Mossi Djibo vor.

»Mein Nacken«, sagte ich schwerfällig und erklärte ihm das Problem.

»Sie haben doch Medikamente bei sich?«

»Ich habe schon alles versucht.«

»Es gibt etwas, das Sie noch nicht versucht haben«, sagte Djibo und senkte verschwörerisch die Stimme. »Sie sollten sich helfen lassen. Ich will nicht, dass Sie in einem meiner Zimmer zu Staub zerfallen.«

»Natürlich nicht«, sagte ich, noch immer das Plastikkännchen in der linken Hand. »Was schlagen Sie vor?«

»Ich kenne einen Sohantye. Einen richtigen, verstehen Sie? Er macht sich nichts aus Allah. Sie haben einen Feind? Seine Nase soll abfaulen? Seine Hoden sollen anschwellen? Blindheit, Gedächtnisverlust? Tod seiner Frau? Tod seines ersten Sohns? Tod seines ältesten Bruders? Der Sohantye leitet alles für Sie in die Wege.«

»Ich habe keinen Feind«, sagte ich matt.

»Der Sohantye ist sehr mächtig. Er macht starke *korte.* In vierundzwanzig Stunden tötet er, wen Sie wollen. Vergiften, enthaupten, ersticken, ertränken, vom Krokodil zerfetzen, vom Bus überfahren. Wie Sie wollen, in nur vierundzwanzig Stunden.«

Ich sah ihn ungeduldig an und hob das Plastikkännchen in sein Blickfeld, damit er sehen konnte, was mich aus der Höhle gelockt hatte, die er »eins seiner Zimmer« nannte.

»Der Sohantye ist auch ein Heiler«, sagte er mitfühlend. »Der beste weit und breit, mein Freund. Er backt die besten Kuchen.«

»Kuchen?«

»Magische Kuchen«, sagte Djibo und freute sich, mein Interesse geweckt zu haben. »Die Geister, verstehen Sie? Jeder Geist wohnt in seinem eigenen Baum und gibt Kräfte an ihn ab. Der Sohantye geht in den Busch und erntet diese Kräfte. Wie reife Früchte, verstehen Sie? Dann mischt er sie in seinen Teig und backt den Kuchen. Der Sohantye wird Ihnen helfen, mein Freund. Er gibt Ihnen von seinem Kuchen und macht Ihren Kopf leicht – leicht genug für Ihren kranken Nacken.«

Mir war alles gleichgültig, und kurz nach Mittag fand ich mich auf dem Rücksitz eines Mopeds wieder. Es fuhr aus Gao hinaus in die Wüste. Am Lenker saß Djibo.

»Die besten Sohantye leben nicht in der Stadt«, rief er in den ofenheißen Fahrtwind hinein. »Der Koran lehrt uns, sie zu verachten. Aber ohne sie geht es auch nicht. Wer einen Sohantye aufsucht, will nicht gesehen werden. Der Busch ist der ideale Standort. Ein richtiger Sohantye haust bei den Tieren und den Djinns.«

Das Gehöft des Heilers lag in einem Dornengestrüpp, fern jeder Siedlung. Es bestand aus drei großen und einer einzigen Hütte, ein paar Akazien, einem Autowrack, in dem Hühner nisteten, und einer klassischen Lehmlatrine. Im Schatten saßen drei Alte und hielten sich die Fliegen mit präparierten Kuhschwänzen vom Leib. Sie winkten uns zu und zeigten ihre verfaulten Zahnreihen.

Im Eingang der kleinen Hütte bemerkte ich einen hageren Jungen. Sein Körper war mit etwas beschmiert, das ich für Kuhdung hielt. Er stützte sich auf selbst gemachte Holzkrücken. Seine Beine waren dünn und zerbrechlich wie Akaziengeäst. Als sich unsere Blicke trafen, trat er einen Schritt zurück und verschwand im Dunkel der Hütte.

»Der Name des Sohantye tut nichts zur Sache«, flüsterte Djibo. »Wenn Sie ihn begrüßen, sehen Sie ihm nicht in die Augen. Benutzen Sie Ihre Songhay-Kenntnisse. Dann geben Sie mir die Zigaretten. Ich gebe sie dem Heiler. Alles Weitere zeigt sich.«

Ein schwergewichtiger Mann in sumpfgrünem Gewand trat aus der größten Hütte. Ich sah zu Boden, als er mir die fleischige Hand reichte. Er ging barfuß. Der rechte kleine Zeh fehlte. Der rechte kleine Finger fehlte ebenfalls. Wir tauschten Begrüßungsformeln aus. Ich reichte Djibo die Zigaretten; er gab sie dem Heiler, der uns in seine Hütte bat. An der Stirnwand stand ein blaues Mofa mit roten Gummigriffen. Ein Bett, verstaubte Tonkrüge, ein Stapel Holz – nichts, was auf die Tätigkeit eines Heilers hingewiesen hätte.

Djibo sprach, und der Heiler hörte schwer atmend zu. Seine Haut war tiefschwarz. Eine schwere Akne hatte Narben in seinem Gesicht hinterlassen. Die Falten um seine Augen hätten fröhlich gewirkt, wären da nicht die Augen selbst gewesen – riesige schwarze Kugeln, umgeben von einem Geflecht aus blutroten Äderchen. Als mich sein Blick traf, sah ich wieder zu Boden.

Der Heiler gab mir zwei rote Kolanüsse und wies mich an, sie an meine Schläfen zu halten. Ich tat das etwa zwei Minuten lang, dann gab ich sie ihm zurück. Er wog sie in der rechten Hand, murmelte leise vor sich hin, legte die Kolas beiseite und berührte meine Nase.

»Was hat er gesagt, Djibo?«

»Er hat das Orakel befragt. Er sagt, Sie erfreuen sich bester Gesundheit. Er sagt, Ihr Problem, dieser Schmerz und diese Müdigkeit, die Sie quälen, sie haben einen anderen Grund.«

Der Heiler zog die Augenbrauen hoch. An ihren äußeren Enden nahmen sie die Form von Widerhaken an. Er räusperte sich kräftig und spuckte den Auswurf an die Wand. Der verschmierte Junge schleppte sich herein, ortete das Corpus Delicti, löste es behutsam vom Lehm und strich es in eine kleine Kalebasse.

»Der Sohantye sagt, dass Ihnen jemand Böses wollte«, fuhr Djibo fort, ohne auf die sonderbare Szene einzugehen. »Er sagt, Sie haben den Fluch eingeatmet. Der Sohantye hat es in den Kolas gesehen. Sie haben geschlafen, und ein böser Rauch ist in Ihre Nase gekrochen. Er sitzt jetzt in Ihrem Kopf und macht ihn schwer. Der Rauch ist ein Teufel, Mikael.«

Mein Vorname ließ mich plötzlich aufschrecken. Mikael. Das war ich. Ich war gemeint. Ich saß in dieser Hütte. Ich war hier der Patient. Und dieser Heiler war dabei, mich zu behandeln. Etwas drängte mich, die Sache hier zu beenden.

»Keine Angst«, sagte Djibo, als habe er meine Gedanken erraten. »Der Sohantye sagt, der Teufel ist als Rauch in Sie eingedrungen. Er wird einen Rauch schicken, der ihn wieder heraustreibt.«

»Keinen Kuchen?«, fragte ich ängstlich.

»Keinen Kuchen«, sagte Djibo, und seine Stimme wirkte sanft und zuversichtlich.

Ich vertraute ihm. Immerhin war er der Eigentümer des Hotels, in dem ich wohnte. Und war das nicht eine einzigartige Gelegenheit? Jetzt, wo ich schon mal hier war? Der Heiler würde schließlich kein Skalpell ansetzen. Was konnte schon passieren? Ein wenig Rauch …

Wir einigten uns auf den horrenden Preis von 10 000 Francs CFA, ich zog zwanzig Scheine aus der Innentasche meiner Hose und bezahlte. Wenig später hockte ich nackt in einer Ecke der Latrine. Neben mir stand ein Tonkrug mit schlammgrünem Wasser. Ich wusch mich von Kopf bis Fuß damit, legte mir ein Tuch um die Lenden und ging in die Hütte zurück. Auf dem Boden lag eine Metallschaufel mit glühenden Kohlen. Mir brach der Schweiß aus. Ich zitterte. Der Heiler malte mit dem rechten Zeigefinger ein Kreuz auf den Boden. Dann zog er einen Kreis darum, murmelte etwas und spuckte in alle vier Himmelsrichtungen; der beschmierte Junge fing den Speichel geschickt mit der Kalebasse auf.

»Das *gandyi hau*«, flüsterte Djibo und legte mir seinen Mantel um. »Der Sohantye bindet den Busch fest, bevor er die Tür zur Anderen Welt öffnet. Er bindet die Unsichtbaren und die Schlechten fest, damit sie uns nicht schaden können.«

Der Heiler zog einen Lederbeutel aus seinem Gewand und begann von Neuem zu murmeln und zu spucken. Ich vermutete, dass dies die Formeln waren, die den Teufel aus meinem Kopf treiben sollten. Er öffnete den Beutel, schüttete ein gelbliches Pulver in seine vierfingrige Hand und zerrieb es im Takt der Silben, die er jetzt intonierte. Plötzlich zog Djibo seinen Mantel über meinen Kopf und drückte mich unsanft hinunter. Der Heiler streute das Pulver auf die Kohle. Es zischte und knisterte. Rauch füllte die winzige Kammer, die der Mantel um mich herum bildete. Ich hielt instinktiv die Luft an und schloss die Augen. Sie tränten trotzdem. Mein Brustkorb krampfte sich zusammen. Ich atmete vorsichtig ein. Der Rauch kroch in meine Nase, in Mund und Rachen, war jetzt in mir, brannte, biss, kratzte. Ich würgte, wollte schreien, konnte nicht. Panik ergriff mich. Doch die Männer hielten mich fest, zwangen mich, unter dem Mantel zu bleiben – zwangen mich, den Rauch einzuatmen.

Eine innere Stimme begann zu brüllen.

»Fünfzehn Jahre«, brüllte sie böse, »fünfzehn Jahre. Du warst überall, nur nicht zu Hause. Du konntest nie bleiben. Egal, wo du warst. Fünfzehn Jahre! Sesshaft wolltest du werden? Lächerlich! Alles Mögliche hast du versucht. Karriere in Paris. Kneipe in Nordqueensland. Eigenheim im Elsass. Eremit in den chilenischen Anden. Länger als zwei Jahre hast du es nie ausgehalten. Du willst immer dort sein, wo du gerade nicht bist. Du fühlst dich nur als Fremder daheim. Was treibt dich? Was tust du hier? Wohin willst du?«

»Weiter!«, schrie eine andere Stimme dagegen, während ich über dem Rauch gegen einen Brechreiz ankämpfte. »Weiter, ich will weiter! Aber das habe ich nicht verdient! Unter diesem Mantel zu ersticken, in diesem Rauch, in der Hütte dieses Scharlatans. Ich will weiter! Den Fluss entlang! Weiter! Weiter!«

Ich wurde wütend, wollte um mich schlagen, doch stattdessen stöhnte ich, hustete, flennte, meine Muskeln erschlafften. Dann endlich lösten die Hände ihren Griff. Ich riss den Mantel fort und stürzte nach draußen. Der Heiler ließ mich nicht aus den Augen. Er stand unter höchster Spannung. Und plötzlich brüllte er, stürzte sich auf mich, griff vor meinem Gesicht ins Leere, verdrehte die Augen, warf sich zu Boden, wälzte sich, als kämpfe er mit einem unsichtbaren Tier. Ein lauter Knall ließ mich zusammenzucken. Dann war es still, vollkommen still – eine Stille, wie man sie nur in der Wüste erlebt.

»Es ist vorbei«, sagte Djibo leise und legte seine Hand auf meine Schulter.

Die Berührung tat gut. Sie brachte mich wieder zu mir. Die Alten im Hof lachten und spuckten Kolastückchen. Der Heiler lachte. Djibo lachte. Ich sah an mir hinunter. Ich stand in meiner Unterhose in diesem Gehöft, mitten in der Dornensavanne, weit entfernt vom Fluss. Meine Knie schlotterten. Um mich herum lachten zahnlose schwarze Männer. Ich war sicher, dass man sich einen Spaß mit mir erlaubt hatte, doch ich war zu erschöpft, um wütend zu sein. Ich zog meine Kleider an und sank in einen Bambusstuhl.

»Es ist vorbei«, sagte Djibo noch einmal. »Der gute und der böse Rauch. Sie haben miteinander gekämpft. Sie haben es gespürt, nicht wahr? Der gute Rauch hat gesiegt. Er hat den Teufel herausgetrieben. Er wollte entkommen, in eine andere Nase, doch der Sohantye hat ihn gefangen und vernichtet. Wir sind alle sicher.«

»Sicher«, keuchte ich.

»Wie fühlen Sie sich? Der Schmerz ist fort, nicht wahr? Der Teufel ist aus Ihrem Kopf. Er ist leicht, nicht wahr?«

Ich musste niesen.

»Das ist der gute Rauch«, lachte Djibo erleichtert. »Er putzt noch die Ecken in Ihrem Kopf aus. In ein paar Stunden ist er verflogen.«

Der Junge hinkte auf seinen Krücken herbei, verrührte den zähflüssigen Speichel in der Kalebasse und strich ihn in die rechte Hand des Heilers, der sie uns zum Abschied reichte. Sie fühlte sich klebrig und warm an. Als wir wieder beim Moped waren, riss Djibo ein Stück von seinem Unterboubou ab und bandagierte sich die Hand damit.

»Der Speichel des Sohantye ist kostbar«, sagte er und verknotete den Fetzen. »Er enthält die Kraft der Worte. Waschen Sie Ihre Hand vier Tage nicht. Geben Sie niemandem Ihre Hand. Heben Sie Ihre Hand nicht zum Gruß, denn sonst weht der Wind den Segen des Sohantye fort.«

Dann fuhr Djibo los und knatterte über die holprige Piste in Richtung Stadt. Ich hielt meine Hand heimlich in den heißen Wind, und als sie getrocknet war, raspelte ich den Speichel des Heilers am Sattel ab.

»Dieser Junge?«, fragte ich mit zittriger Stimme. »Der Junge mit der Kalebasse? Was ist mit ihm?«

»Ich kenne ihn seit seiner Geburt«, rief Djibo über seine Schulter. »Er kam völlig gelähmt zur Welt. Sein Vater ist strenggläubiger Moslem. Er hat ihn ins Krankenhaus gebracht und ein Vermögen für moderne Medizin ausgegeben. Als alles nichts half, trug er seinen Sohn doch zum Sohantye.«

»Und der hat ihm ein *korte* gemacht?«

»Zweieinhalb Monate ist das her«, brüllte Djibo gegen den Wind. »Sie haben den Jungen selbst gesehen. Er kann schon wieder gehen. Der Sohantye ist ein mächtiger Mann.«

Wir bogen auf die Schotterstraße ein. Djibo schaltete in den vierten Gang. Ich zitterte noch immer.

NIGEL BARLEY
Unfall mit Eulen
(Kamerun)

Die Straße war übersät mit Eulen. Sie saßen gewöhnlich auf dem Asphalt, flogen hoch, wenn sich ein Auto näherte, und gingen auf die Scheinwerfer los. Sie kamen auf den Straßen scharenweise um. Den Dowayos jagen sie Furcht und Schrecken ein. Beim nächtlichen Ausflug tragen die Eulen angeblich bösen Zauber unter ihren Schwingen. Wenn ein Mann eine Eule in der Umgebung seines Anwesens oder seiner Rinder schreien hört, bemüht er sich augenblicklich um einen Gegenzauber.

Wir kamen oben auf der Höhe an, von der es hinunter nach Poli geht, und begannen die Abfahrt. Erst als wir uns einer schmalen Brücke näherten, die über eine Schlucht führt, merkte ich, dass die Lenkung wieder kaputt war. Ich hatte gerade noch Zeit, an die scharfen Spitzen beiderseits der Brücke zu denken – die Reste des Brückengeländers, das ein Unfall weggerissen hatte, bei dem an ebendieser Stelle vor einigen Jahren der Unterpräfekt ums Leben gekommen war. Wir stießen gegen einen Baum, prallten ab, stießen gegen einen Felsen und fuhren geradewegs auf die Schlucht zu. Ich stand die ganze Zeit auf den Bremsen, aber ohne nennenswerten Erfolg. Einen Augenblick lang hingen wir über dem Abgrund, dann kippten wir hinunter.

Ein junger Baum fing uns elegant auf und klappte unter dem Gewicht des Fahrzeugs langsam zusammen. Völlig ruhig stellte ich den Motor ab, fragte Augustin, ob bei ihm alles in Ordnung sei, und verließ das Fahrzeug. Oben, am Rand der Schlucht, war es dann mit der Selbstbeherrschung plötzlich vorbei: Wir saßen da, blickten auf die gezackten Felsen und lachten hysterisch – natürlich nicht aus Amüsement, sondern weil uns ein Schwall schierer Erregung überflutete, worin sich nacktes Entsetzen, ungläubiges Staunen und

Erleichterung mischten. Ich vermute, wir saßen ziemlich lange dort. Fürs Erste schienen wir noch ziemlich glimpflich davongekommen. Augustin hatte einen Bluterguss am Brustkasten. Ich war mit dem Kopf aufs Lenkrad aufgeschlagen, und ein paar Zehen, Finger und Rippen schienen gelitten zu haben. Wir pilgerten in die Stadt und machten uns über ein paar Bier her, die Augustin für äußerste Notfälle bereithielt. Wir hatten das Gefühl, uns die Biere verdient zu haben.

Am nächsten Tag wurde mir das ganze Ausmaß der Katastrophe klar. Eine Besichtigung des Wracks brachte mich zu der Überzeugung, dass die Reparatur ein langwieriges und kostspieliges Unternehmen werden würde und dass wir uns in der Tat glücklich schätzen konnten, ohne größere Verletzungen davongekommen zu sein. Wir ließen uns vom örtlichen Arzt untersuchen, der uns beide für unbeschädigt erklärte. Die Tatsache, dass ich immer noch merkwürdig verbogene Finger und Zehen sowie einen Hubbel auf zweien meiner Rippen habe, bringt mich zu dem Schluss, dass dem Doktor bei seiner Untersuchung ein paar kleinere Brüche entgangen sein müssen. Am schlimmsten stand es um meinen Unterkiefer. Zwei Vorderzähne wirkten stark gelockert, und meine ganze Kinnlade begann anzuschwellen und verursachte mir beträchtliche Schmerzen.

Ich hoffte das Beste, kehrte nach Kongle zurück und fuhr fort mit meinen Untersuchungen über Leoparden und Wildkatzen. Um nachts einschlafen zu können, schluckte ich Valium.

Eines meiner Hauptanliegen war jetzt die Frage der Klassifizierung von Krankheiten, und um dieses Interesses willen verbrachte ich viel Zeit bei einem bestimmten traditionellen Heilkundigen, der den Nachteil hatte, dass er auf einem nackten Felsen hoch über Kongle wohnte. Wir brachten Stunden damit zu, Wurzeln zu sammeln und über die Diagnose von Krankheiten sowie über die Unterschiede der diversen Behandlungsmethoden zu diskutieren.

Wie schon erwähnt, teilen die Dowayos die Krankheiten in vier Gruppen auf, je nachdem, ob sie durch »Ansteckung«, durch Kopfzauber, durch Einwirkung der Ahnengeister oder durch Übertragung hervorgerufen sind. Nur ansteckende Krankheiten oder zufällige Verletzungen, an denen Zauberei schuld sein mag, lassen sich mithilfe von Kräutern heilen. Bestimmte Krankheiten bestimmten Krankheitsursachen zuzuordnen ist ein ziemlich kompliziertes Verfahren. Bei manchen Krankheiten beziehen sich die Namen sowohl auf die Symptome als auch auf den verursachenden Faktor (wie bei unserem Wort »Erkältung«, mit dem man bestimmte Symptome bezeichnet und auch die Viruserkrankung selbst). Andere Namen benennen nur Symptome (wie die »Gelbsucht«, die bei vielen Erkrankungen auftritt). Um Symptome mit Krankheiten in Zusammenhang zu bringen, werden verschiedene Formen der Wahrsagerei angewendet. So kann man einen Heilkundigen holen, damit er die Innereien eines Huhns in Wasser wirft. Oder der Fachmann betrachtet den Kranken durch eine Glaskugel und kann auf diese Weise feststellen, an welcher Krankheit er leidet. Die gängigste Form des Wahrsagens besteht indes darin, Scheiben der *zepto*-Pflanze zwischen den Fingern zu reiben und dabei die Namen der Krankheiten aufzuzählen, von denen der Betreffende eventuell befallen ist. Wenn die *zepto*-Scheiben kaputtgehen, beweist dies, dass der richtige Name gefunden ist. Der Wahrsager wendet sich dann der Frage der Ursache zu – Zauberei, Ahnengeister usw. Als Nächstes kommt das Heilmittel. Drei Wahrsagegänge reichen gewöhnlich, um alle erforderlichen Informationen zu beschaffen. Wenn der Kranke nicht persönlich zum Wahrsager kommen kann, schickt er ein bisschen Stroh vom Dach seines Kornspeichers, des privatesten und persönlichsten Bereichs in seinem Anwesen.

Wenn ein bestimmter Ahnengeist schuld an der Krankheit ist, wird jemand zum Schädelhaus geschickt und muss dort Blut, Exkremente oder Bier über den Schädel des lästigen Sippengenossen schütten.

Krankheiten, die man sich durch Übertragung zuzieht, erfordern normalerweise, dass sich ein Experte um sie kümmert – ein Beschneider, Zauberer oder Regenhäuptling. Oft kommt die Beziehung zwischen Ursache und Wirkung nur auf ziemlichen Umwegen zustande. Was wir zum Beispiel als Verstauchung bezeichnen würden, das tut nach Ansicht der Dowayos deshalb weh, weil Würmer in das betreffende Glied eingedrungen sind; Würmer kommen vom Regen, also kann hier nur der Regenhäuptling Heilung bringen. Wer mit den Belangen der Toten in Berührung kommt, braucht hingegen eine Behandlung durch den Zauberer, die darin besteht, dass der Körper des Opfers mit Kleidern oder anderen persönlichen Utensilien des Toten abgerieben wird. Die schlimmsten Übertragungskrankheiten stammen vom Schmied und seinen Frauen, den Töpferinnen. Übermäßiger Kontakt mit ihnen, zumal mit ihrem Handwerkszeug, hat Folgen, die sich eigentlich nur als Vagina-Inversion bei der Frau und als After-Vorfall beim Mann beschreiben lassen. Der Blasebalg, der Unheil über die Männer bringt, ist ein ausgesprochen phallisches Objekt, und dass er eher dem After als dem Penis Schaden zufügt, muss man mit der »offiziellen« Version von der Beschneidung in Zusammenhang bringen, derzufolge es bei dieser um eine Versiegelung des Afters geht.

Andere Männer benutzen Zaubermittel, die Übertragungskrankheiten hervorrufen, um ihr Eigentum zu schützen. Zu meinen guten Bekannten gehörte der Spaßmacher von Kongle. Er war Besitzer des einzigen Orangenbaums in der Gegend und mir ungeheuer zugetan, seit ich ihm zweihundert Orangen abgekauft hatte. (Ich muss gestehen, dass ich nicht die Absicht hatte, zweihundert Apfelsinen zu kaufen, sondern nur zwanzig; schuld an dem Versehen war, dass ich mit den Zahlwörtern nicht klarkam.) Um ihn vor den Raubzügen der Kinder zu schützen, brachte der Mann gewisse Pflanzen und Ziegenhörner an dem Baum an, sodass jeder, der Apfelsinen stahl, wie eine Ziege husten und zu ihm kommen musste, um sich davon wieder heilen zu lassen.

Manche Dowayos ziehen guten Gewinn aus dem Besitz magischer Steine, die alle möglichen Krankheiten hervorrufen, angefangen von Kopfschmerzen bis hin zur Dysenterie. Die Opfer müssen zu ihnen kommen und sich von ihnen heilen lassen. Dass jemand auf diese Weise zu Geld kommt, daran finden die Dowayos nichts Ehrenrühriges.

Kopfmagie wird von nahen Verwandten durch Erdnüsse oder Fleisch übermittelt. Sie ist allergisch gegen scharfe Gegenstände, und deshalb sollte ihr ein Junge vor der Beschneidung nicht ausgesetzt sein, weil er sonst verbluten könnte. Nachts streift sie herum und hat angeblich die Gestalt eines Kükens; sie ist das, was die Eule unter ihren Schwingen trägt. Sie saugt Männern und Rindern das Blut aus und kann sie damit umbringen. Schützen kann man sich dagegen, indem man spitze Disteln oder Stachelschweinborsten auf dem Dach seiner Hütte anbringt. Bei Verstorbenen werden die Schädel nach Zeichen von Magie untersucht. Anfangs kapierte ich nicht, dass Leute, die »durch Magie umgekommen« waren, normalerweise nicht die Opfer von Hexen, sondern die Hexen selber waren, deren Zauberkraft durch solche Abwehrmittel versehrt worden war: Wird die Zauberkraft versehrt, so stirbt derjenige, der über sie verfügt. Die Dowayos erklären sich damit die hohe Sterblichkeitsrate unter den jungen Männern, die in der Trockenzeit in die Stadt arbeiten gehen. Diese seien noch jung – kaum mehr als Knaben – und hätte noch nicht gelernt, ihre Zauberkraft unter Kontrolle zu halten. Besonders erregt werde die Zauberkraft durch den Anblick von Fleisch auf den Ladentischen der Metzger, und sie schneide sich dann an all den scharfen Messern, die dort herumliegen.

Nach dem Tod erscheint sie in Form von zwei Spitzen unterhalb des Oberkiefers. Sind diese rot oder schwarz, so bedeutet das, dass die Zauberkraft Tod gebracht hat. Wenn in einer einzigen Familie mehrere Personen, die anerkanntermaßen über Zauberkraft verfügen, zu Tode gekommen sind, konzentriert sich der Verdacht normalerweise rasch auf irgendeinen bestimmten Verwandten. In der Zeit vor der Kolonialherrschaft wurde ein der Hexerei Angeklagter der Probe unterworfen. Wenn es ein Mann war, musste er Bier trinken, in das man das Beschneidungsmesser getaucht hatte; war er schuldig, so schwoll sein Bauch an, und er verblutete innerlich. Oder man ließ ihn Bier trinken, in das man giftigen Gummimilchsaft vom Dangoh-Kaktus *(Euphorbica Camerunica)* geschüttet hatte. Wenn der Betreffende nicht erbrach, starb er und wurde für überführt gehalten; erbrach er, so war er unschuldig, wenn das Erbrochene weiß, und schuldig, wenn es rot war. War er überführt, so wurde er anschließend vom Schmied gehängt.

In einem Fall wurde eine Frau von jedermann für eine Hexe gehalten und beschuldigt, ihren beiden verstorbenen Töchtern die Infektion angehext zu haben, die zu ihrem Tod geführt hatte. Bei der Untersuchung des Schädels der zweiten Tochter war ich zugegen. Ein alter Mann trennte mithilfe eines gebogenen Stocks den Kopf vom Rumpf. Man bewunderte sehr die Akkuratesse, mit der er das

Ende des Stocks in die Augenhöhle steckte und den Kopf wegschnippte, ohne dass Zähne verloren gingen und in den Magen hinunterfielen. Die Leiche war etwa drei Wochen alt, und der Gestank ziemlich übel; für seinen Dienst erhielt dann der alte Mann von den Eltern ein Ziegenfell. Wie gewöhnlich herrschte kein Mangel an humoristischen Zoten. Die Frauen wurden weggeschickt: »Wenn wir uns bücken, um den Kopf aufzuheben, und dabei einen fahrenlassen, erzählt ihr es überall herum.« Sie traten ziemlich verärgert den Rückzug an, und die Männer untersuchten den Kopf. Während meines Aufenthalts bei den Dowayos habe ich eine große Zahl von Schädeln untersucht, aber nie ein wahrnehmbares morphologisches Kriterium entdecken können, das mir erlaubt hätte, zwischen Schädeln, die Zeichen von Magie aufwiesen, und solchen zu unterscheiden, die frei davon waren. Und doch waren die alten Männer immer ganz einmütig in ihrem Urteil. Dass sich Zeichen magischer Einwirkung fanden, erregte im Dorf keinen Zorn, sondern wurde mit stiller Befriedigung aufgenommen. Zufällig wohnte die Frau in meiner unmittelbaren Nachbarschaft, und sofort begannen scherzhafte Bemerkungen darüber die Runde zu machen, dass nur ein Weißer, der ja wie alle seine Artgenossen immun gegen Zauberei sei, es als ihr Nachbar aushalten könne. Sie war offenbar über den Schimpf aufgebracht und bot an, über die Schädel der Toten zu gehen, was sie, falls die Magie an den Schädeln von ihr stammte, das Leben kosten musste. Ihr Ehemann weigerte sich aber, das zuzulassen. »Was soll's?«, erklärte er mir. »Sie würde doch nur sterben, und ich müsste mir eine andere Frau kaufen.«

Hatte ich erwartet, dass der Nachweis von Zauberei blankes Entsetzen hervorrufen würde, so war davon nichts zu spüren. Vielmehr war die Reaktion auf diese Dinge ziemlich sachlich und nüchtern. Die Dowayos legten mir gegenüber stets Wert auf die Feststellung, dass es verschiedene Arten von Kopfzauber gebe, von denen nur die eine schlecht sei. Manche Arten dienten nur dazu, einem Menschen saubere Zähne zu verschaffen; andere gewährten Erfolg in der Landwirtschaft und waren ohne schädliche Folgen für die Mitmenschen. Die Dowayos wollten mir nie recht glauben, wenn ich versicherte, dass mich diese Dinge interessierten, weil es im Land der Weißen so etwas nicht gebe. Ich wusste damals noch nicht, dass sie für mich einen Stammbaum konstruiert hatten, der mich als wiedergeborenen Zauberer auswies. Sie bezichtigten mich nie der Lüge, setzten aber ein bestimmtes Gesicht auf, sobald ich versuchte, ihnen einen besonders kapitalen Bären aufzubinden wie etwa, dass es in England Eisenbahnen gebe, die unter der Erde führen, oder dass man dort keinen Brautpreis kenne.

Insgesamt gesehen waren die Heilkundigen nur zu bereit, für das kleine Entgelt, das ich ihnen zahlen konnte, mit mir zusammenzuarbeiten. Ihre einzige Angst war, dass ich ihnen ihre Heilmittel stehlen und eine eigene Praxis aufmachen könnte. In primitiven Gesellschaften ist Wissen selten frei verfügbar; es gehört vielmehr bestimmten Leuten. Die Betreffenden betrachten es als ihr Eigentum. Sie haben dafür bezahlt und wären schön dumm, wenn sie es an andere ohne Gegenleistung weitergäben. Genauso wenig würden sie ja ihre Töchter ohne Brautpreis weggeben. Es war nur vernünftig, dass sie mich für ihre Informationen bezahlen ließen. Die Vertrauenswürdigkeit eines Heilmittels bemisst sich bei den Dowayos daran, seit wie vielen Generationen es schon überliefert ist. Ein althergebrachtes Heilmittel ist besser als ein neues; jede Neuerung erregt Verdacht, weil sie nicht von den Vorfahren sanktioniert ist. Deshalb gibt man sich keine Mühe, neue Mittel zu finden.

Zuerst beobachteten die Heilkundigen meine »Klinik« mit Argwohn, bis sie sich davon überzeugt hatten, dass ich mich auf die Behandlung infektiöser Krankheiten beschränkte, die ich mit den »Wurzeln« der Weißen anging, und dass ich ihnen selber keine Konkurrenz machte. In einem bestimmten Fall traten gewisse Probleme moralischer und strategischer Natur auf. Der Bruder des Häuptlings, der einige Hütten entfernt lebte, kam ziemlich häufig zu mir zu Besuch. Er war ein schlaksiger, unbeholfener und freundlicher Mann, der nicht gerade im Ruf eines Kirchenlichts stand. Eines Tages fiel mir auf, dass ich ihn seit Wochen nicht zu Gesicht bekommen hatte, und als ich mich nach seinem Verbleib erkundigte, erfuhr ich, dass er im Sterben lag. Er hatte einen schweren Anfall von Amöbenruhr gehabt, und man hatte den Heilkundigen gerufen, der droben auf dem Felsen wohnte. Die Befragung des Hühnerorakels hatte ergeben, dass der Mann vom Geist seiner toten Mutter heimgesucht wurde, den es nach Bier verlangte. Daraufhin war Bier über den Schädel der Mutter gegossen worden, ohne dass aber eine Besserung eingetreten wäre. Ein weiterer Heilkundiger wurde konsultiert. Er förderte zutage, dass in Wahrheit ein anderer Geist, der sich nur als der Geist der Mutter des Kranken ausgegeben hatte, schuld an der Krankheit war. Entsprechende Opfer wurden gebracht, aber der junge Mann verfiel weiter. Die dritte Frau des Häuptlings, die sich in seiner Kindheit um ihn gekümmert hatte, war untröstlich, kam zu meiner Hütte, jammerte draußen und wollte wissen, ob ich keine Wurzeln hätte, um ihn zu retten. Ich konnte mich unmöglich weigern, denn ich hatte tatsächlich einige wirksame Amöbizide und Antibiotika. Ich erklärte öffentlich, dass ich kein Heilkundiger sei und dass ich nicht wisse, ob meine Wurzeln helfen könnten, dass ich aber einen Behandlungsversuch machen würde, wenn sie es wünschten. Ich hatte Sorge, dass ich mir dadurch das Wohlwollen der Heilkundigen verscherzen würde, aber sie waren ohne Weiteres bereit festzustellen, dass ihre Diagnose falsch gewesen sei. Der bis aufs Skelett abgemagerte Kranke erholte sich rasch und war binnen Tagen wieder bei bester Gesundheit. Es herrschte allgemeine Begeisterung. Die Heilkundigen waren dadurch nicht aus der Fassung gebracht. Sie erklärten einfach, es habe sich um einen komplizierten Fall gehandelt: Der Mann sei an einer Infektion erkrankt gewesen, aber verschiedene Geister hätten sich das zunutze gemacht, um sein Leiden noch zu vergrößern. Sie, die Heilkundigen, hätten sich mit den Geistern auseinandergesetzt; ich hätte die Infektion behandelt.

Erst wenn sie krank waren, bedauerte ich die Dowayos ernstlich und hatte das Gefühl, dass sie schlechter dran waren als wir. Sonst genossen sie große Freiheit, waren von ihrem Reichtum überzeugt, hatten problemlos Zugang zu ihren hauptsächlichen Sinnesfreuden in Gestalt von Bier und Frauen und waren durchaus mit sich zufrieden. Wurden sie indes krank, so starben sie unsinnigerweise einen qualvollen und schrecklichen Tod. Im staatlichen Krankenhaus in Poli gab es für sie keine echte Hilfe. Es gab dort eine Vorschrift, nach der jeder Patient mit einem Schulheft erscheinen musste, in das seine Fallgeschichte eingetragen wurde. Schreibunkundige Stammesangehörige hatten keinen Bedarf für Hefte und hatten deshalb auch keine zur Verfügung; in Poli gab es sie nicht zu kaufen, und das

Krankenhauspersonal weigerte sich, sie vorrätig zu halten, weil das nicht zu ihrem Pflichtenkatalog gehörte. Solange die Patienten nicht ein solches Heft auftrieben, schickte man sie weg und verweigerte ihnen die medizinische Behandlung, mochte diese auch noch so dringend sein.

Wie nicht anders möglich, fiel unter diesen Umständen mir wie auch den Missionen die Rolle eines Nothelfers zu, aber die Folge war, dass viele Dowayos sich gar nicht erst die Mühe machten, das Krankenhaus aufzusuchen. Zweifellos führte das zu vielen vermeidbaren Todesfällen, und ich konnte mich mit der anmaßenden Unmenschlichkeit, die in dieser Situation die staatlichen Angestellten bewiesen, einfach nicht abfinden. Voll Beschämung war ich mir der Tatsache bewusst, dass mir selber im Krankheitsfall einfach nur deshalb, weil ich ein Weißer war, zugestanden wurde, mich vorzudrängen und wie die örtlichen Honoratioren eine Vorzugsbehandlung zu beanspruchen.

Eine weitere heikle Situation entstand, als ein französischer Botaniker vorbeikam, der sich auf einer Rundreise durch Kamerun befand, um für einen geplanten botanischen Atlas zu erforschen, wie sich die Pflanzenwelt im Land verteilte. Eines Tages kam ich ins Dorf zurück und fand diesen Herrn vor, der sich häuslich im Schulhaus niedergelassen hatte, um in der Rekordzeit von sechs Stunden die örtliche Flora aufzunehmen. Die Dowayos konnten natürlich nicht begreifen, warum sich irgendjemand für Pflanzen interessieren sollte, ohne einen weiteren Zweck damit zu verfolgen. Für sie war klar, dass der Mann versuchte, ihnen Heilkräuter zu stehlen, um sie dann anderswo mit gewaltigem Gewinn zu verkaufen. Sein Unternehmen machte etwas mehr her als meins: Er brachte seine eigenen Hühner mit, die er den Exemplaren vor Ort vorzog, und zwei Bedienstete sorgten für sein Wohl. Wir ließen uns mitten im Busch zu einer absurden Mahlzeit nieder, bei der auch Tischtuch und Servietten nicht fehlten, während Dowayokinder im Kreis um uns herumkauerten und uns mit Augen anstarrten, die rund vor Neugier waren. Er hatte die Freundlichkeit, mir zu erklären, wie sich im Blick auf eine spätere Bestimmung der Pflanzen am besten ein Herbarium anlegen ließ. Im Angesicht Afrikas verkrümeln sich die Differenzen, die zwischen einem französischen Botaniker und einem britischen Ethnologen bestehen mögen, und wir unterhielten uns bis tief in die Nacht.

Am nächsten Tag zeigte sich mein eingeborener Heilkundiger mehr als nur ein bisschen verärgert über diesen unverschämten Raubzug, den mein »Bruder« da veranstaltet habe. Indem ich auf den Umstand hinwies, dass der Besucher Zuuldibos Bier abgelehnt hatte, konnte ich den Erzürnten schließlich davon überzeugen, dass mich mit dem Besucher keinerlei gemeinsame Abstammung verbinde. Er gehöre wie Herbert Brown auf der protestantischen Missionarsstation einem anderen Volk an. Diese Völker seien von den Engländern geradeso verschieden wie die schrecklichen Fulbe von den braven Dowayos.

Nach unseren Maßstäben sind die Heilmittel, die von den traditionellen Heilpraktikern verabreicht werden, wirkungslos oder sogar schädlich. Praktiken wie diese, dass man als Mittel gegen Tuberkulose die Brust des Kranken mit Ziegenhörnern abreibt, sind für unsere Vorstellung so abwegig, dass wir uns gar nicht erst die Mühe machen, ihre Wirksamkeit zu überprüfen. Der Ethnologe kann sie ohne weiteres in den Schubladen »sympathetische Kur« oder »kontagiöse Magie« ablegen und braucht deshalb kaum Notiz von ihnen zu nehmen. Dieser Aspekt der Glaubensvorstellungen der Dowayos gewann überhaupt erst Bedeutung für mich, als ich anfing, mich mit den Regenhäuptlingen zu beschäftigen; aber davon mehr an der passenden Stelle.

Die meisten Heilmittel der Dowayos basieren auf immer denselben drei Zauberpflanzen, von denen erwartet wird, dass sie mit jedem nur denkbaren Missgeschick, egal ob Ehebruch oder Kopfschmerzen, fertig werden. Sie unterteilen sich jeweils in verschiedene Spielarten, die vom Laien mit dem bloßen Auge nicht zu unterscheiden sind. Die Dowayos gebärdeten sich immer als eingefleischte Positivisten und gaben vor, partout nichts zu glauben, was nicht unmittelbar durch die Sinne bezeugt war. »Wie unterscheidet ihr zum Beispiel eine Sorte *zepto* von der anderen?«, fragte ich. »Woher wisst ihr, dass dies hier die Sorte ist, die gegen den Ehebruch hilft, und das da die Sorte, die Kopfschmerzen heilt?« Sie starrten mich an, als könnten sie so viel Naivität gar nicht fassen: »Indem wir sie ausprobieren«, gaben sie zur Antwort. »Wie sonst?« Und dann legten sie los und schwangen große Reden über Steine, die Regen erzeugten, über Leute, die sich in Leoparden verwandelten, über Fledermäuse, die mangels After ihre Exkremente durch die Nase erbrachen – all das in offenkundiger Verletzung ihrer positivistischen Grundsätze. Es war unmöglich vorherzusagen, wie sie reagieren würden, wenn man sie auf diesem Gebiet befragte. Manchmal leierten sie ihre drei verschiedenen Versionen von »Ich weiß nicht« herunter, die sich hauptsächlich durch den zunehmenden Ton der Entrüstung, mit dem sie geäußert wurden, unterschieden. Gelegentlich bekam ich tatsächlich eine richtige Antwort, aber häufiger hieß es: »Ich weiß nicht. Ich habe es nicht gesehen. Wie kann ich es wissen, wenn ich es nicht gesehen habe?« Ich erwarb mir allmählich den Ruf eines Mannes, dem man alles erzählen konnte.

Damals hatte ich endlich den Eindruck, dass es mir gelang, diese oder jene wirkliche Information zu sammeln. Ich hatte begonnen, mich an die afrikanische Lebensweise und an die Anforderungen der Feldforschung zu gewöhnen. Ich habe irgendwo einmal gelesen, bei der Goldgräberei müsse man für jede Unze Gold drei Tonnen Schutt umsetzen; wenn das stimmt, dann hat die Feldforschung große Ähnlichkeit mit der Goldgräberei.

Meine Kinnlade allerdings war nicht verheilt; ihr Zustand hatte sich im Gegenteil verschlimmert. Mein Zahnfleisch hatte begonnen, eine unerfreuliche Mischung aus Blut und Eiter abzusondern. Es war an der Zeit, mich in Behandlung zu begeben. Ich machte an der Missionsstation halt und traf dort Herbert Brown an, der mit Freuden vernahm, wie Afrika alle meine Vorstellungen über den Haufen geworfen hatte, weil er sich dadurch in seinen eigenen düsteren Ansichten vom Schwarzen Kontinent bestätigt sah. Er war bereit, am Auto einen Reparaturversuch zu unternehmen, konnte aber nicht genau sagen, wann er fertig sein würde. Hätte ich gewusst, dass die Sache neun Monate dauern würde, wäre meine Dankbarkeit weniger überschwänglich ausgefallen. Aber so, wie die Dinge lagen, hatte ich das Gefühl einer wenigstens vorläufigen Erleichterung und ließ mich vom Postauto nach Garoua mitnehmen.

Warum der Fahrer des Postautos so überaus ungern Weiße beförderte, konnte ich nie verstehen; jeden anderen nahm er gegen ein kleines Entgelt mit. Bei Weißen berief er sich auf Beförderungsvorschriften, als wären sie die Heilige Schrift, und lehnte rundweg ab. Manchmal legte ein mir wohlgesonnener Gendarm bei ihm ein gutes Wort für mich ein, aber der ganze Aufwand, den es kostete, wenn man ohne eigenes Fahrzeug aus Poli herauswollte, trug gewaltig dazu bei, einem das Leben zu vergällen. Aber schließlich kam ich doch in Garoua an, wo sich, wie mir versichert worden war, ein Zahnarzt herumtrieb, von welcher Spezies es in Kamerun nur noch ein weiteres Exemplar gab, das sich in der Hauptstadt aufhielt. Nach zahlreichen fruchtlosen Begegnungen mit angeblichen Zahnärzten mutmaßlich rotchinesischer Herkunft, die sich als Traktorfahrer entpuppten, machte ich endlich im dortigen Krankenhaus den Gesuchten ausfindig.

Da ich mich vom Bewußtseinszustand eines windelweichen Liberalen westlicher Prägung immer noch nicht emanzipiert hatte, stellte ich mich hinten in der Schlange an und wartete. Nach einiger Zeit erschien ein französischer Geschäftsmann. Er boxte sich nach vorne durch und reichte der Krankenschwester 500 Franc. »Gibt es hier einen weißen Zahnarzt?«, fragte er. Die Schwester zögerte: »Er ist nicht weiß, aber er kommt aus Frankreich.« Der Herr in der Fremde ließ sich das durch den Kopf gehen und zog wieder ab. Ich blieb.

Sobald sich die Praxistür öffnete, wurde ich von den wartenden Afrikanern nach vorn geschubst, sodass ich als Erster an die Reihe kam. Drinnen entdeckte ich eine gewisse Anzahl abgenutzter zahnärztlicher Gerätschaften sowie eine große Urkunde der Universität von Lyon, die mich wieder ein bisschen Mut schöpfen ließ. Dem Riesen, den ich dort vorfand, erklärte ich mein Problem. Er machte nicht viel Federlesens, packte eine Zange und zog mir zwei Vorderzähne. Ich war von dem unerwarteten Eingriff so überrascht, dass ich die Schmerzen der Operation gar nicht recht mitbekam. Die Zähne, erklärte der gute Mann, seien verfault. Möglicherweise, deutete er dunkel an, seien sie immer schon verfault gewesen. Er habe sie gezogen, und ich sei nun geheilt. Das Honorar solle ich der Schwester draußen übergeben. Ich saß verdutzt im Stuhl, während mir vorne über das Hemd Blut strömte, und versuchte dem Mann klarzumachen, dass er nun den zweiten Behandlungsschritt in Angriff nehmen konnte. In einer fremden Sprache ohne Vorderzähne zu argumentieren ist nicht so einfach; ich brachte nicht viel zuwege.

Schließlich hatte er immerhin begriffen, dass ich ein schwieriger Patient war. Also gut, erklärte er eingeschnappt, wenn ich nicht zufrieden mit seiner Behandlung sei, dann müsse der Zahnarzt selber kommen. Er verschwand und überließ mich dem Rätselraten, wer dann eigentlich an mir herumoperiert hatte. Ich war augenscheinlich dem Köhlerglauben aufgesessen, dass es sich bei jemandem, der sich in einer Zahnarztpraxis herumtrieb, einen weißen Kittel trug und Zähne zog, notwendig um einen Zahnarzt handeln müsse.

Ein zweiter Mann erschien, ebenfalls im weißen Kittel. Ich beeilte mich, ihn zu fragen, ob er der Zahnarzt sei. Er bejahte. Der Mann von vorher sei sein Techniker; er repariere auch Uhren. Eine Brücke, um die Lücke in meinem Gebiss zu schließen, sei eine teure Angelegenheit. Die Sache sei sehr schwierig und erfordere großes Geschick. Das Geschick habe er. Ich versuchte ihm zu erklären, dass ich nicht arbeiten könne, wenn ich nicht zu reden imstande sei. Wenn ich nicht arbeiten könne, könne ich ihn auch nicht bezahlen. Er heiterte sichtlich auf. Ich solle am Nachmittag wiederkommen. Er werde eine Vorrichtung aus Plastik anfertigen. Als geschätzter Patient hatte ich Anspruch auf eine Betäubungsspritze. Er spritzte mir Novocain ins Zahnfleisch. Als postoperative Behandlung wirkte das etwas merkwürdig, aber ich war schon zu sehr am Boden zerstört, um mich darüber noch aufzuregen.

Während der Wartezeit, die mir lang wurde, lief ich mit Zahnlücke und entblößten Lefzen in Garoua herum. Wer mir entgegenkam, wechselte auf die andere Straßenseite, um mir auszuweichen. Meine Brust war derart blutig, dass es aussah, als wäre ich tödlich verwundet. Argwöhnischen Gendarmen, die mich irgendeiner gräulichen Bluttat verdächtigten, konnte ich nur lispelnd und stotternd Auskunft geben.

Am Nachmittag ging ich in die Praxis zurück und nahm zwei Plastikzähne in Empfang, die gefährlich auf der Zahnleiste schwankten, sowie eine Flasche mit einer rosafarbenen Flüssigkeit, die ich zum Gurgeln nehmen sollte. Man knöpfte mir das Zehnfache des staatlich festgelegten Behandlungstarifs ab, aber es blieb mir nichts anderes übrig, als zu bezahlen. Beim Gehen sah ich die Spritze, mit der man mir die Injektion verpasst hatte, auf dem Boden liegen.

Den Umgang mit dieser fürchterlichen Prothese zu lernen war eine schwierige Aufgabe, auf deren Bewältigung ich liebend gern verzichtet hätte. Die Dowayos waren natürlich begeistert von der Apparatur: viele von ihnen haben sich die Vorderzähne abgefeilt und sind so in einer der meinen vergleichbaren Lage. Ich fragte sie, warum sie das täten. Wollten sie sich damit verschönern? Oh nein! Machten sie das – und hier ging mit dem Ethnologen die Phantasie durch –, um für den Körper einen Eingang zu schaffen, der dieselbe Form hatte wie der Eingang zum Dorf? Aber nein, *patron*! Man mache das, wurde ich informiert, für den Fall, dass jemand von einer Kiefersperre befallen werde, damit man dem Betreffenden dann immer noch Essen in den Mund schieben und er etwas zu sich nehmen könne. Kam es häufig zu so einer Kiefersperre? Ihres Wissens war es noch nie passiert, aber die Möglichkeit bestand. Dass ich imstande war, meine Zähne herauszunehmen, und dass diese darüber hinaus von sich aus dazu neigten, sich mitten in der Unterhaltung selbstständig zu machen, erregte bei den Dowayos großes Interesse.

Die Zeit der Ernte war fast gekommen, und die Dowayos stopften so viele saisonal gebundene Zeremonien, wie sie nur konnten, in den letzten Monat vor dem Ende der Regenzeit. Nach dem Tod gibt es Zeremonien, um bei männlichen Verstorbenen ihren Bogen, bei weiblichen ihren Wasserkrug an den dafür vorgesehenen Ort zu bringen. Der Bogen wird hinter dem Schädelhaus aufgehängt, der Wasserkrug wird vom Ehemann oder Sohn den Brüdern der Verstorbenen übergeben. Ich war besonders begierig darauf, diese Zeremonien zu erleben. Erst wenn ich alle gesehen und aufgezeichnet hatte, würde ich ihre innere Logik oder Struktur analysieren können.

Matthieu, der guter Stimmung war, weil meine herausnehmbaren Zähne auch sein eigenes Ansehen gehoben hatten, berichtete, er habe gerüchteweise gehört, dass der dort ansässige Heilkundige im Begriff stehe, für seine tote Frau diese Zeremonie zu vollziehen. Ich hasste es, den Mann droben zu besuchen, denn zu diesem Zweck musste man über bröckelnde Felswände hinaufklettern, vorbei an gefährlichen Abgründen. Aber was blieb mir anderes übrig! Der Heilkundige hatte sich diese ungastliche Wohnstätte aus mehreren Gründen ausgesucht. Erstens war es eigentlich die traditionelle Lebensweise der Dowayos, terrassierte Hänge zu bebauen, die so steil waren, dass man nur auf Knien den Boden beackern konnte. Außerdem war das Klima wegen der verhältnismäßigen Hochlage der Felder dem Anbau kleinerer Hirsesorten günstig, die von den Dowayos mehr geschätzt werden als die großkörnigen Arten, die in der Ebene gedeihen. Theoretisch sollen alle Opfer für die Ahnen mit dieser besseren Sorte Hirse vollzogen werden, und das Bier, das aus ihr gemacht wird, ist stärker. Schließlich gab es droben weniger Ärger mit der Verwüstung von Feldern durch streunende Rinder.

Um dort zu arbeiten, würde der Ort vergleichsweise angenehm sein: Bergdörfer sind kühl, der Mann würde mich mit Sicherheit freundlich empfangen, und es war nicht weit weg von meiner eigenen Hütte. Ich sah nach, ob Fotoapparate, Tonband und das Übrige in Ordnung waren, und machte einen Vorausbesuch, um meinem Gastgeber eine Kleinigkeit zuzustecken und zu erkunden, aus welchen Gründen er die Zeremonie veranstaltete und was für Vorbereitungen er getroffen hatte. Das war immer eine ratsame Vorgehensweise. Wenn die Zeremonie erst einmal in Gang war, füllte sich die Szene mit beutehungrigen Sippengenossen, sodass der Betreffende für die dummen Fragen eines Ethnologen keine Zeit mehr hatte. Außerdem gab mir das Vorgespräch Gelegenheit, mir anzuschauen, was für Antworten ich auf was für Fragen bekam, und zu sehen, ob in dieser Hinsicht Verbesserungen möglich waren. Mehrere Tage nach dem Fest machte ich dann einen weiteren Besuch, um Fragen zu klären, die im Eifer des Gefechts ungeklärt geblieben waren, und um die Übereinstimmungen, Widersprüche und Unterschiede festzustellen, die zwischen dieser Durchführung des Rituals und der in anderen Dörfern gebräuchlichen bestanden. Das war dann auch eine gute Gelegenheit, um Aufnahmen von Ritualobjekten zu machen, die man ihren Eigentümern nicht wieder zurückgegeben hatte und die auf den während der Zeremonie geschossenen Fotos vielleicht nicht deutlich genug herausgekommen waren. Ich hatte mich grundsätzlich entschlossen, meine Filme nach Hause zu schicken und dort von Freunden entwickeln und durchsehen zu lassen. Sie zum Entwickeln zu geben war sowohl teuer als auch unsicher, und sie in einem solchen Klima achtzehn Monate lang aufzubewahren war äußerst riskant. Ich musste zwar in Kauf nehmen, dass viele auf dem Postweg verloren gingen und dass ich sie vor der Rückkehr nach England nicht zu Gesicht bekam, aber insgesamt schien dies doch die vernünftigste Lösung. Der Hauptnachteil war, dass ich dadurch in beträchtlich vermehrten Kontakt mit den Beamten auf dem Postamt kam, deren Unfähigkeit und Unbeholfenheit selbst nach dortigen Maßstäben alles in den Schatten stellte.

Diese letzten Tage vor der Zeremonie brachten eine wichtige Veränderung in meinen Lebensverhältnissen. Ich war gerade auf meinem wöchentlichen Postgang in der Stadt, als ein fremder Lastwagen eintraf, der mit Schachteln, Fässern und Kisten beladen war. Unbekannte Fahrzeuge geben stets zu allgemeinen Spekulationen Anlass. In diesem hier saßen zwei unbekannte Weiße, ein Mann und eine Frau. Mir als dem Weißen vor Ort fiel die Aufgabe zu, mich als Erster an die beiden heranzumachen und meine Nase in ihre Angelegenheiten zu stecken. Wir radebrechten auf Französisch miteinander, bis sich im Lauf der Unterhaltung herausstellte, dass wir alle aus englischsprachigen Ländern kamen, woraufhin meine Rechte einschließlich zweier gebrochener Finger von einem markigen Händedruck zu Brei zerquetscht wurden. Jon und Jeannie Berg, so hießen die beiden, waren neue Missionare, die nach Poli kamen, um als Kollegen von Herbert Brown an der protestantischen Mission zu arbeiten. Sie waren junge Amerikaner, zum ersten Mal in Afrika und von dem ganzen Erlebnis genauso erschlagen, wie ich es gewesen war. Jon hatte die Aufgabe, sich um den Unterricht in der Bibelschule zu kümmern; Jeannie sollte ihm dabei zur Hand gehen. Wir alle drei rochen unverkennbar nach höherer Bildung.

Kaum hatten sie sich in Poli niedergelassen, führten mich meine Postgänge unweigerlich zu ihnen. In ihrer angenehmen Gesellschaft konnte man so etwas Ähnliches wie Englisch sprechen, Brot essen, das Jeannie in der Küche buk, Musik hören und sich über anderes unterhalten als über Hirse und Rinder. Jon hatte die Aufgabe, den Dowayos klarzumachen, worum es bei der christlichen Religion ging, geradeso wie es meine Aufgabe war herauszufinden, worum es bei der Kultur der Dowayos ging. Wir halfen uns gegenseitig dabei, ein Verständnis für die Grenzen unserer jeweiligen Bemühungen zu gewinnen. Jon besaß darüber hinaus tonnenweise Schundromane, die er mir großzügig auslieh. Ich bin der Ansicht, dass es vor allem diese Bücher waren, die mich während meines Aufenthalts im Land der Dowayos bei seelischer Gesundheit erhielten. Jene unendlichen Leerläufe zwischen den Zeiten, in denen Zeremonien stattfanden, jene schrecklichen eintönigen Abende nach sieben Uhr, wenn sämtliche Dowayos schon schlafen gegangen waren, das alles wurde mit ein bisschen Lektüre viel leichter erträglich. Die Feldforschungszeit wurde zur konzentriertesten Leseerfahrung meines ganzen Lebens. Nie zuvor hatte ich so viel Zeit zur Lektüre gehabt. Ich las auf Felsen halbwegs droben in den Bergen oder mitten in einem Fluss, las zusammengekauert in einer Hütte beim Licht des Mondes, las beim Licht einer Öllampe, während ich an Kreuzungen wartete. Nie war ich ohne eines von Jons Taschenbüchern unterwegs. Wenn wieder einmal meine Erwartungen enttäuscht oder heilige Eide, die man mir geschworen hatte, nicht gehalten worden waren, schaltete ich einfach in den Feldforschungs-Gang zurück, zog mein Taschenbuch heraus und spielte das Geduldspiel der Dowayos mit.

Ich erwarb mir einen beneidenswerten Ruf als sturer Hund. Wenn jemand versprach, sich mit mir zu treffen, und nicht erschien, setzte ich mich einfach mit einem Buch hin und wartete, bis er endlich doch erschien. Ich hatte das Gefühl, dass es mir zu guter Letzt gelungen war, mit westlicher Beharrlichkeit über den Zeitsinn der Dowayos zu triumphieren.

Abgesehen davon, dass sie mein Transportproblem lösten und sich bereit zeigten, Vorräte aus der Stadt für mich herbeizukarren, halfen mir Jon und Jeannie auch noch in etlichen anderen Nöten. Jon überließ mir einen Schlüssel zu seinem Büro, so dass ich es benutzen konnte, wenn er auf Reisen war. In dem Büro gab es einen richtigen Schreibtisch, die erste ebene Schreibunterlage, die ich im Land der Dowayos zu Gesicht bekam, elektrisches Licht und Papier. Was das für ein Luxus ist, kann nur würdigen, wer zuvor in einem afrikanischen Bergdorf gelebt hat. Ich konnte einfach durch die Tür treten und mehrere Stunden lang das Land der Dowayos hinter mir lassen. Ich konnte meine Notizbücher ausbreiten und mit der Analyse meiner Daten anfangen, konnte nachschauen, wo meine Kenntnisse noch lückenhaft waren, konnte die Stellen herausfinden, an denen es sich vielleicht lohnen würde, weiter nachzuforschen, konnte mich ohne Unterbrechung oder Ablenkung damit beschäftigen, den Anforderungen abstrakten Denkens nachzukommen – eine höchst unafrikanische Beschäftigung.

All das lag natürlich bei unserer ersten Begegnung noch in der Zukunft, aber die Ereignisse überstürzten sich, so dass ich mit meinen eigenen Erwartungen nicht mehr hinterherkam. Wie gesagt, ich war gerade dabei, die Wasserkrug-Zeremonie aufzuzeichnen. Ich kreuzte am festgesetzten Tag auf und stellte zu meiner Überraschung fest, dass die Zeremonie tatsächlich wie angekündigt stattfinden sollte. Ich muss gestehen, dass das Hinaufklettern ins Gebirge mich erheblich mehr mitnahm, als ich erwartet hatte; als ich die Höhe erreichte, konnte ich mich kaum aufrecht halten, und alles schwamm mir vor Augen. Ich protokollierte die Zeremonie, so gut ich konnte, die Ausstaffierung des Krugs der Toten nach Art eines Beschneidungskandidaten, die Lieder und den Tanz, bei dem ein Mann den Krug auf dem Kopf trug. Aber irgendetwas stimmte ganz und gar nicht mit mir. Ich konnte kaum die Augen aufhalten, der Fotoapparat schien mir unerträglich schwer, die »Erklärungen« der Dowayos ärgerten mich plötzlich maßlos. Ich saß auf der Mauer, die den Sammelplatz für das Vieh umgab, und versuchte die verwandtschaftlichen Beziehungen zwischen den einzelnen Teilnehmern herauszukriegen, als mich ein Mann davor warnte, an diesem besonderen Platz sitzen zu bleiben, falls ich mir nicht eine schreckliche Krankheit zuziehen wolle. Ich wandte mich an meinen Assistenten um Aufklärung. Die Gefahr, erklärte er mir, gehe von einigen zerbrochenen Krügen aus, die drüben in einer Ecke lagen. Darin sammelten sich gewisse Gase, die meinem Magen die Vitamine entziehen könnten. Dieser Quatsch ging mir einfach über die Hutschnur, und zu meiner eigenen Verwunderung raste ich plötzlich vor Zorn, obwohl doch das, was Matthieu mir da bot, typisch war für die »Erklärungen«, die mir von schreib- und lesekundigen Dowayos regelmäßig vorgesetzt wurden. Wäre ich bei Sinnen gewesen, würde ich darin schlicht den Versuch erkannt haben, eine Vorstellung aus der traditionellen Kultur der Dowayos in eine pseudowestliche Form zu kleiden. In Wirklichkeit ging, wie ich durch viele mühsame Nachforschungen später herausfand, die Gefahr von den Steinen aus, die unter den zerbrochenen Krügen vergraben lagen und die für die Fruchtbarkeit des Viehs sorgen sollten. Diese Steine konnten Einfluss auf die menschliche Zeugungskraft nehmen, weshalb nur alte Männer ihnen nahe kommen sollten, die das Zeugungsalter längst hinter sich hatten. Dadurch, dass ich auf der Umfriedung saß, setzte ich meine eigene Zeugungskraft aufs Spiel.

Als die Zeremonie zu Ende ging, war ich kaum noch imstande, Notizen zu machen, und floh Hals über Kopf das Gebirge hinunter, um auf meinem Lehmbett zusammenzubrechen. Am nächsten Tag kroch ich, noch ehe die Sonne voll aufgegangen war, in die Stadt, um den Arzt aufzusuchen. Er inspizierte meine Augen, untersuchte meinen hellorangefarbenen Urin unter dem Mikroskop und verkündete, ich hätte eine Virus-B-Hepatitis. »Sie haben nicht zufällig in letzter Zeit mit einer verschmutzten Nadel eine Spritze gekriegt?«, fragte er. Ich dachte zurück an den Zahnarzt in Garoua. Die einzig mögliche Behandlung bestand in einer Vitamin-B-Komplex-Kur, viel Ruhe und guter Ernährung. Unter den gegebenen Umständen kam das gar nicht infrage. Nach kaum zwei Tagen im Bett fühlte ich mich ziemlich erholt und kehrte in die Berge zurück, um meine Untersuchungen der Krug-Zermonie abzuschließen.

Noch immer ziemlich mitgenommen, wie ich war, setzte ich eine Woche lang meine Arbeit fort, bis Jon zusammen mit einem anderen Missionar von Ngaoudéré zum Dorf herausgefahren kam, um mich zu besuchen. An unsere Unterhaltung kann ich mich nicht mehr erinnern, es ging dabei um die sexuellen Bedeutungen der Penis-Jamswurzeln, von denen ich just an diesem Tag ein Exemplar aufgetrieben hatte. Meine beiden Besucher sahen sich bedeutungsvoll an und steckten die Köpfe zusammen. Sie machten sich unverkennbar Sorgen wegen meines Zustands und wollten mich zum Missionshospital in Ngaoundéré mitnehmen. Ich war von der Notwendigkeit solch extremer Maßnahmen keineswegs überzeugt, aber zu meinem Glück bestanden sie darauf, beim Verlassen der Stadt am folgenden Tag noch einmal vorbeizuschauen. Ich hielt es für angebracht, mir die Sache durch den Kopf gehen zu lassen. Ich bewaffnete mich mit Seife und machte mich auf zum Badeplatz. Knapp hundert Meter vom Dorf entfernt, erlitt ich einen ungeheuren Schwächeanfall, der es mir unmöglich machte, meinen Weg fortzusetzen. Ich ließ mich auf den ersten besten Stein fallen, weil ich keine Kontrolle mehr über meine Beine hatte. Es fing an, heftig zu regnen, aber nach wie vor war ich unfähig, mich fortzubewegen. Ich dachte daran, dass an diesem Tag mein Geburtstag war, und brach in Tränen aus. In diesem Zustand wurde ich schließlich von Gaston entdeckt, einem Mann aus einem Nachbardorf. Ich brachte schluchzend heraus, dass ich außerstande sei zu laufen, woraufhin er mich kurzerhand hochhob und zurück zu meiner Hütte trug. Dort schlief ich, bis man mich ins Hospital verfrachtete.

TED SIMON

Der *m'zungo* im Schlammbett

(Kenia)

Es war bereits Mittag, und nicht mal ein Drittel der Wegstrecke nach Marsabit lag hinter mir. Wenn die Straße nicht bald besser werden würde, musste ich wohl unter freiem Himmel schlafen. Damit hatte ich mich bereits abgefunden. Ich ließ mir Zeit. Während ich meinen Tee trank, hörte ich ein Motorrad näher kommen. Ein Schweizer bremste auf einem japanischen Dirt Bike mit genau den Stollenreifen, die ich liebend gern gehabt hätte. Leider kam er aus Marsabit. Ich hätte gern Begleitung gehabt. Er versprach mir 30 Kilometer Matsch, bevor es besser werden würde, und ich konnte ihm dasselbe voraussagen.

Kaum war ich losgefahren, sah ich einen langen Streckenabschnitt aus schwerem Morast vor mir. Mit äußerster Konzentration arbeitete ich mich hindurch und merkte, wie ermüdend es war, besonders für meine Beine, als auch schon die nächste Schlammschlacht begann. Die Straßengabelung war nicht mehr zu sehen, und ich hatte die Hälfte der zweiten Matschstrecke geschafft, als ich erneut die Kontrolle verlor. Diesmal blieb mein rechter Fuß im klebrigen Lehm stecken, und bevor ich stürzte, wurde er durch den Vorwärtsdrall des Motorrads unter dem schweren Koffer am Boden entlanggeschleift. Das war übel, und zum ersten Mal in meinem Leben hörte ich das überraschend laute Knacken, mit dem ein Knochen bricht. Dann lag ich auf der Seite im weichen Matsch, und das Bike drückte mit seinem ganzen Gewicht auf meinen Fuß. Ich spürte Panik aufkommen, und für einen Moment packte mich das blanke Entsetzen. Jetzt war es tatsächlich so weit.

Aber für melodramatisches Hadern war keine Zeit. Ich bekam den Fuß nicht frei. Die Kante des Koffers hatte den Stiefelabsatz eingeklemmt. Ich zog und zerrte am Stiefel und verrenkte mich, um seine Spitze zu packen, damit ich ihn herausdrehen konnte. Irgendwann gelang es. Ich hatte keine Ahnung, was gebrochen war. Ich fühlte nichts. Warum hatte ich keine Schmerzen? War es der Schock? Das Bein musste weit unten gebrochen sein, denn oberhalb des Stiefels schien alles heil zu sein. Ich wollte jetzt nur noch hinüber an den Straßenrand und stemmte mich deswegen mit dem linken Bein hoch, um an meinem am Boden liegenden Bike vorbei zum Bankett zu hüpfen. Dabei verlor ich das Gleichgewicht, setzte unwillkürlich den rechten Fuß auf, zweimal sogar, und musste mit Grausen sehen, wie er schlapp und nutzlos wegknickte. Ich warf mich zu Boden.

Und was jetzt? Früher oder später – wahrscheinlich später – würde jemand kommen. Und bis dahin? Was sollte ich tun? Immer noch keine Schmerzen? Ich verspürte nichts, aber vielleicht war es wirklich der Schock, der mich davor bewahrte. Ganz bestimmt würde der Schmerz schon bald zuschlagen. Ich kroch zum hinteren Teil des Motorrads und öffnete den oberen Koffer. Die Sachen fielen heraus, darunter auch der Erste-Hilfe-Beutel. Gegen Schmerzen hatte ich nur Tylenol. Schien mir nicht gerade das probate Mittel zu sein, aber trotzdem nahm ich zwei Kapseln. Dann legte ich mir den Beutel unter den Kopf und streckte mich im weichen Matsch aus, um zu warten.

Mir war absolut klar, dass ich mich mitten auf einer ausgedehnten Ebene befand, die einzig von einem Stamm mit üblem Ruf bevölkert ist, aber deswegen machte ich mir keine Sorgen. Ich habe Vertrauen zu Menschen. Und die Straßengabelung war auch nicht so weit entfernt. Mich würde bestimmt jemand finden. Ich fühlte noch immer keine Schmerzen.

Schon nach fünf Minuten war ich umringt von Kindern, einer ganzen Meute, in allen Altersstufen von vier bis vierzehn. Sie kamen zwischen den Büschen in ungefähr hundert Metern Entfernung hervor und näherten sich vorsichtig, aber doch voller Neugier, die älteren Jungen vorneweg. Einer von ihnen wagte sich bis auf zehn Schritte an mich heran. Dann streckte er die Hand aus und sagte: »Money?« Alle kicherten. Sie sahen mich im Schlamm, das Bike umgekippt, und doch konnten sie sich keinen Reim darauf machen. Ich war eben ein weißer Mann, ein *m'zungo*, und vielleicht war es ja die Eigenart der *m'zungos*, sich so zu verhalten wie ich.

Ich rief laut »Police« und »Army« und »Sisters Café« und »Go, go, go« und »Accident« und »Ambulance«, aber keines der Wörter hatte für sie eine Bedeutung. Die Mädchen wichen zurück, verängstigt, weil ich so laut geworden war, aber obwohl meine Stimme beschwörend klingen musste, kamen sie anscheinend nicht auf die Idee, dass hier etwas nicht stimmte.

Dann fiel mir das Zauberwort ein: »Doktor«. Es war mir bis dahin gar nicht in den Sinn gekommen. Wie sollte es hier draußen auch einen Arzt geben?

Aber der Junge, der am dichtesten neben mir stand, in braunen Shorts und mit einem Hemd, wiederholte: »Doktor.«

»Ja, ja«, rief ich. »Hol den Doktor.«

Zögernd bewegte er sich zurück auf die Straße.

»Lauf, lauf«, rief ich und winkte. Ich glaubte, jetzt habe er verstanden. Er lief los, langsam, und ich sank zurück in den Morast, zu müde, um darüber nachzudenken, welche Bedeutung das Wort »Doktor« für ihn haben mochte. Vielleicht brachte er mir einen Medizinmann. Es war mir gleich.

Die kleineren Kinder betrachteten mich aus sicherer Entfernung, aber weiterhin neugierig und wie gebannt. Ich lag im Schlammbett und sann darüber nach, wie es weitergehen mochte. Schon bald hörte es zu regnen auf, aber ich ließ meinen farbenprächtigen Sonnenschirm aufgespannt, damit er Schatten spendete, und außerdem fand ich Gefallen daran, ein so theatralisches Bild abzugeben.

95 Kilometer schlechter Straße hatte ich seit Moyale zurückgelegt, und von Marsabit trennten mich noch 200 Kilometer gleichermaßen schlechter Straße. Moyale, überlegte ich, würde wohl höchstens eine Ambulanz zu bieten haben, und Marsabit war nichts als eine Haltestation mit der Abzweigung zum Nationalpark. Von Marsabit nach Nairobi waren es 500 Kilometer, zum größten Teil auf richtig schlechten Straßen, aber ich war mir sicher, dass ich letzten Endes nach Nairobi gebracht werden musste. Noch immer verspürte ich keine Schmerzen, aber das konnte doch niemals so bleiben? Ein Transport mit dem Auto würde zur Qual werden, die Überführung auf dem Luftwege, wenn sie überhaupt möglich war, brächte ein finanzielles Desaster.

Ich hörte auf zu spekulieren und dachte stattdessen über die Kinder nach. Und dabei fielen mir die Afari-Kinder ein, die ich zusammen mit Tony Hickey besucht hatte. Jene Kinder in ihren einfachen Baumwollkleidern lebten weit entfernt von der modernen Welt und zeigten sich doch von mir nicht im Geringsten eingeschüchtert. Die Kinder hingegen, die mich jetzt umringten, waren westlich gekleidet und lebten in der Nähe der Fernstraße, wo weiße Reisende, sogar auf Motorrädern, schon längst kein seltener Anblick mehr waren. Warum hatten sie also Angst, sich mir zu nähern? Mir fiel ein Experiment ein, das der Verhaltensforscher Konrad Lorenz mit Enten durchgeführt hatte. Er schnitt die Silhouette eines Greifvogels aus, spannte eine Schnur und ließ die Attrappe daran über einen Teich hinwegsegeln. Und die Enten? Die tauchten schnellstens ab! Dann ließ er die Attrappe rückwärts fliegen, und die Enten beachteten sie nicht.

Wahrscheinlich war es hier genauso. Es zählt nicht nur, was jemand ist, sondern auch, was er tut. Die Kinder waren es gewohnt, Typen wie mich aufrecht auf zwei Beinen zu erleben. Ein *m'zungo* hingestreckt auf dem Boden, das musste ein anderes Wesens ein, und vielleicht sogar ein gefährliches.

Mit diesen Gedanken vertrieb ich mir die Zeit, bis das erste Fahrzeug eintrudelte. Es war einer jener Kleinlaster, die an meinem Sturz mitschuldig waren, indem sie den Morast aufgepflügt hatten. Wie immer drängten sich Männer oben auf der Ladung. Der Wagen wurde langsamer, als er sich dem umgestürzten Motorrad näherte, durchquerte die Schlammstrecke und hielt an. Einige Männer kamen auf mich zu.

Ich war erstaunt, wie anders sie zu ebener Erde wirkten. Oben auf dem Laster, als Silhouetten vor dem Himmel und die Arme schwenkend, kamen sie mir vor wie eine gesichtslose und Angst einflößende Masse. Jetzt aber waren sie freundliche und rücksichtsvolle Menschen, gut gekleidet und um meinen Zustand besorgt. Offenbar bin ich ziemlich eng mit den Enten verwandt.

Man hatte den Männern an der Abzweigung aufgetragen, mir zu bestellen, dass Hilfe unterwegs war. Dann richteten sie mein Bike auf und klappten den Seitenständer aus. Inzwischen war zwar schon eine Menge Benzin ausgelaufen, aber trotzdem bat ich sie, die

Hähne zuzudrehen. Mehr konnten sie nicht für mich tun, aber andererseits konnten sie auch nicht so einfach davonfahren und mich an der Straße liegen lassen.

»Sollen wir dich auf dem Laster mitnehmen?«, fragte einer von ihnen.

»Was habt ihr geladen?«, erwiderte ich.

»Bohnen.«

»Wie wollt ihr mich denn da raufkriegen?«, fragte ich.

Er lächelte und zuckte die Achseln. Dabei beließen wir es, aber sie blieben und schauten auf mich hinab, bis ein PKW eintraf. Zwei Männer saßen darin, nicht in Uniform, aber sie sagten, sie seien von der Polizei. Beide waren sehr freundlich und kompetent. Sie sagten, dass sie gekommen seien, um mich abzuholen.

Ich hatte kurz nach dem Unfall auf die Uhr gesehen, und warf jetzt wieder einen Blick darauf. Es war halb zwei. Ich hatte eine Stunde hier gelegen, und ich fand, dass es an ein Wunder grenzte, so schnell Hilfe zu erhalten. Was sie mir eröffneten, war erstaunlich.

»Es gibt ein großes Krankenhaus in Sololo. Es ist acht Kilometer entfernt. Wir können Sie dorthin bringen.«

Was für ein erstaunliches Glück. Afrika hatte sich wieder einmal bewiesen. Auf derselben Straße war vor 27 Jahren mein Gepäckträger durch die Erschütterungen gebrochen. Ich konnte unmöglich weiterfahren, aber obwohl ich den ganzen Tag über niemandem auf der Straße begegnet war, tauchte innerhalb von Minuten ein freiwilliger Helfer von Danish Aid auf, informierte mich, dass es ein paar Kilometer weiter einen Mann mit einem Schweißgerät gab, und lud mein Gepäck in seinen Wagen. Eine Stunde später war alles im Lot. Das sind glückliche Fügungen, die man nie wieder vergisst. In Afrika scheinen sich solche Probleme immer wieder wie von selbst zu lösen.

Ich hatte darüber nachgedacht, wie ich meinen Fuß für einen Transport würde ruhig stellen können, und es war mir gelungen, den Stiefel auszuziehen. Einer der Polizisten hockte sich neben mich, um sich mit mir zu beraten, und schlug vor, aus einem Stock eine Art Schiene zu machen. Er streckte die Hand nach einem der Jungen aus, die allesamt inzwischen näher gekommen waren, nahm ihm seinen Stock ab, knickte ihn in der Mitte und klappte die beiden Teile aufeinander. Mit Bandagen aus meinem Erste-Hilfe-Beutel befestigten wir diese improvisierte Schiene seitlich an meinem Bein und meinem Fuß. Noch immer kein Schmerz.

Der andere Polizist lud derweil meine Sachen vom Bike ab und verstaute sie im Auto. Ein dritter Mann gesellte sich zu uns. Er trug einen Fez-ähnlichen Hut mit buntem geometrischem Muster und wurde als Dorfältester vorgestellt. Auch er war mir auf den ersten Blick sympathisch.

»Der Mann kann Motorrad fahren«, sagte der Polizist. »Er bringt Ihr Motorrad zum Krankenhaus.«

»Klar doch«, sagte ich achselzuckend. Ohne Gepäck und nur mit der Hälfte des Benzins, weil der Rest ausgelaufen war, hätte selbst ich es schaffen können. Also warum nicht er? Auf meine Fahrkünste war ich jedenfalls nicht besonders stolz.

Sie legten eine Plastikplane über den Beifahrersitz, weil ich von Schlamm bedeckt war, und hoben mich dann in ihr Auto. Ich dachte an den Jungen und seinen Stock. Es war ein sehr schöner und gerader Stock gewesen, und ich fand, der Junge müsse entschädigt werden.

»Nein, nein«, sagten sie. »Das macht nichts. Es hat ihn froh gemacht, Ihnen den Stock zu geben.« Von Freude hatte ich jedoch in seinem Gesicht nichts erkennen können. Bis heute ist es mir unangenehm, mich nicht für den Stock bei ihm bedankt zu haben.

Dann setzte sich die Karawane in Marsch. Das Krankenhaus lag am Ende jener langen und grausamen, unbefestigten Piste, die ich zuvor zwar bemerkt, aber – zu meinem Nachteil – ignoriert hatte. Während wir auf dieser Wegstrecke vorankrochen, durch Gräben und ausgewaschene Stellen hindurch oder im Bogen um sie herum, unterhielten sich die beiden Polizisten, die im Süden rekrutiert worden waren, auf Suaheli.

»Eine höllische Straße zum Krankenhaus«, unterbrach ich sie, und lachend antworteten sie: »Das haben wir auch gerade gesagt.«

Aber die Qualität der Zufahrtsstraße erweckte den falschen Eindruck. Wir erreichten einen ausgedehnten Komplex aus sinnvoll angeordneten einstöckigen Gebäuden. Das Sololo Mission Hospital ist katholisch und wird von zwei Italienern geleitet: Roberto Faccin, sowohl Allgemeinmediziner als auch Chirurg, und Peira Sala, verantwortlich für die Krankenhausverwaltung. Ich bin sicher, dass sie Helfer haben, aber es war Sonntag, und außer ihnen bekam ich niemanden zu Gesicht.

Die Polizisten halfen mir, über eine Veranda zu einem Krankenzimmer zu hopsen, und Faccin erschien schon kurz darauf. Er war ein großer, außerordentlich schlanker und schlaksiger Mann, schätzungsweise Ende fünfzig, mit kurzen grauen Haaren, und er trug ein weißes Hemd und grüne Krankenhaushosen. Sein Gesichtsausdruck war, wie ich im Lauf der Zeit feststellte, normalerweise frei von Emotionen, konnte sich aber urplötzlich in ein ansteckendes Grinsen verwandeln, bei dem er eine Menge Zähne zeigte. Er schlug vor, dass ich mich aufs Bett legte und ihm zuerst einmal erzählte, was passiert sei. Peira Sala kam dazu und brachte einen stärkenden Ananastrank. Ich stellte fest, dass ich unglaublich durstig war, und leerte Glas auf Glas. Sie war zehn oder fünfzehn Jahre jünger als Faccin und hatte dunkles Haar. Ihr ebenfalls sympathisches Gesicht strahlte eine stille Zufriedenheit aus, und auch an ihrem warmherzigen und fröhlichen Lächeln hatten die Zähne einen nicht zu übersehenden Anteil.

Mich überfiel der Gedanke, dass ich während dieser gesamten Episode niemandem begegnet war, den ich nicht auf Anhieb mochte. Auf irrationale Weise empfand ich es als tröstlich und sah darin ein gutes Omen. Natürlich war der gebrochene Fuß ein Unglück, und ich hoffte, dass es keine bleibenden Folgen haben würde, aber am allermeisten fürchtete ich, dass diese Unterbrechung mich zu lange aufhalten könnte. Unterbrechungen sind ja gut und schön – und bisher war auch diese auf ihre Art faszinierend gewesen –, aber es kann auch des Guten zu viel werden. Ich hoffte, dass Faccin mir bald sagen konnte, was genau geschehen war und was sich daraus ergeben würde.

Ich sollte enttäuscht werden. Behutsam zog er die Socke aus und tastete den ganzen Bereich ab, um festzustellen, wo der Schmerz saß. Aber ich empfand seltsamerweise noch immer weder Schmerz noch Taubheit.

Dann eröffnete er mir die schlechte Nachricht: »Es tut mir leid, aber ohne zu röntgen ist es unmöglich festzustellen, was gebrochen ist.« Sein Englisch war schwerfällig und eher dürftig.

»Wir haben das Röntgengerät, aber keine Glühbirne. Nicht die fürs Röntgen. Es ist die für die Entwicklung der Aufnahme.« Den Verdruss sah man ihm an. Wegen einer solchen Lappalie würde man mich nach Nairobi bringen müssen. Mir wurde schlagartig bewusst, wie prekär die Lage dieser Krankenhäuser war. Zwar genießen die Hospitäler der Catholic Mission einen hervorragenden Ruf (zu anderen habe ich keine Meinungen gehört), und zweifellos erfreuen sie sich auch großer karitativer Unterstützung. Ich erfuhr später von Peira, dass Faccin in Cortina, woher er stammt und wo er sehr bewundert wird, sogar einen ganz persönlichen »Fanklub« hat, dessen Mitglieder sich alle Mühe geben, ihn mit dem zu versorgen, was er braucht. Aber ein so abgelegenes Krankenhaus wie das in Sololo ist äußerst anfällig. Obwohl ich mich nur 24 Stunden dort aufhielt, gewann ich Einblick genug, um für diese beiden Italiener und die von ihnen geleistete Arbeit ungeheure Bewunderung zu empfinden, und ich nahm mir vor, später nach einer Möglichkeit zu suchen, ihnen unter die Arme zu greifen.

Faccin sagte, er könne nicht mehr tun, als mein Bein in Gips zu legen, bis sich die Möglichkeit ergab, mich nach Nairobi zu bringen.

»Können Sie durchs Abtasten denn nichts feststellen?«, fragte ich.

»Ohne zu röntgen?« Er zuckte die Achseln. »Sehr schwierig. Aber ich glaube, vielleicht beide Knochen.«

Es gibt dort zwei Knochen? Aber ja, die wohlbekannten Zwillinge Schienbein und Wadenbein.

»Welcher von beiden ist denn nun welcher?«

Das Schienbein ist der große Kerl in der Mitte, und das Wadenbein der kleinere. Nun, es hatte keinen Sinn, ihn zu bedrängen, denn offensichtlich wollte er sich auf keine weiteren Vermutungen einlassen.

Peira hatte Wasser zum Kochen aufgesetzt und eine Schüssel auf den Tisch an meinem Bett gestellt, als bereite sie eine Geburt vor. Faccin wickelte Watte und Gaze ab und öffnete eine Packung mit langen weißen Zylindern. Er hob meine Ferse an, presste die Fußsohle in einen rechten Winkel und zog behutsam. Noch immer verspürte ich keine Schmerzen. Er ließ Peira den Fuß in dieser Stellung halten, wickelte Gaze und Watte um mein Bein und verzog das Gesicht vor Schmerzen, als er die weißen Zylinder ins heiße Wasser tunkte. Die Zylinder zerfielen in schmale Stoffbahnen mit nassem Gips, die er um die Watte wickelte, wobei er mein Bein im Knie beugte. Am Schluss waren nur noch Zehen und Oberschenkel zu sehen, und damit war es getan. Der Gips härtete innerhalb weniger Minuten aus, und mit einem Paar Krücken (»Made in Cortina«, sagte Faccin. Natürlich. Bei all den Skiläufern!) schaffte ich es zum Haus des Arztes. Dort setzten sie mich auf einen Stuhl neben das Telefon, schoben mir einen Hocker hin, damit ich das Bein ablegen konnte, und ließen mich dann ganz in Ruhe versuchen, Kontakt mit der Außenwelt aufzunehmen.

Peira machte mir keine großen Hoffnungen. Sololos Telefongespräche würden handvermittelt, sagte sie, und oft sei niemand da. Ich bekam keine Verbindung. Während Peira und ich noch unser Glück versuchten, kamen die beiden Polizisten zurück. Sie setzten sich zu mir und gaben sich ungemein liebenswürdig und bemüht, aber schließlich rückten sie damit heraus, dass sie das Motorrad beschlagnahmen wollten, damit es in Sicherheit wäre.

Ich sagte, eine solche Schutzhaft sei unnötig, denn hier im Krankenhaus sei es bereits sicher. Allmählich kam heraus, dass sie fürchteten, eventuell für das verantwortlich gemacht zu werden, was mir passiert war. Also unterschrieb ich ihnen zu guter Letzt eine Erklärung, die sie jeder erdenklichen Haftung enthob und besagte, das alles allein meine Schuld gewesen sei.

Sie halfen mir, die Sachen vom Bike hineinzubringen, die ich vielleicht benötigen würde, und als sie nach Sololo zurückfuhren, bat Peira sie, dafür zu sorgen, dass sich jemand um die Telefonvermittlung kümmere. Nachmittags konnte ich meine ersten Gespräche führen. Peira Sala und Faccin waren verblüfft. Sie hatten noch nie erlebt, dass an einem Nachmittag so viele Gespräche erfolgreich vermittelt worden waren. Ich sprach mit Nairobi, mit Deutschland und England, und ich wurde zurückgerufen. Ein Wunder.

Als der Tag zu Ende ging, wussten sie alle, was mir passiert war. Lorraine, eine Freundin, die mich in Nairobi erwartete, hatte ein Flugzeug gefunden, das mich am Dienstag für 120 Dollar von Moyale ausfliegen konnte. Faccin sagte, der Wagen des Krankenhauses könne mich dorthin bringen. Bis dahin sei ich ihnen als Gast in ihrem Haus willkommen. Peira bereitete gerade das Abendessen, und in Ermangelung von etwas Stärkerem genoss ich noch mehr Ananastrank, als der betagte Sikh, der beim Straßenbau die Aufsicht geführt hatte, auf der Veranda erschien und hereinkam.

»Ich habe gehört, was Ihnen zugestoßen ist«, sagte er, die Mildtätigkeit in Person. »Es tut mir leid. Geht es Ihnen gut? Hören Sie, ich bin gekommen, um Ihnen mitzuteilen, dass wir einen Kranken haben, der nach Nairobi gebracht werden muss. Das Flugzeug kommt morgen nach Sololo, um ihn abzuholen. Die Flugkosten werden von der Versicherung getragen, und so können Sie vielleicht auch mitfliegen, als Passagier. Mag sein, dass Sie etwas bezahlen müssen, aber das weiß ich nicht.«

Ich konnte mein Glück kaum fassen. Natürlich sagte ich zu. Im Bewusstsein, über kurz oder lang medizinisch weiterversorgt zu werden, richtete ich mich auf einen entspannten Abend mit diesen beiden wunderbaren Italienern ein, zu denen mich das Schicksal geführt hatte. Und in seinem gebrochenen Englisch erzählte mir Roberto Faccin von den außerordentlichen Herausforderungen, denen sich der Krankenhausarzt einer Mission manchmal stellen muss. Da war es zum Beispiel einmal geschehen, dass ein Stamm im umliegenden Gebiet beschlossen hatte, dass eine seiner Patientinnen getötet werden musste. Sie war krank und gehörte zu einem anderen Stamm. Glücklicherweise hatte jemand Faccin vorgewarnt, dass der Stammesrat zusammengetreten war und sie zum Tode verurteilt hatte. Als sie kamen, unschuldig taten und erklärten, sie nach Hause bringen zu wollen, hatte er sich geweigert, die Frau auszuliefern. Sie belagerten das Krankenhaus. Er weigerte sich, sie einzulassen. Zwei Tage lang umstellten sie das Krankenhaus und versuchten, sich Einlass zu verschaffen. Er stellte sich ihnen immer wieder in den Weg und sagte, dass sie nur über seine Leiche hineinkämen. Aber unter dem Vorwand, er wolle das Krankenhauspersonal vor dem Mob schützen, schaffte es einer der Belagerer, einen jungen Entwicklungshelfer zu überreden, ihn einzulassen. Der Eindringling fand die Krankenstation der Frau und schoss fünf Mal auf sie. Als er die Schüsse hörte, stürzte Faccin hinzu, und die sechste Kugel pfiff an seinem Ohr vorbei. Der Schütze entkam durch ein Fenster. Die Kugeln hatten Arme und Beine der Frau durchschlagen, aber keine lebenswichtigen Organe getroffen. Faccin konnte ihr das Leben retten und sie zu ihrer Familie zurückbringen.

Es machte ihm Spaß, solche Geschichten zu erzählen. Obwohl er ein reservierter und recht nüchterner Mann aus den Bergen war, besaß er doch genügend schauspielerisches Talent, um sie anschaulich auszuschmücken. Ihm war sogar der Gedanke gekommen, dass man eine gute Fernsehserie daraus machen könnte, eine um vieles interessantere als die gängigen Krankenhausserien über vorhersehbare Ereignisse unter banalen Umständen. Darin musste ich ihm zustimmen.

So verbrachten wir einen angenehmen Abend bei einem köstlichen Essen, und obwohl kein Chianti auf den Tisch gekommen war, ging ich rundherum zufrieden und noch immer voller Erstaunen über die Ereignisse des Tages zu Bett.

Am nächsten Tag gab es nichts zu tun, als eine Tasche zu packen, meine Rechnung zu bezahlen und darauf zu warten, dass sich das Flugzeug blicken ließ. Mittags kehrte der Sikh zurück und hatte diesmal einen Mann mit Turban dabei, der draußen blieb und dort auf und ab ging. Wie sich herausstellte, war es sein Sohn, und ihn sollte das Flugzeug abholen. Das zu hören überraschte mich, und Faccin, der neben mir stand und nach draußen sah, raunte mir feixend zu: »Ein sehr kranker Mann ist das gewiss nicht.« Aber mir sollte es egal sein. Entscheidend war, dass man das Flugzeug um 14 Uhr erwartete. Eine Stunde später wurde ich abgeholt und hinten auf einem Pick-up transportiert. Die Krücken ließ ich Roberto, denn es waren die einzigen, die das Krankenhaus besaß. Wir fuhren zur grasbewachsenen Flugpiste, wo das Flugzeug, eine Cessna Caravan der Flying Doctors, schon bereitstand.

Als ich an Bord kam, sah ich zwei Tragen, und zu meinem Verdruss musste ich hören, dass eine davon für mich gedacht war. Ich hatte erwartet, einen Sitzplatz zu bekommen, aber davon gab es nur vier, und die waren besetzt: vom Piloten, einem Arzt, einem Sanitäter und einer jungen Frau, die sich als Gattin des Patienten entpuppte. Ich vermutete, dass es für sie am einfachsten gewesen war, mir eine Trage zuzuteilen, und ich fand mich damit ab.

Man machte um den jungen Sikh so großes Aufheben wie um einen Todkranken und wollte dasselbe Getue auch mit mir veranstalten, aber dagegen verwahrte ich mich, und der Sanitäter war so einsichtig, mich in Ruhe zu lassen. Wir starteten. Ich kam in den Genuss, auf die Weiten der Savanne hinunterzuschauen, auf das silbrige Band des Flusses, der sich zwischen den Akazien hindurchschlängelte, aber der Genuss wurde von Trauer geschmälert, die sich einschlich. Wie steinig der Weg auch sein mochte, lieber wäre ich jetzt da unten gewesen.

Wir landeten kurz nach Einbruch der Dunkelheit, und Lorraine, die Freundin, die so große Anstrengungen unternommen hatte, mir zu helfen, holte mich vom Flugzeug ab. Dann wurde ich im Eiltransport zum Nairobi Hospital gebracht. Lorraine und die anderen folgten ebenfalls mit bemerkenswertem Tempo. Die Röntgenaufnahmen zeigten, dass barmherzigerweise nur das Wadenbein gebrochen war. Es handelte sich um einen relativ sauberen Bruch, und obendrein waren die gebrochenen Knochenteile immer noch richtig gelagert, ohne einander zu berühren. Das erklärte, warum ich ohne Schmerzen davongekommen war. Ich hatte extremes Glück gehabt. Der Bruch ließ sich mit einer Metallplatte und Schrauben leicht richten, und in einem Monat könnte ich wieder auf den Beinen sein.

Auch mit meinem Chirurgen hatte ich Glück. Professor Mbindyi war ein sympathischer und launiger Mann, der ganz offenbar von seinen Assistenzärzten respektiert wurde. Man brachte mich auf die Station, und keine zwei Stunden später lag ich bereits auf dem Operationstisch. Beruhigt und erleichtert ergab ich mich der Narkose, und als ich am nächsten Morgen aufwachte, hatte sich an diesem Gefühl nichts geändert.

Die Sonne schien, als ich in dem freundlichen Zimmer die Augen aufschlug, links war ich durch einen Vorhang von dem einzigen weiteren Patienten der Station getrennt. Mein Verstand funktionierte fehlerfrei, und ich verspürte weder Schmerzen, noch war mir unwohl. Dass etwas Ungewöhnliches geschehen war, sah man lediglich am Infusionsschlauch, der in Höhe des Handgelenks fixiert war. Außerdem schlängelte sich ein langer, dünner Schlauch unter der Bettdecke hervor und mündete in ein nicht ganz durchsichtiges Objekt, das rund und platt war wie eine fliegende Untertasse im Spielzeugformat. Eine verdächtig dunkle Flüssigkeit hatte sich darin gesammelt. Nach einigem Grübeln kam ich zu dem Schluss, dass auf diese Weise Wundflüssigkeit abgeleitet wurde.

In keinem Hotel habe ich mich jemals wohler gefühlt als im Nairobi Hospital an jenem Morgen. Ich wurde rundum verwöhnt. Liebenswerte Krankenschwestern mit offenbar hellseherischen Fähigkeiten standen plötzlich an meinem Bett, um Wünsche zu erfüllen, die noch gar nicht in mir gereift waren. Ich bekam Tee und Zeitungen gebracht, und man servierte mir ein ebenso reichhaltiges wie appetitliches Frühstück. Der Infusionsschlauch wurde entfernt, und ich konnte mich ohne große Mühe im Bett waschen und rasieren.

Nach dem wohlschmeckenden Mittagessen wurde ich in die Röntgenabteilung gefahren, wo man eine Aufnahme von meinem Bein machte, das inzwischen in einem kürzeren und ansehnlicheren Gipsverband steckte, der kurz unter dem Knie endete. Was die Aufnahmen zeigten, glich eher der Arbeit eines Zimmermanns als der eines Chirurgen: Mit sechs ziemlich großen Schrauben war eine Metallplatte am Knochen befestigt worden. Robust und haltbar genug sah die Konstruktion jedenfalls aus.

Man rüstete mich mit Krücken aus und unterwies mich in deren Gebrauch. Dann kam Professor Mbindyi, mein Wohltäter, zur Visite. Alles sei sehr gut verlaufen, sagte er. In drei oder vier Wochen müsse ich wieder laufen können. Selbstverständlich könne ich noch am selben Tag das Krankenhaus verlassen. Eine Krankenschwester löste den Wundschlauch, der zwischen meinen Zehen klemmte. Ein Münzfernsprecher wurde ins Zimmer gerollt, damit ich Lorraine anrufen konnte. Sie versprach mir, dass ihr Mann, ein Lehrer, mich auf dem Rückweg von seiner Arbeit abholen würde.

Und so dauerte es nicht lange, bis ich, traumhaft komfortabel versorgt, auf der Terrasse von Lorraines Heim lag und über eine sagenhafte Schlucht schaute, in der zahlreiche Nashörner, Giraffen, Impalas und Paviane zu Hause waren und in deren Büschen bestimmt noch allerhand andere Tiere lauerten.

Mein Bike und der größte Teil meiner Habseligkeiten befanden sich noch in Sololo, 650 Kilometer entfernt. Wie und wann ich wieder in deren Besitz gelangen würde, war mir schleierhaft. Momentan machten Regenfälle die Straße unpassierbar. Ich las, dass sogar die großen Trucks stecken blieben, und ich vertraute darauf, dass Doktor Faccin auf meine Sachen achtete.

Am 27. April, in nur drei Tagen, würden Manfred und seine Crew in Nairobi landen. Ich nahm an, dass es für einen interessanten Tempowechsel sorgen würde, wenn sie mich auf Krücken statt auf einem Motorrad filmten. Am Telefon klang Manfred jedenfalls unbesorgt. »Dem Film kann es nur guttun«, kommentierte er. Außerdem würde die Welt in drei Tagen den 1. Mai feiern und, ohne es zu ahnen, meinen 70. Geburtstag. Das kann was werden, dachte ich.

AUSTRALIEN

ROFF SMITH

Mittelstreifenfieber

(Angaston)

Acht Monate lang, seitdem ich Sydney verließ, hatte ich mich guter Gesundheit erfreut. Nach unzähligen Meilen durch Wind und Wetter hatte ich nicht einen einzigen Schnupfen gehabt. Inzwischen betrachtete ich meinen Körper als eine Art zuverlässige Maschine. Solange sie ausreichend mit Lebensmittel und Wasser versorgt und vor Überhitzung geschützt war, benötigte sie keiner weiteren Aufmerksamkeit. Umso überraschter war ich, als ich eines Morgens mit pochenden Kopfschmerzen und tropfender Nase aufwachte. Mein Hals fühlte sich an wie der eines Schwertschluckers mit Bronchitis. Ich fühlte mich von meinem Körper hintergangen.

In Angaston ging ich zum Arzt. Es war ein finster dreinblickender Mensch. Den Kopf zurückgebeugt, spähte er in meinen Hals und diagnostizierte dasselbe fiese Virus, das er zurzeit häufiger zu sehen bekam. Er verordnete Ruhe und verschrieb mir Tabletten gegen Grippe. Also hing ich ein paar weitere Tage im Tal herum, verpflegte mich gut und ließ mir Zeit. Als ich wieder aufbrach, musste ich immer noch husten. Ein wenig frische Luft und körperliche Anstrengung, so überlegte ich, würde die muffige Feuchtigkeit schon aus meinen Lungen vertreiben.

Ich nahm einen anderen Weg aus dem Tal hinaus. Ich fuhr über die Barossa Ranges auf der langen, kurvenreichen Straße nach Sedan, durch die weite, staubige Ebene des Murray River. (Noch immer verzaubert vom Barossa Valley, hatte ich beschlossen, mir das urbane Chaos von Adelaide zu ersparen.) Nur rund 40 Meilen trennen Angaston von der alten Hafenstadt Mannum. Trotzdem war ich fix und fertig, als ich dort ankam. Hustend und spuckend musste ich eingestehen, dass ich wohl doch noch nicht ganz gesund war.

Mein Mittagessen bestand aus Aspirin, Wasser und getrockneten Früchten. Mitten an einem heißen und schläfrigen Sonntagnachmittag war der schattige Park am Flussufer voller Menschen, die beim Picknick waren. Väter brachten ihren Söhnen das Fischen bei. Vor hundert Jahren war Mannum eine Drehscheibe für die Dampfschifffahrt gewesen. Damals türmten sich auf den Kais die Baumwollballen stapelweise. Heute ist es ein verschlafenes Feriennest mit Fischerhütten und Hausbooten. Meinen Matschkopf in die Sonne haltend, döste ich vor mich hin, wobei ich versuchte, mich zur Weiterfahrt zu motivieren.

Die Pause zeigte ihre Wirkung. Ich nahm die Fähre über den Fluss und fuhr dann weitere 20 Meilen flussabwärts bis Murray Bridge. Nur mit Mühe kam ich dort an. In der Dämmerung fuhr ich fiebrig und erschöpft in die Stadt ein. Ich schob mein Rad über die hundert Jahre alte Eisenbahnbrücke auf ein altmodisches Hinweisschild aus roten Neonlettern zu. Vor einer Kulisse aus Palmen und orangefarbenem Sonnenuntergang stand in Leuchtschrift: H-O-T-E-L.

Mir tat alles weh, Muskeln und Gelenke. Ich nahm ein Zimmer in einem Pub und sah mir, unter meiner Decke zitternd, hustend und unendlich viele Tassen Tee schlürfend, einen alten Gangsterfilm im Fernsehen an. Ich hörte, wie der Nachtzug von Adelaide auf dem Weg nach Melbourne durch die Stadt rumpelte, und stellte mir vor, wie ich mitfuhr und die nächsten 500 Meilen in einer bequemen Schienenkutsche zurücklegte. Statt tagelang mit Gummibeinen einen undankbaren Highway entlangzustrampeln, würde ich am frühen Morgen – ausgeschlafen, rasiert und mit Frühstück im Bauch – in Melbourne ankommen. Kurz gesagt, ich wäre von dieser Fahrt befreit, die mir inzwischen wie eine Strafe vorkam.

Die nächsten Tage vergingen im Fiebertaumel. Wieder ging ich zum Arzt, diesmal in Tailem Bend. Er kam zu der Erkenntnis, ich leide unter leichtem Fieber, meinte aber, ich könne weiterfahren, sofern ich es langsam anging. Ich sollte nahrhaftes, leichtes Essen zu mir nehmen und in einem warmen Bett schlafen, statt auf dem kalten Boden zu campen. Ich fuhr also weiter und verbrachte die Nacht in einem schäbigen Wohnwagenpark in dem Ort Tintinara. Den

Anweisungen des Arztes gemäß verschlang ich einen Riesenteller voller Reis und Gemüse. Ich fühlte mich elend und einsam in dem von einer nackten 60-Watt-Birne beleuchteten Zimmer.

Am nächsten Tag – der grau und stürmisch war – schaffte ich 100 Meilen. Erschöpft und vom Schüttelfrost gebeutelt kam ich in Naracoorte an. Ich verbrachte eine weitere unruhige Nacht in einem Wohnwagen. Am Morgen fühlte ich mich unausgeschlafen, hatte klopfendes Kopfweh und einen schmerzenden Hals. Mit ein wenig gesundem Menschenverstand hätte ich ein paar Tage ausgesetzt, aber ich war zu stur. Vielleicht war es eine Nebenwirkung meines Straßenlebens. Irgendwo in meinem tiefsten Innern war meine Existenz eine Symbiose mit dem linearen Fortschreiten auf der Straße eingegangen. Ich hatte also keine andere Wahl und fuhr weiter.

Während ich mir an diesem Morgen die Schläfen massierte, beschloss ich klugerweise, nur bis Penola zu fahren. Nach einer Tablette Demazin, Aspirin und drei Tassen starkem Kaffee fühlte ich mich aber schon wieder besser. Die frische Luft half zusätzlich. Penola kam und zog vorbei. Im Schatten einer Kapelle aß ich ein paar getrocknete Pfirsiche. Das Kirchlein war Mutter Maria McKillop geweiht, einer Lehrerin aus Penola, die hier am Anfang des 20. Jahrhunderts einen Orden gegründet hatte. Nachdem sie 1995 von Papst Johannes Paul II. bereits seliggesprochen wurde, brauchte sie jetzt nur noch eine Wunderheilung, um Australiens erste Heilige zu werde. Mein Fall würde ihr wohl nicht zum großen Durchbruch verhelfen.

Mit dem Gefühl, unter einer Glasglocke gefangen zu sein, folgte ich einer Nebenstraße Richtung Osten. Ich muss durch hübsches Farmland gekommen sein, aber ich kann mich nicht erinnern. Gegen halb sieben am Abend erreichte ich schließlich die Stadt Coleraine. Mir ging's ziemlich schlecht, Fieber und Schüttelfrost plagten mich. Ich hielt vor dem Commercial Hotel, einem sehr ansprechend wirkenden Haus. Als ich gerade drauf und dran war, mir hier ein Zimmer zu nehmen, beschloss ich aus unerfindlichen Gründen – zumal ich kaum noch stehen konnte –, noch ein Stück weiter die Straße hinunterzugehen.

Die Sirenen des Schicksals hatten ihr Locklied gesungen. Ich landete vor der Tür des National Hotel, einem zweistöckigen Pub auf

Coleraines altmodischer Hauptstraße. Irgendwas an den Blumenkästen in den Fenstern sagte mir, hier bin ich richtig. Ich ging hinein. Das Hotel war nett – das Bett warm und gemütlich, die Dusche erfreulich heiß und dampfend. Doch was es in meiner Erinnerung zu etwas ganz Besonderem machte, waren die Jungs vom Apex-Club (vergleichbar dem Rotary- oder Lions-Club), die an diesem Abend hier waren. Sie spendierten mir eine Lasagne zum Abendessen und dazu ein paar Drinks aus Rum und Cola – natürlich aus rein medizinischer Indikation. Dann nahm einer von ihnen – ein Typ namens Simon – sein Handy, rief seinen Schwager bei Warrnambool an und reichte mir den Hörer. Am anderen Ende war ein Mandolinenhersteller, der Steve Gilchrist hieß und eine sehr angenehme Stimme hatte. Er bot mir an, in der folgenden Nacht bei ihm zu schlafen. Überglücklich nahm ich das Angebot an.

Bei aller Dankbarkeit hatte ich zu diesem Zeitpunkt noch keine Ahnung, wie wunderbar – ja geradezu lebensrettend – sich Steves Angebot erweisen würde.

Bis zum alten Walfängerort Warrnambool waren etwas mehr als 80 Meilen. Ich wäre beinahe nicht einmal aus Coleraine herausgekommen, doch sobald all die Pillen und das Koffein ihre Wirkung zeigten, ging es wieder. Der Tag war kühl, böig und rau. Schwere graue Wolken jagten über den Himmel. Die weite Hügellandschaft schimmerte metallisch. Es war das beste Schafweideland von Victoria. Ich fuhr Richtung Küste. An viel mehr erinnere ich mich nicht mehr, außer vielleicht noch an Passanten in Hamilton, die mich anglotzten, als mich ein heftiger Hustenanfall an einer Straßenecke zusammenklappen ließ.

Am Nachmittag erreichte ich ein Roadhouse in einem Ort namens Hawkesdale. Zitternd und hustend hielt ich hier an, um eine Kaffeepause zu machen. Mein Kopf brummte, und das Haus der Gilchrists war immer noch 25 Meilen entfernt. Ich setzte mich an einen Tisch, der sich an der großen Panoramascheibe befand. Der Highway war leer. Ein dunkler Schleier hatte sich über die Landschaft gelegt.

Beim Kaffeeschlürfen entdeckte ich eine dicke Wand aus lilaschwarzen Wolken, die sich über dem Ozean gebildet hatten. Sie wirkten schwer und düster, und sie hingen tief genug, um das ganze Land mit einem schwarzen Schleier zu überziehen.

Mein Mut sank. Ich zahlte meinen Kaffee und trat hinaus, dann holte ich eine Regenjacke aus meinen Packtaschen. Wenn ich schnell genug fuhr – so mein unsinniger Gedanke –, würde ich trocken davonkommen.

Falsch gedacht. Ein paar Meilen weiter hatten mich die wirbelnden schwarzen Wolken eingeholt.

Das Wetter war höllisch. Genau die Sorte rauer, böiger Südwestwind, den die alten Walfänger fürchteten und dem dieser felsige, sturmumtoste Zipfel des Kontinents seinen Ruf als Küste der Schiffbrüche verdankte. Eisiger Regen fiel in Strömen, der heftige Südwind blies mir eine Wand aus kaltem Wasser ins Gesicht. Ich kam nur noch im Schritttempo voran. Donner grollte. Um mich herum war nur plattes Land, keine Chance, mich irgendwo unterzustellen. Mir blieb nichts anderes übrig, als weiterzustrampeln. Der Wind trieb den kalten Regen durch meine Kragenöffnungen und in meine Ärmel. Ich fühlte, wie das eisige Wasser über meine verschwitzte Haut floss. Meine Nase lief. Schlamm und Wasser spritzten von der Straße hoch und durchnässten meine Schuhe. Meine Füße waren eiskalt, und meine nackten Beine fühlten sich wie kalt gewordene, nasse Nudeln an.

Drei Stunden lang fuhr ich durch diese Sintflut, hustend und gegen Unterkühlung ankämpfend. Irgendwann fing ich an, mit mir selbst zu reden, um mich wach – oder zumindest bei Bewusstsein – zu halten. Wie ein Mantra wiederholte ich immer wieder »Ich weiß, dass ich es kann, ich weiß, ich kann's, ich weiß, ich kann's!« Als Motivation rief ich mir meine Siege ins Gedächtnis, wie den in Mundrabilla, wo mich der Hitzesturm aus dem Nichts überrascht und ich es dennoch bis zum Roadhouse geschafft hatte. Oder der höllische Marsch zum DeGrey River damals in der Great Sandy Desert. Wenn ich es damals geschafft hatte, so versuchte ich mich zu überzeugen, würde ich es jetzt auch schaffen. Kurzum, ich hatte Angst.

Als ich mich irgendwann nicht mehr auf den Beinen halten konnte, schleppte ich mich auf tauben Füßen weiter, bei jedem Schritt Wasser aus meinen Schuhen spritzend. Ich glühte vor Fieber und zitterte am ganzen Körper.

Ich erinnere mich, dass Steve Gilchrist gerade aus der Werkstatt trat, als ich ankam. Er und seine Frau Christine steckten mich sofort unter die heiße Dusche. Als ich herauskam, wartete schon eine frische Tasse Kaffee auf mich. Mehr weiß ich nicht mehr. Am nächsten Morgen verbot mir Christine glattweg, das Haus zu verlassen, und ich widersprach nicht. Ich verbrachte einen dämmrigen Tag am Holzofen, während draußen der Regen gegen die Fenster klatschte.

Am Abend – es war Karfreitag – gab es Pizza, und ich wurde am Esstisch ohnmächtig. Steve brachte mich zur Notaufnahme des Warrnambool Base Hospital. Die Krankenschwester stellte 40°C Fieber fest. Der Arzt hatte Bedenken, weil ich allein unterwegs war. Da ich ein Fremder auf der Durchreise war, beschloss er, mich im Krankenhaus aufzunehmen. Steve wollte davon nichts hören. Er mischte sich ein und sagte, er werde sich um mich kümmern.

Steve, Christine und ihre Kinder behandelten mich, als gehörte ich zur Familie. Ich werde nie vergessen, wie ich am Ostermorgen aufwachte und vor meiner Tür Süßigkeiten vom Osterhasen fand. Diese Freundlichkeit erwärmte mich mehr als jedes Feuer und trug zu meiner Genesung mehr bei als jedes Antibiotikum.

EUROPA

STEFFEN MÖLLER

Verkleinerungen oder Sprachliche Schmerzlinderung in Polen

(Warschau)

Die medizinische Versorgung in Polen genießt nicht gerade den besten Ruf. Umso lieber nutze ich die Gelegenheit, ein Loblied auf die polnischen Ärzte anzustimmen. Zu deutschen gehe ich gar nicht mehr! Das hat aber weniger mit der Kompetenz zu tun.

Bei polnischen Ärzten fühle ich mich wohl, weil mein Polnisch immer noch nicht ausreicht, um ihr medizinisches Fachchinesisch zu verstehen. Diese Ignoranz hat eine wohltuend therapeutische Wirkung. Mag sein, dass die Schmerzen die gleichen bleiben – aber sie werden nicht mehr unnötig durch böse Wörter verdoppelt! Wenn mein Warschauer Arzt mir eine Diagnose stellt, ahne ich nur nebulös, worum es geht. Das Wort *Trzustka* etwa assoziiere ich mit »Pflaume«, es heißt aber in Wahrheit »Bauchspeicheldrüse«. Bei *Odra* denke ich an den schönen Fluss Oder und nicht an lästige »Masern«. Die ernste Miene, die mein Arzt bei solchen Wörtern machen kann, scheint mir immer merkwürdig unangebracht. Für mich klingen seine Diagnosen einfach nur kurios und manchmal geradezu niedlich, wie zum Beispiel *kamień żołciowy*. Zu Hause gucke ich dann im Wörterbuch nach: Es heißt »Gallenstein« – aber ein polnischer *kamień żołciowy* schmerzt mich wesentlich weniger als ein deutscher. Nach meinen Visiten bei polnischen Ärzten bin ich stets besser gelaunt, als ich es davor war. Viele Deutsche, besonders aus den grenznahen Regionen, haben das schon lange begriffen und fahren zur Zahnbehandlung ausschließlich nach Polen. Niedrigere Kosten machen nur den kleineren Teil ihrer Motivation aus. Vor allem sitzen sie im Behandlungsstuhl ohne diese Grundpanik, die man bei heimischen Ärzten hat, wenn sie nur das Wort »Bohrer« benutzen. *Wierić* klingt doch viel angenehmer.

Aber sogar wenn ich ausnahmsweise einmal kapiere, worum es geht, fange ich nicht an zu zittern – und auch das verdanke ich den phantastischen Möglichkeiten der polnischen Sprache, genauer gesagt, ihren Tausenden Verkleinerungsformen.

Es gibt kaum ein Wort, dass sich nicht auf vielfältige Weise verkleinern ließe. Das beginnt mit den unzähligen Koseformen, die man für die Vornamen bastelt (…). Doch die Verkleinerungsmanie erstreckt sich auch auf tausend Alltagsdinge. Aus *świeca* (Kerze) wird *świeczka* (Kerzchen); aus *lampa* (Lampe) wird *lampka* (Lämpchen) oder auch *lampeczka* (Minilämpchen); aus *brudas* (Schmutzfink) wird *brudasek* (»Schmutzerchen«).

Im Polnischen lässt sich sogar das Wort »alles« *(wszystko)* verkleinern. Logisch gesehen habe ich nicht die leiseste Ahnung, wie man »alles« verkleinern kann, aber im Polnischen geht es: »Hast du heute schon alles erledigt?« – »Ja, alleslein!« *(wszyściutko)*.

Theoretisch gibt es sicherlich auch im Deutschen etliche Verkleinerungsformen – aber erstens sind es nur wenige, zweitens benutzt man sie doch eher im Dialog mit Zweijährigen als mit dem Arzt.

Ich habe es nicht nachgeprüft, vermute aber, dass polnische Medizinstudenten ein regelrechtes Fach haben, das so etwas wie »sprachliche Schmerzlinderung« heißt, vielleicht auch »linguistische Hypnose«. Unübertroffene Meisterin dieser genialen Schmerzbehandlung ist meine Zahnärztin, eine liebe ältere Dame, die ihre kleine Praxis in Saska Kępa hat, im Villenviertel Warschaus, auf der anderen Weichselseite.

Sie begrüßt mich bereits mit einem herzlichen *Dzieńdoberek*, also einem »Guten Tagchen«. Dann bittet sie mich, auf dem *fotelik* (Sesselchen) Platz zu nehmen, und sagt, dass sie mir nun ein *śliniaczek* (Tüchelchen) umlegen werde.

»Nun sehen Sie mich nicht so erschrocken an, wir gucken nur mal mit einem Spiegelchen, was sich da bei Ihnen so tut. Aha, das Zahnfleischchen. Oh je, die Zahnhälschen sind nicht in Ordnung. Aber lassen Sie uns der Reihe nach durchgehen: Das Achterchen ist gut, das Siebenerchen hat ein Plömbchen …«

Ich weiß nie, von welchem Zahn sie gerade spricht. In Polen durchläuft aber jedes Kleinkind eine stomatologische Spezialausbildung, sodass es anschließend die genauen Nummern seiner zweiunddreißig Zähne auswendig kennt. Ich habe auf dem Spielplatz vierjährige Kinder erlebt, die ihren Spielkameraden zuriefen:

»Ich geh jetzt nach Hause, der untere Vierer tut mir weh.«

Ist das ein Überbleibsel des Kommunismus? Hatte es mit den Goldzähnen der KP-Mitglieder zu tun?

Plötzlich schüttelt meine Zahnärztin den Kopf.

»Ojojoj, das Sechserchen gefällt mir überhaupt nicht.«

»Karies?«, frage ich, soweit ich mich überhaupt mit dem Spiegelchen im Mündchen verständlich machen kann.

»Na, sagen wir, da fängt ein Karieschen an, aber ganz, ganz klein. Nehmen Sie mal das Becherchen, und spülen Sie aus.«

»Müssen Sie bohren?«

»Erst mal geh ich da mit einem Drähtchen ran.«

Ich schließe die Äuglein, während sie mit ihrem Drähtchen zu stochern beginnt.

»Köpfchen zu mir! Zu mir! Nicht wegdrehen! Achtung, jetzt tut's ein klitzekleines bisschen weh ...«

»Aahh! Und ob das wehtut! Das war ein Nerv!«

»Ach was, das sind keine Nervchen! Das ist höchstens das Zahnschmelzchen. Sie sind doch sonst so ein tapferes Kerlchen! So, jetzt können Sie wieder mit dem Becherchen spülen.«

Die Behandlung ist vorüber. Ich muss ihr jedes Mal versprechen, dass ich mir meine Zähnchen in Zukunft dreimal täglich mit einem weichen Bürstchen putzen werde. Wenn ich mich dann verabschiede, vergesse ich nicht, ihr ein Komplimentchen zu machen – was in Polen immer gerne gesehen wird.

»Ich muss sagen, bei Ihnen hat man gar keine Angst! Sie sprechen so süß – das beruhigt einen regelrecht. Und Tschüsschen!«

»Momentchen, der Herr! Ein Sekündchen noch – die Rechnung!«

Tja, und hier, bei der Rechnung, hört das notorische Verkleinern dann schlagartig auf. Ich finde das ein bisschen falsch. Aber bitte – für die lieben Beißerchen beißt man halt mal ins saure Äpfelchen.

ANDREAS ALTMANN

Zehjaulen auf der B 249

(kurz vor Halle, Deutschland)

Weiter auf der B 249, die linke kleine Zehe jault wieder, und, als Zugabe, beginnt das linke Knie zu wimmern. Kein Wunder, wie ein Bleifass hängt der Rucksack am Körper. (…) Ich gehe wieder am äußersten linken Rand der Straße, nicht zwei Meter daneben. Zu schmerzhaft ist der Weg durch das Gestrüpp. Auf flachem Untergrund marschieren malträtiert auch, aber um Nuancen weniger. Oben im Kopf tobt erneut der Kampf zwischen den beiden Todfeinden, dem Hirn und dem Leib. Die beiden hassen sich. Weil einer befiehlt und der andere gehorchen muss.

Irgendwo liegt ein faustgroßes Stofftier auf der Straße, ein Hund. Ich hebe ihn auf und spüre sogleich die wohlige Sanftheit, streichle ihn, erinnere mich der zahlreichen Nächte ohne die Wärme eines anderen. Ich behalte den Kleinen.

Seit dreieinhalb Millionen Jahren geht der Mensch auf zwei Beinen. Und noch immer sind sie nicht fähig, ein paar Hundert Kilometer ohne Aufhebens, ohne Gewimmer hinter sich zu bringen. In Artern frage ich nach einem Krankenhaus, dort will ich mich auf die Knie werfen und um eine Morphiumspritze flehen. Die linke Zehe und neu aufgeplatzte Blasen sind nur noch ein Flammenmeer. Mit einer genialen Droge will ich sie betäuben.

Um 17.15 Uhr erreiche ich das Manniske-Krankenhaus und nähere mich einer Schwester. Sie sieht mich nur an und ruft: »Oh Gott!« Dann hört sie desinteressiert zu und erklärt trocken, nachdem ich noch darauf verwiesen habe, dass ich versichert bin: »Das ist mir scheißegal!« Ich scheine nun tatsächlich einen Zustand erreicht zu haben, der – je nach Gegenüber – entweder Abscheu oder Mitgefühl auslöst. Dennoch, das ist eine ungewöhnliche Begrüßung an einem Ort, wo es grundsätzlich niemandem scheißegal sein sollte, wenn einer um Hilfe bittet.

Die Schwester erweist sich als Ärztin (noch unverzeihlicher ihr Auftritt), zeigt mir missmutig ein Zimmer, in dem ich warten soll, schließt die Tür und verschwindet. Und kommt nach fünf Minuten wieder. Während dieser dreihundert Sekunden muss ein Mysterium passiert sein. Denn aus dem kalten Weib wurde ein bezaubernder Mitmensch, der freundlich blickt, freundlich redet, freundlich ist. Was zum Teufel fiel in der Zwischenzeit vor?

Frau H., Fachärztin für Innere Medizin, untersucht die (sicher nicht geruchsfreien) Füße, inspiziert die satanische Zehe, die halb satanische Nebenzehe und diagnostiziert eine »Drucknekrose, die böse aussieht«. Sie erkundigt sich, woher das Schmerzloch komme, glaubt nichts, auch nicht die lange Wanderung, glaubt sie dann doch, denn einen Grund müssen die Wundmale ja haben, jedenfalls sitzt hier ein »Verrückter«. Das klingt bereits wie ein Kompliment, klingt hundert Mal liebenswürdiger als scheißegal. Die Fachfrau verweigert das Morphium, empfiehlt aber eine Tetanusspritze, die man mir unbedingt im nächsten Krankenhaus verpassen sollte. Sie selbst hätten hier kein Impfmittel. Sie legt sacht ein Antiseptikum auf, zuletzt Cutiplast, packt anschließend alle Medikamente ein, die ich brauche, mahnt, jeden Tag die Wunde frisch zu verbinden, sagt, dass ich »zum Gottserbarmen daherkomme«, und fragt, ob ich etwas zum Essen und Trinken möchte. Sie hat inzwischen den Ton einer fürsorglichen Freundin erreicht, sucht nach einer Schwester, um das Abendessen für den Patienten zu bestellen, legt mir das *Neue Deutschland* und die *Süddeutsche* hin, rennt schnell zum Telefon, um sich nach einer Obdachlosenunterkunft in Artern zu erkundigen, kommt mit einem betrübten Gesicht zurück und wirft einen letzten Blick auf den Verrückten, der acht Wurstbrote, acht Gurken und eine Kanne Tee wegputzt.

Während ich schlinge und die Zeitungen lese, muss ich nochmals an die wundersame Wandlung von Frau H. denken. Hat sie mein Aussehen dermaßen erschreckt? Nicht sehr wahrscheinlich, in einem Krankenhaus treten ganz andere Zombies auf. War kurz vor meinem Erscheinen etwas passiert, was ihre Laune ruinierte, sodass ich eher zufällig in ihre Schusslinie geriet? Offensichtlich musste sie ein paar Minuten Anlauf nehmen, um ihre Normaltemperatur – starke menschliche Wärme – zu erreichen. Während ich sinniere, wird ein Kranker aus seinem Zimmer gefahren. Sogleich träume ich vom erholsamen Kranksein mit Einzelzimmer und duftendem Plumeau. Aber ich bin nicht krank, nur ausgemergelt und gehbehindert. Nach einer Stunde schleiche ich dankbar davon.

Ach ja, die Ärztin fragte noch, was ich so träume, wenn ich im Wald liege. Anständigerweise habe ich gesagt, dass ich meist von einer großen, sauberen Matratze phantasiere. »Und von sonst nichts?«, fragte sie noch. Wir lächelten. Die siebzehn Millionen, habe ich mal gelesen, sollen die viele Langeweile mit viel Eros hinter sich gebracht haben. Das wären tausend Punkte für sie.

CAROL KLOEPPEL

Das kleine Krankenhaus auf dem Land

(Vorort von Köln, Deutschland)

Während ich mich wochenlang per Straßenbahn und Zug jeden Morgen um halb sieben zum Deutschkurs in Bonn schleppte, hatte ich das Gefühl, dass irgendetwas mit mir nicht stimmte. Jeder Mensch leidet hin und wieder an mysteriösen Krankheiten und Schmerzen, die besonders bei der eigenen Hochzeit, dem Geburtstag oder dann auftreten, wenn eine lang ersehnte Beförderung oder eine nette Dienstreise nach Paris anstehen. An jenem Abend stand eine Einladung zum Essen bei Peters Schwester und ihrem Mann an, und auch Peters Eltern sollten kommen. Ein Schwiegerfamilie-Kennenlern-Abend also. Keine große Sache, bloß meine zukünftige Verwandtschaft.

Obwohl ich starke Rückenschmerzen hatte und mir obendrein noch übel war, tat ich, was die meisten tun würden: Ich schluckte ein paar Aspirin und nahm mir vor, tapfer lächelnd das Beste aus dem Abend zu machen. Als wir bei Peters Schwester eintrafen, wurden wir sehr liebenswürdig empfanden.

»Möchtest du ein Glas Champagner?«, bot mir Susanne, Peters Schwester, an.

»Oh ja, gerne«, entgegnete ich, obwohl ich insgeheim befürchtete, dass schon ein Schluck von dem Schampus mich außer Gefecht setzen würde. So kam es, dass ich irgendwann zwischen Vor- und Hauptspeise *»excuse me, please«* sagen musste, auf die Toilette verschwand und meinen gesamten Mageninhalt von mir gab. Ich war sowohl körperlich als auch seelisch am Ende. Peters Familie dachte nun bestimmt, dass er eine Frau aus den Staaten geholt hatte, die nicht nur kein Deutsch sprach, sondern zudem unter einer schrecklichen Krankheit litt, oder, schlimmer noch, die deutsche Küche nicht vertrug.

Doch die zukünftigen Verwandten behandelten mich nicht nur sehr liebenswürdig und herzlich, sondern bestachen an jenem Abend außerdem durch Klugheit und Einfallsreichtum. Susanne und ihr Mann Stefan sind beide Ärzte, und zufällig hatten sie ein paar Urin-Teststreifen im Haus. Andere Menschen bewahren Heftpflaster in ihrem Arzneischrank auf, aber Ärzte sind schon besser ausgestattet.

»Hier, Carol, mach einfach diesen Becher voll, und wir testen anschließend, ob alles in Ordnung ist.«

Ich nahm den Pappbecher samt Teststreifen an mich und verschwand beschämt im Bad. Toll, so ein Arztbesuch beim Abendessen. Zwischen Hauptgang und Nachtisch gab ich Dr. Susanne den Teststreifen zur Analyse. Sie stellte fest, dass ich tagsüber fast nichts getrunken und gegessen hatte, was den Tatsachen entsprach. Dann kam die Diagnose: eine Niereninfektion. Als Nächstes bekam ich irgendeine Medizin und legte mich anschließend hin. Ich konnte den anderen am Tisch ohnehin nicht mehr unter die Augen treten. Mein Auftritt erschien mir wie eine perfekte Anleitung zum Thema, wie man keinen besonders guten ersten Eindruck hinterlässt.

Nach der medizinischen Versorgung durch Peters Familie hätte ich theoretisch wieder mit voller Kraft loslegen können, Deutsch zu lernen, aber dem war nicht so. Als wir wieder zurück in Köln waren, vereinbarte Peter für mich einen Termin bei einem anderen Arzt und versuchte, mir den Weg zur Arztpraxis einzutrichtern. Das war kein leichtes Unterfangen. Schließlich war ich gerade einen Monat in Deutschland, und Wegbeschreibungen an sich sind schon nicht für Menschen wie mich gemacht, sondern für Menschen mit einem gesunden Orientierungssinn.

Trotzdem machte ich mich zur Straßenbahnhaltestelle auf, löste ein Ticket am Fahrkartenautomaten und stieg in eine Bahn. Verglichen mit der New Yorker U-Bahn, die nur einen Einheitstarif kennt, war das Ticketziehen ziemlich kompliziert, und nirgendwo waren Erklärungen auf Englisch zu finden. Das Einzige, was ich wusste, war, dass ich mein Ticket gleich nach dem Einsteigen zum Entwerten in den Stempelautomaten stecken musste. Ich gab mir selbst eine Eins für die Bewältigung dieser Aufgabe und nahm mit leicht bangem Gefühl und der Hoffnung Platz, an der richtigen Haltestelle wieder auszusteigen und nicht erst an der Endstation. Die Fahrt selbst verlief bis kurz vor meiner Haltestelle angenehm ruhig. Dann beschloss jedoch eine Bahnkontrolleurin, mich in eine leichte Panik zu versetzen.

»Ihren Fahrschein, bitte.«

»Sorry, ick sprecke nikt gut Deutsch.«

»Ihren Fahrschein.«

Ich vermutete, dass sie mein Ticket sehen wollte, und gab es ihr.

»Das ist nicht richtig. Geben Sie mir Ihren Ausweis.«

»Sorry, mein Deutsch ist nikt sehr gut. Do you speak English?«

»Nein, sprechen Sie gefälligst Deutsch.«

Sie nahm wohl an, dass ich nur vorgab, kein Deutsch zu verstehen. Menschenskind, wie gerne hätte ich der Kontrolleurin meine Deutschlehrerin am Goethe-Institut vorgestellt. Die hätte nämlich bestätigen können, dass ich in Deutsch eine totale Null war.

Die Kontrolleurin schickte mich in den hinteren Teil der Bahn, und die anderen Fahrgäste sahen mich neugierig an. Das war für mich ein ganz besonders schlimmes Erlebnis, und ich war froh, dass ich nicht auch noch mit Eiern beworfen wurde.

Wenn ich letzten Endes alles richtig verstanden habe, lag das Problem darin, dass ich fünf Pfennige zu wenig bezahlt hatte. Scheinbar hatte ich aus purer Unwissenheit das falsche Ticket gelöst. Hätte die Kontrolleurin geahnt, dass ich nicht einmal allein aus einem Hotel herausfinde, hätte sie mir vielleicht geglaubt. Wenigstens wurden mir keine Handschellen angelegt. Aber die Kontrolleurin quetschte mich über mein Ziel und mein Vorhaben aus. Nicht, dass es sie etwas anging, aber ich zeigte ihr rasch den Zettel mit der Adresse der Arztpraxis. Erstaunlicherweise verlangte sie von mir keine Nachzahlung, sondern ließ mich irgendwann aussteigen. Nach ihrem Verhör zückte ich meinen zuverlässigen Stadtplan und machte mich schleunigst aus dem Staub mit dem Gefühl, ganz knapp einer Tracht Prügel entkommen zu sein. Gleich darauf hörte ich Schritte hinter mir. Kein Scherz! Die Kontrolleurin folgte mir die Straße entlang. Aber irgendwann wurde es ihr wohl zu langweilig mit mir: Sie kehrte um und ging zurück ins Straßenbahnland.

Mein Besuch beim Arzt war nicht lustig. Aber sind Arztbesuche jemals lustig? Ich ging zum Arzt, weil ich mich krank fühlte, und wurde mit der Diagnose, dass alles in Ordnung sei, wieder nach Hause geschickt. Da dem aber nicht so war, betrieb ich ein bisschen Ärzte-Hopping.

Eine erfahrene Ärztin gab meinem Problem schließlich einen Namen, nämlich Endometriose. Das ist eine Frauenkrankheit, die häufiger vorkommt, als allgemein bekannt ist. Zusammen mit der Diagnose erhielt ich ein Last-Minute-Ticket in den nächsten OP-Saal. Auweia! Es war ziemlich beunruhigend, jemanden mit dem Skalpell an mich heranzulassen, mit dem ich mich so gut wie gar nicht verständigen konnte.

Als Peter abends aus dem Studio kam, brachte er mich direkt ins Krankenhaus. Zu jenem Zeitpunkt ahnte ich nicht, dass die Klinik ihr Geld im Voraus haben wollte. So war das System. Kein Geld, keine Behandlung. Peter musste mehrere Tausend Mark bezahlen, bevor man mich aufschnitt. Inzwischen weiß ich, dass meine scheinbar exotische Krankenversicherung die Vorauszahlung erforderlich machte, die Krankenhausverwaltung war einfach skeptisch, ob sie sonst je ihr Geld sehen würde. Zwar war die Londoner Versicherung, bei der ich meinen Vertrag abgeschlossen hatte, vertrauenswürdig und sehr entgegenkommend, aber in Deutschland leider gänzlich unbekannt.

Zu meinem Glück war Peters Schwester Susanne wieder für mich da. Sie nahm zwei Stunden Fahrt auf sich, um bei dem ärztlichen Gespräch vor meinem Eingriff dabei zu sein. Ihre Anwesenheit war, als habe jemand das Licht angeknipst. Sie konnte mir alles ins Englische übersetzen und meine Fragen beantworten. Obwohl Susanne mich zu diesem Zeitpunkt kaum kannte, bemühte sie sich sehr, mir das gesamte medizinische Prozedere verständlich zu machen.

Ich machte die Erfahrung, dass Deutschland ein gut ausgebautes, erstklassiges Gesundheitssystem besitzt, wenn auch nicht gerade Fünfsternekliniken. Wahrscheinlich werden so die Kosten niedrig gehalten. Das kleine Krankenhaus auf dem Land, in das ich eingewiesen wurde, war nicht unbedingt auf dem neuesten Stand der deutschen Technik und lockte auch nicht gerade das bestqualifizierte Pflegepersonal an. Ich hatte das Pech, dass ich dort routinemäßig eine schmerzhafte Prozedur über mich ergehen lassen musste.

Wenige Tage nach der Operation betrat eine junge Krankenschwester mein Einsternzimmer mit Aussicht und begann, ohne ein Wort an meinen OP-Schläuchen herumzufummeln. Keine Zeit oder Lust für ein Lächeln, geschweige denn für eine Begrüßung, rupfte sie an mir herum, und es fühlte sich an, als würde sie meine Eingeweide herausreißen. Das Krankenhaus verwandelte sich in eine Folterkammer und die Krankenschwester in meinen schlimmsten Albtraum. Ich versuchte, ihr durch Brüllen Einhalt zu gebieten, aber vergeblich. Sie ließ sich nicht beirren. Am liebsten hätte ich ihr gesagt, dass ich im falschen Film bin. Ich hatte mich nie für die Rolle der hysterischen Patientin beworben.

Als die Krankenschwester von mir abließ und wieder verschwand, bekam ich fast keine Luft mehr. Aus dem Augenwinkel konnte ich Peters Nachrichtensendung auf dem Fernseher verfolgen, den man in mein Zimmer gestellt hatte. Da Peter jeden Abend um dieselbe Zeit moderierte, hatte ich zuvor bereits RTL eingeschaltet. Kaum war die Sendung vorüber, sammelte ich meine fünf Sinne, griff zu dem altmodischen Telefon aus den Siebzigern neben meinem Bett und schaffte es mit letzter Kraft, die RTL-Nachrichtenredaktion anzuwählen. Wie Superman tauchte Peter in null Komma nichts an meinem Krankenlager auf. Er musste sofort nach Sendeschluss aus dem Studio gerannt und mit Höchstgeschwindigkeit zu mir gerast sein. Allerdings hatte ich vor seinem Eintreffen bereits weitere Erfahrung in der Rolle der hysterischen Patientin gesammelt.

Als die junge Krankenschwester erneut mein Zimmer betrat, richtete Peter deutliche Worte an sie: »Wenn Sie wieder einmal eine Patientin haben, die vor Schmerzen schreit, und Sie können das nicht verstehen, dann halten Sie vielleicht einfach in Ihrem Tun inne und versuchen festzustellen, weshalb die Patientin schreit. Stellen Sie sich vor, Sie liegen als Ausländerin in einem Krankenhaus und verstehen kein Wort. Wie würden Sie sich da fühlen?«

Die Schwester, geschockt, dass jemand so mit ihr sprach, antwortete mit Schweigen. Ich kann mich nicht erinnern, dass sie danach jemals wieder mein Krankenzimmer betreten hat. Ich habe sie auch nicht vermisst.

Damals wünschte ich mir einen intravenösen Schlauch, wie in amerikanischen Kliniken üblich, durch den auf Knopfdruck ein Schmerzmittel in die Blutbahn gepumpt wird. In meinem Krankenhaus auf dem Land wurde ich stattdessen regelmäßig tagsüber gestört und nachts geweckt, um Spritzen in den Oberschenkel sowie Zäpfchen in den Allerwertesten verpasst zu bekommen. Ich hatte zwar einen hübschen Ausblick auf ein Getreidefeld, aber mehr Hightech und weniger Schmerzen wären mir lieber gewesen. Ich sehnte mich nach einer modernen amerikanischen Klinik oder nach einer modernen deutschen Klinik. Gerne auch mit Blick auf eine Fabrik.

Nach einer Woche Zwangsaufenthalt bat ich die Ärzte, gehen zu dürfen. Am achten Tag wurde ich schließlich wieder in die Freiheit entlassen, zurück in unsere Wohnung in Köln. Wie jeder Frischoperierte verbrachte ich die meiste Zeit auf der Couch und schlief in den ersten Tagen sehr viel. Mein Deutschkurs musste warten. Doch das war nicht weiter schlimm, denn in dieser Angelegenheit entpuppte sich meine Krankheit als ein Geschenk des Himmels. Da ich an die Wohnung gefesselt war, begann ich fernzusehen. Das war beileibe keine schlechte Methode, um den Klang der deutschen Sprache in mein Ohr zu bekommen. Schönen Dank auch, Harry Wijnvoord.

TILMANN BÜNZ
Schwedische Bettenflucht

An Mittsommer wird man besser nicht krank. Niemand da, der einen behandelt. Alle sind weg. Operationen werden abgesagt, Krankenzimmer abgeschlossen. Das medizinische Personal abgetaucht in den langen Urlaub. Es herrscht Ausnahmezustand in Schweden?

Wir sangen einen Tag und eine kurze Nacht, tranken und tanzten um den Baum. Als um zwei Uhr morgens die Sonne über den Schären aufging, sprangen wir vom Badesteg ins Wasser. Zum Badesteg geht es durch ein Wäldchen. Dort lauern sie. Links und rechts sind Büsche in Kniehöhe. Wie oft habe ich mir vorgenommen, den Weg mit der Heckenschere freizuschneiden. Nein, keine Kreuzottern lauern dort, sondern Zecken in Kniehöhe. Stockholm und seine 30 000 vorgelagerten Inseln sind eine weltweit anerkannte Hochburg. Zecken sind gerade so groß wie ein Stecknadelkopf, können aber Hirnhautentzündung und Borreliose auslösen.

Um zehn Uhr morgens am Mittsommertag ist es Zeit, sich ernsthaft Sorgen zu machen um die rote Stelle mit dem kleinen schwarzen Punkt in der Kniekehle. Zeit, das schwedische Gesundheitssystem an hohen Feiertagen zu testen. Es hat international einen guten Ruf, weil es keine sozialen Unterschiede macht. Jeder bekommt das Gleiche. Es kennt aber starke saisonale Unterschiede.

Schweden funktioniert zehn Monate lang wie ein modernes Industrieland. Den Rest der Zeit leistet es sich Siesta. Kein Volk kann so abtauchen wie die Schweden. Sie verkrümeln sich an ihrer langen Küste von Haparanda bis Swinesund oder an ihren 90 000 Badeseen.

Die Elite entzieht sich zuerst. Der Königshof verschwindet auf den Sommersitz auf Öland, die obersten Richter, Minister und Arbeitgeberpräsidenten in ihre Häuser in den Schären. Da Schweden aber im Kern ein egalitäres Land ist, verschwinden auch alle anderen: Änesthesisten und Krankenschwestern, Polizisten und der Mann vom Kiosk um die Ecke.

Alle wollen gleichzeitig in den Urlaub (tatsächlich nehmen 81 Prozent der arbeitenden Bevölkerung im Hochsommer frei). Die Kehrseite dieser kollektiven Urlaubssehnsucht ist eine gewisse Unterversorgung. Spötter sagen, dass im Großraum Stockholm an einem Tag wie Mittsommer nur drei bis fünf Menschen in den Krankenhäusern Dienst schieben. In Wirklichkeit sind es vielleicht zehn. Nicht alle sind voll ausgebildet – es heißt, dass im Sommer die Hospitanten die Macht übernehmen.

Schweden erzählen sich gerne Horrorgeschichten. Wer, wie wir, fünf Jahre in Schweden lebt, kann mithalten. Etwa vom Sohn, der sich beim Ausflug mit der Schule die Schulter bricht und fünf Tage auf eine Operation im Provinzkrankenhaus wartet. Jeden Tag wird er vertröstet. Auf den Fluren genügend Schwestern, aber keine Ärzte im OP. Am Ende ein Krankentransport über 300 Kilometer in die Hauptstadt. Oder die Massenabfertigung in der Poliklinik, der ersten Anlaufstelle auf unserer Insel. Morgens von sieben bis neun Uhr geöffnet. Im 5-Minuten-Takt mustern Allgemeinmediziner die Patienten und verteilen Rezepte. Nicht alle wissen über alle Fachgebiete Bescheid – wie sollten sie auch? So bleibt manches unerkannt. Jutta, meine Frau, fängt sich sommers beim Segeln eine Lungenentzündung ein und bricht sich zwei Rippen. Eins von beiden bleibt lange unentdeckt. Einem Facharzt wäre das nicht entgangen. Freie Arztwahl, so lernen wir, ist eine historische Errungenschaft, die Deutschland tapfer verteidigen sollte.

Mein Zeckenbiss verlangt nach einem ärztlichen Blick. Für mich ist die Gesundheitszentrale meiner Insel zuständig, und die besteht an diesem 23. Juni im Wesentlichen aus einer einzigen Schwester im Erdgeschoss, Zimmer 101. Helena heißt sie, adrett, Mitte vierzig, ausgesprochen resolut.

Sie bestellt mich ein, beschaut sich mein Knie, mustert das Weiße in meinen Pupillen, schaut auf meinen Kniebeuge und lässt mich auf dem Strich laufen.

Ich zahle umgerechnet 16 Euro in bar, sie schaut mich prüfend an und sagt: »Du«, in Schweden sagt man du, »du musst jetzt erst mal zwei Liter Wasser trinken und dann machst du dir zu Hause Jannsons Frestelse.« Auf Deutsch »Jannssons Versuchung«. »Männer mit unklaren Symptomen müssen an Mittsommer bei mir immer erst mal zwei Liter Wasser trinken.«

Ich kenne das Rezept von Jannsons Frestelse: Kartoffelauflauf mit Zwiebeln, Sardellen und mit Käse überbacken, aber nicht als Medikament. Und ich gehe heim mit einem Kochrezept.

Vielleicht, so grübelte ich auf dem Heimweg, hat das alles Methode. Mir kommt das wie die nördliche Variante des bayerischen Darwinismus vor: »Ein Guter überlebt's – und um einen Schlechten ist es eh net schad.« Es passt dazu, dass Schweden nur halb so häufig zum Arzt gehen wie die Deutschen. Vielleicht tut es ihnen ja gut, dass der Zugang zu Ärzten und all den modernen Apparaten nicht so leicht ist. Ein Test, ob es auch ohne all die Technik geht. In großer Aufmachung berichten schwedische Zeitungen, dass in Krankenhäusern sehr hartnäckige Keime lauern und dass sie für ein Viertel aller Krankheitsfälle verantwortlich sind.

Es gibt auch lustige Geschichten über das Sommerland in Hospitantenhand. Etwa die von Agneta, einer schwedischen Diplomatin, die so viel Zeit ausserhalb des Landes verbracht hat, dass sie den wachen Blick des Außenseiters hat. Statt zu jammern (wie es fast alle Schweden und mit Recht tun), hat sie nie aufgehört, sich zu wundern.

Ihre erste Schwangerschaft war nicht frei von Komplikationen, ihr Sohn drohte viel zu früh zu kommen, und so zog Agneta im sechsten Monat in die Klinik, um der Geburt entgegenzusehen.

Dort langweilte sie sich und ärgerte sich zuweilen über die Ungeschicklichkeit der Hilfsschwestern beim Blutabnehmen. »Es waren fast alles Hospitanten«, erzählt Agneta, »nach einer Weile hab ich das besser gekonnt als die und bin dann selber morgens durch die Zimmer gegangen …«

Der Besuch in Zimmer 101 hat mich am Ende ein bisschen lebenstüchtiger gemacht. Bevor ich ging, hat mich Schwester Helena über einen wichtigen Unterschied aufgeklärt: Wenn sich um die Zeckenbiss-Stelle ein hartnäckig kreisrunder Kreis bildet, dann ist es Zeit für Antibiotika. Bei einem gewöhnlichen Mitesser, wie meiner vermeintlichen Zecke, könne ich aber unbesorgt zu Hause bleiben.

STEPHEN CLARKE
»Bin ich Notfall?« oder Malariatuberkulose in Paris
(Frankreich)

Von den Champs-Elysées kann man über fast autofreie Straßen bis ins Marais spazieren und so Paris von seiner schönsten Seite sehen. Dabei lässt sich wunderbar darüber sinnieren, ob man an der nächsten Wegbiegung wohl die Liebe seines Lebens trifft oder aber von welcher Brücke man sich am besten stürzen sollte.

Beim Pont de L'Alma, wo der alte Kolonialsoldat immer noch trockene Kniebundhosen hatte, ging ich zum Fluss hinunter, dann an der Seine entlang zum Pont des Invalides. Direkt unterhalb der Straße, im alten, mit Pflastersteinen befestigten Ufer, kann man noch die rostigen Eisenringe sehen, an denen früher entlang des ganzen Flusses die Lastkähne festgemacht hatten. Die meisten Schiffe, die jetzt dort lagen, waren zu Hausbooten umgebaute Kähne, deren ganze Fracht aus Gartenmöbeln und Topfpflanzen bestand. Ich hatte die Sonne im Rücken, und das Blattgold des Pont Alexandre III blendete meine Augen. Ich konnte mich nur wundern, warum das Gold nie gestohlen wurde. Es war offensichtlich echtes Blattgold, was da auf die Krone über dem Neptunkopf in der Brückenmitte aufgetragen war. Immer nur einen Skalpellkratzer davon entfernt, gestohlen zu werden. Vielleicht sollte ich mir ein Skalpell besorgen? Wenn die Apotheken wieder offen waren, versteht sich.

Wenn man so den sanft plätschernden Fluss entlangging, konnte man sich leicht vorstellen, wie neben einem ein Boot festmachte und ein wunderschönes, intelligentes, unpolitisches und mit genau dem richtigen Maß an Sex-Appeal versehenes Mädchen einen zu einer abendlichen Spazierfahrt einlud. Aber alles, was ich sah, war ein Obdachloser, der im feuchten Dämmerlicht unter einer Brücke seinen Pappkartonunterschlupf aufbaute.

An der Place de la Concorde wechselte ich in die Tuilerien hinüber und ging durch die mit Bäumen gesäumten Parkwege auf die Glaspyramide im Hof des Louvre zu.

Hier machte ich Rast, um etwas zu trinken. Das Café, von dem aus man auf die Pyramide (eigentlich die Pyramiden) blickte, hatte seine Terrasse bereits geöffnet, und ich gönnte mir einen höchst alkoholischen Cocktail. Die Touristen an den Nebentischen hatten die Nasen in ihre Reiseführer versenkt. Sie waren von jener Spezies, die nie sehen, was sie besichtigen, dachte ich. Sie sind ständig damit beschäftigt, wie sie zur nächsten Sehenswürdigkeit kommen, die sie sich dann auch nicht anschauen. Es hätte ein Heißluftballon mit nackten Cancan-Tänzerinnen vorbeischweben können, niemand außer mir hätte ihn bemerkt. Pass auf, sagte ich mir schließlich, du fängst an, wie ein abgewiesener Mann zu denken. Nicht mehr lange, und du bist wie diese Typen, die in den Pariser Cafés herumsitzen und ihr Gemecker in einen Laptop hämmern, stets in der Hoffnung, dass jemand sie fragt: »Was schreiben Sie denn da?«, während in Wirklichkeit alle einen großen Bogen um dich machen, aus Angst, du könntest anfangen, es ihnen zu erklären.

Ich ging an der Pyramide vorbei, zwischen den beiden Flügeln des Louvre hindurch und über den leeren, windigen Innenhof hinaus auf die Straße. Nach einem kleinen Umweg am Kaufhaus La Samaritaine vorbei wechselte ich wieder die Flussseite und ging unten auf den Kaimauern entlang auf die Insel zu, auf der die Vorfahren von Asterix seinerzeit Lutetia, die Keimzelle des heutigen Paris, erbaut hatten. Weit und breit war kein moderner Bau zu sehen, der einem die Illusion nahm, ins Mittelalter versetzt worden zu sein. Ich fand eine Bank, von der aus ich Notre-Dame betrachtete, bis es dunkel wurde. (…)

Nichts hielt mich mehr in Paris. Keine Frau, nur ein paar Freunde, die in Wahrheit eher Kneipenbekanntschaften waren, und eine Wohnung, für die ich dem Mann Geld zahlte, dem ich es von allen Menschen auf der Welt am wenigsten gönnte. Mein Job hatte sich praktisch in Luft aufgelöst. Kurz und gut, ich steckte tief in der merde.

Wahrscheinlich fing ich mir in dieser Stunde am Flussufer meine Erkältung ein. Was heißt da Erkältung? Es war eher eine Kreuzung aus Malaria und Tuberkulose. Einige der schmerzhaftesten Symptome von Lungenentzündung gab es gratis dazu. Über Nacht bekam ich heftiges Fieber, und meine Lungen schienen sich in regelrechte Schleimfabriken verwandelt zu haben. Wäre ich in England gewesen, mein patriotisches Pflichtgefühl hätte mich davon abgehalten, die Zeit eines Arztes mit meinen Wehwehchen zu verplempern. (Welcher hart arbeitende Hausarzt gibt sich schon mit einem leichten Fall von Malariatuberkulose ab?) Ich wäre in die Drogerie gegangen und hätte mir was Heißes und Zitroniges besorgt. Aber die Apotheker streikten natürlich noch immer, also blieb mir nichts anderes übrig, als einen Arzt aufzusuchen. In Paris praktizieren die Ärzte in normalen Wohnungen und bieten ihre Dienste auf kleinen Messingschildern neben der Haustür an, auf denen Name, Fachgebiet und Telefonnummer steht. Sobald einem das mal aufgefallen ist, stellt man fest, dass Ärzte überall sind. Nur einen Schleimauswurf weit von meiner Wohnung entfernt entdeckte ich Namensschilder von Kinderärzten, Osteopathen, Hautärzten, Zahnärzten, Gynäkologen, Psychiatern, Kieferorthopäden, Augenärzten und sogar von Röntgenärzten. Und das waren nur die Bezeichnungen, die ich verstand. Seltsam, sich vorzustellen, dass man in einem normalen Wohnhaus Tür an Tür mit jemandem wohnen konnte, der den ganzen Tag Leute durchleuchtete oder Frauen zwischen die Beine sah. Man teile den Aufzug oder das Treppenhaus mit Kranken und Irren. Die Mülltonnen im Hof waren vielleicht voller alter Zähne und herausgeschnittener Warzen. Gesund schien mir das nicht.

Die meisten Schilder kündigten an, dass man ein *rendezvous* vereinbaren musste, aber ich fand auch einen *médecin généraliste*, der einfach die Zeiten seiner *consultation* angab, und die waren just jetzt. Es war kurz nach zehn Uhr vormittags, seine Sprechstunde ging bis zwölf und dann wieder ab zwei Uhr. Er hieß Jean-Philippe Diofoirus und praktizierte in einem uralten Gebäude in der Rue de Rivoli.

Ich stemmte die schwere Eingangstür auf, durchquerte die schmuddelige Eingangshalle und stieg hustend und schniefend die teppichbelegten Stufen zum dritten Stock hinauf. Es gab auch einen Lift, aber der wirkte so eng und klapprig, dass ich Angst hatte, stecken zu bleiben und meine Papiertaschentücher aufgebraucht zu haben, bevor der Reparaturdienst mich befreite.

An der Wohnungstür war wieder ein Messingschild, diesmal mit der Aufforderung, zu klingeln und einzutreten. Ich kam in eine Wohnung mit weiß gestrichenen Wänden. Kein Empfangsschalter weit und breit. Nach links führte ein Flur mit Holzfußboden, vor meiner Nase befand sich eine Tür, auf der *salle d'attente* stand. Ich machte einen Schritt auf das Wartezimmer zu, und der Dielenboden knarrte laut. Das war außer dem Summen des Verkehrs das einzige Geräusch. Ich machte mich schon darauf gefasst, einen Warteraum voller Skelette zu finden. Patienten, die in diese leere Wohnung gekommen und dort herumgesessen waren, bis sie das Zeitliche gesegnet hatte.

Aber nein, als ich die Tür zum Wartezimmer öffnete, wandten sich mir vier oder fünf lebendige Menschen zu und äugten kritisch, ob ich Symptome einer ansteckenden Krankheit zeigte. Sie saßen auf Stühlen, die an den Wänden mit Blick auf einen Kamin aus dunkelgrauem Marmor und goldgefasstem Sims standen. Es war ein ziemlich normal aussehendes Pariser Wohnzimmer. Es hätte auch gut und gerne eine besonders langweilige Party sein können.

Einige murmelten *bonjour*, was ich erwiderte. Zwei ältere Damen saßen still an der Wand in der Nähe des Kamins, ein weiblicher Teenager wechselte die CD in seinem Discman, und dann war da noch eine Mutter mit einem viel zu warm angezogenen Baby in einem Kinderwagen. Das Kind war knallrot im Gesicht und sah aus, als würde es jeden Augenblick explodieren. Ob es an einer Verstopfung litt, Fieber hatte oder ob es vielleicht doch voller Sprengstoff war, wollte ich gar nicht wissen.

Die Warterei war genauso langweilig wie in jedem Wartezimmer, allerdings war die Auswahl an Zeitschriften besser. Hier lagen relativ neue Ausgaben der Elle aus, mit prima Fototips, wie frau ihren Hintern in Bestform hält oder ihre Brust durch Selbstmassage strafft. Die Mädchen, die das vorführten, mussten sich um ihre Figur keine Sorgen machen, aber ich war der Letzte, der sie davon abhalten wollte. Nachdem ich Platz genommen hatte, vernahm ich durch die Wand hinter mir das schwache Gemurmel des Doktors. Er redete ohne Ende. Hoffentlich, um den Patienten vor sich loszuwerden, damit er den nächsten drannehmen kann. Die erste halbe Stunde war ich froh, einfach nur dazusitzen und vor mich hin leiden zu können, nur hier und da unterbrochen durch Schniefen und Schneuzen. Aber in dieser ganzen Zeit war nur das junge Mädchen reingegangen, und sie schien dem Doktor ihr Herz in epischer Breite auszuschütten.

Wenn das so weiterging, saß ich noch hier, wenn der Arzt seine Stunde – oder Stunden – Mittagspause machte. Und bis dahin war ich bestimmt schon über und über besudelt mit den Fetzen des explodierten Babys. Nimm das arme Ding doch mal aus seinem Antarktis-Schlafsack, versuchte ich der Mutter telepathisch zu übermitteln, aber die war so vertieft in ihre Elle wie zuvor ich. Wahrscheinlich las sie Rezepte – Babybraten, geschmort im eigenen Saft.

Ich fragte mich, ob das warteschlangenfreie französische System hier genauso gut funktionierte wie in anderen Lebensbereichen. Vielleicht sollte ich, sobald das Mädchen herauskam, das Sprechzimmer stürmen, als wäre es mein angeborenes Recht. Eben genauso, wie sich die Leute hier üblicherweise vordrängeln, wenn sie einen Bus besteigen.

Aber als der Arzt in der Tür erschien, schüttelte er dem Mädchen die Hand, streckte seinen Kopf ins Wartezimmer und rief: »Madame Bouvier!« Es gab also eine Reihenfolge, schlussfolgerte ich, und er kannte zumindest einige Leute mit Namen. Doch hoffentlich nicht, weil sie einen Termin ausgemacht hatten? Madame Bouvier war die Mutter, und sie war offenbar nur gekommen, um feststellen zu lassen, ob das Baby schon gar war, denn sie war nach zehn Minuten schon wieder draußen. Nun wackelten die beiden alten Mädchen gemeinsam rein, ganz still, so als versuchten sie, sich zu erinnern, was ihnen eigentlich fehlte.

Ich legte meine Zeitschrift weg und lauschte auf die Stimme des Doktors, versuchte, Abschiedsworte herauszufiltern. Ich war nun an der Spitze einer Schlange von drei Leuten, von denen einer, ein Endvierziger mit Baseballkappe, bohrenden Augen und einem guten, aber leicht abgeschabten Anzug, wie der gewiefte Vordrängler aussah. Er saß vornübergebeugt auf seinem Stuhl, die Hände auf den Knien, bereit, blitzschnell in Aktion zu treten. Vielleicht litt er aber auch nur unter heftigen Hämorrhoiden. Beim Eintreten hatte er *messieurs dames* gerufen (eine praktische Methode, einem kompletten Raum voller Leute guten Tag zu sagen). Das hatte mehr danach geklungen, als wolle er auf seine Anwesenheit aufmerksam machen, weniger wie eine Begrüßung. Und er warf nicht mal einen Blick auf die Zeitschriften. Das war genau so einer, der sich an einem sterbenden Engländer vorbeidrängelt, weil ihm seine eigenen Hämorrhoiden wichtiger sind als dessen lebensbedrohliche Atemwegserkrankung.

Der Arzt begleitete die beiden alten Damen zur Tür und wandte sich dem Wartezimmer zu. Monsieur Drängleur rief *»Bonjour, docteur!«*, und der Arzt nickte ihm zu. Das war's also, dachte ich, jetzt kannst du hier ewig sitzen. Ich holte tief Luft und sprang vom Stuhl, was den Arzt zu einem verblüfften »Monsieur?« veranlasste.

Mal wieder hatte ich mir nicht vorher überlegt, was ich sagen sollte. Wie um alles in der Welt brachte ich zum Ausdruck: »Sie kennen mich zwar nicht, aber nur Sie können mein Leben retten?« Ich begnügte mich schließlich mit *»bonjour«*, er lächelte und wies mir den Weg in sein Sprechzimmer. Er war offenbar an merkwürdige Leute in seinem Wartezimmer gewöhnt.

»Ich kalt«, erklärte ich auf Französisch. *»Non«*, korrigierte ich mich sofort. Dabei hatte ich mir wirklich Mühe gegeben, mir einige Schlüsselbegriffe einzuprägen, beispielsweise *tousser* (husten), *poumons en feu* (Feuerlunge) und *atchoum* (hatschi). Der Arzt wandte sich seinem brandneuen Mac mit Flachbildschirm zu und unterbrach mich, um Name, Adresse, Geburtsdatum, Versicherungsnummer usw. zu erfahren. Das hatte ich ganz vergessen, in Frankreich gilt: erst Bürokratie, dann Gesundheit.

Aus leidiger Erfahrung schleppte ich ständig meine sämtlichen Papiere und Ausweise mit mir herum, und so dauerte es nur zehn Minuten, bis er meine Akte angelegt hatte. Inzwischen hatte ich meinen gesamten Vorrat an Papiertaschentüchern aufgebraucht. Wie ich ihm so beim Tippen zusah, fand ich, dass er überhaupt nicht wie ein Arzt aussah. Er wirkte kein bisschen einschüchternd, er trug Jeans, Tweedsakko, machte einen sportlichen Eindruck, sein Haar war ungekämmt. Er sah geradezu aus, als ob man mit ihm von Mensch zu Mensch reden könne. Er hatte was vom Leiter einer Jugendherberge.

Ich beschrieb ihm meine Beschwerden, besser gesagt, ich führte sie ihm vor. Er stellte mich auf die Waage, hörte sich das Gerassel in meinem Brustkorb an und steckte mir einen Holzspan in den Mund, sodass ich mich fast übergeben musste. Dann meinte er, er werde jetzt Fieber messen. Mit diesen Worten griff er zu einem Thermometer, das aussah wie ein Tacker.

Ich hatte vom Hörensagen eine Vorstellung davon, wohin französische Ärzte einem das Thermometer stecken. Marie hatte mir eine Geschichte von Marquis de Sade vorgelesen, in der ein armer Kerl mit einer Pistole vergewaltigt wird. Das hatte mich kein bisschen angemacht, und mit noch weniger Begeisterung nahm ich zur Kenntnis, dass de Sades kranke Phantasie die französische Ärzteschaft infiziert hatte.

»*Non, non*«, sagte ich und presste meine zusammengekniffenen Arschbacken noch tiefer in das Polster der Untersuchungspritsche. »*Je pas chaud.*«

»Wir müssen feststellen, ob Sie Fieber haben«, sagte der Arzt und zielte mit seiner Pistole zur Decke wie ein Duellant, der das Blutvergießen hinter sich bringen will.

»*Va vite?*«, fragte ich.

»Ja, ein Klick, und es zeigt mir die Temperatur an.« Er lächelte ermutigend. Der Lauf dieser Thermometerpistole sah eigentlich ziemlich kurz aus.

»Oh, okay, wenn es schnell geht.« Ich hob den Hintern, um die Unterhose herunterzuziehen, aber bevor ich überhaupt an den Bund kam, hatte er mir seine Pistole schon ins Ohr gesteckt und »klick« gemacht.

»Hm, achtundreißigneun. Ganz ordentlich.«

Ich lachte vor Erleichterung.

»Nein, Sie haben wirklich Fieber«, sagte er, verwundert, dass ich die schlechte Nachricht so begeistert aufnahm. Die Tage der Rektalmessung waren offenbar längst *passé*. Der Doktor wandte sich wieder seinem Computer zu, um mir ein Rezept auszustellen.

Ein wirklich erstaunliches Rezept. Wie gesagt, normalerweise behellige ich keinen Arzt wegen einer Erkältung, jedenfalls nicht, bevor ich komplett die Stimme verloren habe und ohne Betäubungsmittel nichts mehr runterschlucken kann. Selbst dann würde ich von einem Arzt kaum mehr erwarten als ein Rezept für ein bisschen Tee und Aspirin.

Dieser französische Arzt tickte etwas anders. Als Erstes wollte er wissen, was ich an Medikamenten zu Hause hätte.

»Nichts. Ein paar Aspirin«, erwiderte ich.

Er sah mich fassungslos an und spulte eine Liste von Medikamenten ab, die ich doch gewiss in meinem Medizinschrank hätte? Bei allen schüttelte ich den Kopf.

»Ich verstehe«, sagte er und glich meine jahrelange Selbstvernachlässigung mit einer Einkaufsliste aus: Antibiotika, Schmerztabletten, Sprays, Mentholwässerchen und jede Menge Zeug zum Inhalieren. Alles zusammen hätte locker ausgereicht, eine Herde asthmakranker Giraffen zu kurieren. »Wie steht's mit Zäpfchen?«

»Zäpfchen? Keine Ahnung. Große?« Dabei wusste ich nicht einmal, was ein großes Zäpfchen war oder ob es überhaupt verschiedene Größen gab. Mein Leben war bislang so behütet verlaufen, dass ich mir noch nie irgendwas in den Hintern geschoben hatte. Der Arzt hielt seinen rechten Zeigefinger hoch und maß das erste Fingergelenk ab.

»Ich versuche sie – vielleicht«, sagte ich. Bei der ersten Gelegenheit schiebe ich die Dinger der Mülltonne rein, setzte ich in Gedanken hinzu. Er schrieb die Zäpfchen mit aufs Rezept und druckte es aus.

Als ich die ellenlange Liste in Händen hielt, verstand ich, warum vor jeder Apotheke ein verzweifelter Mob lungerte. Wenn man meinen Fall auf die Zahl der bekannten Krankheiten hochrechnete, mit der Bevölkerungszahl multiplizierte und dann noch die relative Schwere der Leiden berücksichtigte, musste man zu dem Schluss kommen, dass man es hier mit einer Nation Medikamentensüchtiger zu tun hatte.

»Wo bekomme ich das alles?«, fragte ich.

»Sie müssen in eine Notapotheke. Ein paar haben geöffnet zur Versorgung von Notfällen.«

»Bin ich Notfall?«, fragte ich voller Hoffnung.

»Ja, Sie haben ein Rezept.« Dankbarkeit schoss mir durch die Adern wie hoch dosiertes Paracetamol. Der Arzt gab mir ein Blatt Papier mit drei Adressen. »Hier. Das sind die Einzigen, die offen haben. Sie werden lange warten müssen. Vielleicht sind Sie wieder gesund, bevor Sie Ihre Medikamente kriegen.« Er lachte über seinen kranken Witz, dieser Gesundheitsbolzen.

»Sie arbeiten in Paris?«

»Ja«, log ich.

»Wollen Sie ein *arrêt maladie*?«

Eine Krankschreibung, erklärte er mir. »Ja, bitte«, sagte ich. Alles war mir recht, was mich von der Bedrohung befreite, Englischunterricht geben zu müssen.

Ich stand auf, um zu gehen. Mit einem Mal sah der Arzt doch ganz krank aus.

»Sie müssen, ähm, bezahlen«, erklärte er und wurde rot. Er verwendete nicht das Wort *payer*, sondern das formellere *régler*, was so viel heißt wie »die Rechnung begleichen«.

»Ach so.« Ich setzte mich wieder. »Wie viel?«

Er zuckte zusammen, als sei solche Direktheit ungehörig, beugte sich über seinen Schreibtisch und faltete das Rezept auf, auf dem auch die Gebühr stand. Dafür hätte man fünf oder sechs Bier in einer normalen Kneipe bekommen.

»Das wird Ihnen natürlich zum größten Teil rückerstattet. Sie haben doch eine *mutuelle*?«

»Eine was?«

»Eine Krankenversicherung.«

»Oh, gewiss, ja, höchstwahrscheinlich.«

»Die bezahlt den Rest, und die Behandlungsgebühr bekommen Sie zu hundert Prozent erstattet.«

Bisschen kompliziert, dieses System, aber sonst ganz gut, dachte ich. Schade eigentlich, dass es in den Kneipen nicht auch so gehandhabt wurde.

PETER MAYLE

Les Invalides – Sonntagsausflug zur Apotheke

(Provence, Frankreich)

Ich war in eine Apotheke in Apt gefahren, um Zahnpasta und Sonnenöl zu kaufen, zwei völlig harmlose und gesunde Produkte. Als ich wieder zu Hause ankam und sie aus der Tasche holte, merkte ich, dass mir das Mädchen, das mich bedient hatte, ein lehrreiches, doch verwirrendes Geschenk dazugelegt hatte. Es war ein aufwendiger, vierfarbig gedruckter Prospekt, der vorn eine Schnecke zeigte, die auf einer Toilette saß. Sie wirkte leidend, ganz als hätte sie dort bereits ein Weilchen gesessen, ohne Großes zu leisten. Die Fühler hingen schlaff herunter. Ihr Blick war trüb. Über dem Bild stand als Text: *La Constipation*.

Womit hatte ich das verdient? Machte ich den Eindruck eines verstopften Menschen? Oder lieferte die Tatsache, dass ich Zahnpasta und Sonnenöl gekauft hatte, dem fachfraulichen Auge der Apothekerin ein Indiz – einen Hinweis, dass mit meinem Verdauungssystem etwas nicht in Ordnung war? Ob das Mädchen etwas wusste, was ich nicht wusste? Ich begann den Prospekt zu lesen.

»Nichts«, hieß es da, »ist so alltäglich und kommt so häufig vor wie Verstopfung.« Laut Verfasser litten rund zwanzig Prozent der französischen Bevölkerung unter den Schrecken des *ballonnement* und der *gêne abdominale*. Trotzdem war für einen flüchtigen Beobachter wie mich den Menschen auf den Straßen, in den Bars und Cafés keinerlei Unwohlsein anzusehen – nicht einmal in den Restaurants, wo vermutlich *zwanzig Prozent* der Kundschaft trotz ihres *ballonnement* täglich zwei kräftige Mahlzeiten aßen. Welche Charakterstärke im Angesicht der Gefahr!

Ich hatte die Provence immer für eine besonders gesunde Gegend gehalten. Die Luft ist rein, das Klima trocken; es gibt frisches Obst und frisches Gemüse in Hülle und Fülle, man kocht mit Olivenöl, und Stress scheint es hier nicht zu geben – eine bekömmlichere Kombination von Lebensumständen war kaum mehr vorstellbar. Wenn jedoch zwanzig Prozent dieser Menschen mit ihren rotbackigen Gesichtern und ihrem herzhaften Appetit die Leiden verheimlichten, die durch einen Verkehrsstau im *transit intestinal* verursacht werden, musste man sich fragen, was sie wohl sonst noch alles verheimlichten.

Ich beschloss, ein aufmerksameres Auge auf provenzalische Wehwehchen und Heilmittel zu richten, und so wurde mir nach und nach klar, dass es tatsächlich ein Lokalleiden gibt, das, wie ich inzwischen glaube, das ganze Land erfasste. Es ist die Hypochondrie.

Ein Franzose fühlt sich nie unwohl: Er hat eine *crise*. Die beliebteste Krise ist die *crise de foie*, die eintritt, wenn die Leber endlich gegen die Strafen rebelliert, die ihr zugemutet werden durch *pastis*, Mahlzeiten mit fünf Gängen und den *vin d'honneur*, der zu allen Gelegenheiten serviert wird – von der Eröffnung eines Autoverkaufssalons bis zur Jahresversammlung der Kommunistischen Partei im Dorfe. Es gibt dagegen ein einfaches Mittel: keinen Alkohol und viel Mineralwasser. Doch eine viel befriedigendere Lösung des Problems – sie bestärkt den Patienten nämlich in dem Gefühl, er sei krank, und erspart ihm somit das Eingeständnis, über die Stränge geschlagen zu haben – ist ein Besuch der Apotheke und die Inanspruchnahme der mitfühlenden Dame im weißen Kittel hinter dem Ladentisch.

Ich habe mich früher oft gefragt, warum die meisten Apotheken zwischen Bruchbändern und Packungen zur Behandlung von *cellulite* Stühle aufgestellt haben. Heute kenne ich den Grund: Damit man es bequemer hat beim Warten, während Monsieur Machin im Flüsterton und unter beträchtlichem Massieren der entzündeten Kehle, der empfindlichen Niere, des zurückhaltenden Darms oder was immer sonst ihm zu schaffen macht detailreich erläutert, wie es zu diesem schmerzvollen Zustand gekommen ist. Die Apothekerin, in Geduld und im Diagnostizieren geübt, hört aufmerksam zu, stellt ein paar Fragen und schlägt dann eine Reihe von möglichen Behandlungsmitteln vor. Sie holt Tüten, Töpfe und Ampullen herbei. Dann setzt die Diskussion von Neuem ein. Schließlich wird eine Entscheidung getroffen, und fürsorglich faltet Monsieur Machin die wichtigen Zettel, bei deren Vorzeigen ihm die Sozialversicherung den größten Teil der Rezeptkosten zurückerstattet. Die ganze Geschichte hat fünfzehn oder auch zwanzig Minuten gedauert. Die Wartenden rücken einen Stuhl auf.

Solche Besuche beim Apotheker sind nur etwas für die gesünderen Invaliden. Bei ernsthaften Erkrankungen – oder auch eingebildeten ernsthaften Leiden – gibt es selbst in relativ abgelegenen Regionen wie der unsrigen ein ganzes Netz von Spezialisten für Erste Hilfe, das Gäste aus Großstädten überrascht, wo man erst Millionär werden muss, bevor man bequem krank sein kann. Alle Städte und viele Dörfer haben Ambulanzen, die täglich vierundzwanzig Stunden Dienst tun; ausgebildete Krankenschwestern machen Hausbesuche, Ärzte ebenfalls – in London soll diese Praxis nahezu ausgestorben sein.

Im Frühsommer letzten Jahres hatten wir eine kurze, aber intensive erste Erfahrung mit dem französischen Gesundheitswesen. Unser Versuchskaninchen war Benson, ein junger Amerikaner, der Europa zum ersten Mal besuchte. Als ich ihn vom Bahnhof in Avignon abholte, begrüßte er mich mit einem Krächzen und hielt sich ein Taschentuch vor den Mund. Ich wollte wissen, was mit ihm los sei.

Er deutete auf seinen Hals und gab keuchende Geräusche von sich.

»Mono«, sagte er.

Mono? Ich hatte keine Ahnung, was das war. Mir war jedoch bekannt, dass Amerikaner unter wesentlich komplizierteren Dingen leiden als wir – statt Prellungen haben sie Hämatome, statt Kopfweh Migräne, sie leiden unter Influenza. Ich murmelte, ein bisschen frische Luft würde ihn gewiss bald gesunden lassen, und half ihm in den Wagen. Wie ich auf der Heimfahrt erfuhr, war Mono der Kosename für Mononucleose – eine Virusinfektion, die unangenehmes Halsweh verursacht. »Wie Glassplitter«, erklärte Benson, der hinter Sonnenbrille und Taschentuch Schutz suchte. »Wir müssen meinen Bruder in Brooklyn anrufen. Er ist Arzt.«

Als wir zu Hause ankamen, war das Telefon kaputt. Da ein langes Wochenende begann, würden wir drei Tage lang ohne Telefon sein; normalerweise ein Segen. Wir mussten jedoch unbedingt in Brooklyn anrufen. Es gab nämlich ein ganz bestimmtes Antibiotikum, das

Neueste, das Nonplusultra der Antibiotika, das, wie Benson erklärte, sämtliche bekannten Arten des Mono heilt. Ich fuhr also zur Telefonzelle in Les Baumettes und fütterte den Apparat mit Fünffrancstücken, während man im Krankenhaus in Brooklyn Bensons Bruder suchte. Er nannte den Namen der Wunderdroge. Ich rief einen Arzt an und bat um einen Hausbesuch.

Binnen einer Stunde war er da und untersuchte den Kranken, der hinter seiner Sonnenbrille in einem abgedunkelten Zimmer ruhte.

»*Alors, monsieur* …«, hob der Arzt an, doch Benson ließ ihn nicht zu Wort kommen.

»Mono«, sagte er und zeigte auf seinen Hals.

»*Comment?*«

»Mono, Mann. Mononucleose.«

»*Ah, mononucléose. Peut-être, peut-être.*«

Der Arzt sah sich Bensons entzündeten Hals an und machte einen Abstrich. Er wollte den Virus einem Labortest unterziehen. Würde Monsieur jetzt bitte die Hosen herunterlassen? Er nahm eine Spritze in die Hand, die Benson mit einem Blick über die Schulter misstrauisch beäugte, während er seine Calvin-Klein-Jeans langsam auf halbmast zog.

»Sagen Sie ihm, ich reagiere auf die meisten Antibiotika allergisch. Er soll meinen Bruder in Brooklyn anrufen.«

»*Comment?*«

Ich erläuterte das Problem. Ob der Herr Doktor die Wunderdroge zufällig in seiner Arzttasche bei sich habe? *Non.* Wir warfen uns, um Bensons Hintern herum, einen Blick zu. Der Hintern zuckte, als Benson schmerzhaft hustete. Der Arzt erklärte, er müsse dem Patienten gegen die Entzündung etwas verabreichen; Nebenwirkungen seien bei diesem Impfstoff extrem selten. Ich übersetzte.

»Na schön … okay.« Benson bückte sich. Der Arzt impfte mit Schwung, wie ein Matador, der in hohem Bogen über die Hörner eines Stiers segelt.

»*Voilà!*«

Während Benson auf allergische Körperreaktionen wartete, die ihn in die Knie zwingen würden, informierte mich der Arzt, er würde für weitere Spritzen zweimal täglich eine Krankenschwester vorbeischicken. Mit den Laborergebnissen rechne er am Samstag, danach würde er die erforderlichen Verschreibungen sofort vornehmen. Er wünschte uns eine *bonne soirée*. Benson kommunizierte lauthals mit dem Taschentuch. Eine *bonne soirée* hielt ich für eher unwahrscheinlich.

Die Krankenschwester kam und ging, die Laborergebnisse trafen ein, und am Samstagabend erschien, wie versprochen, wieder der Arzt. Der junge Monsieur hatte recht gehabt. Es war *mononucléose*, die wir jedoch mit allen verfügbaren Mitteln französischer Medizin kurieren würden. Der Arzt begann zu kritzeln wie ein Poet unter Hochdruck. Aus seiner Feder floss ein Rezept nach dem anderen; es schien ganz so, als ob er sämtliche verfügbaren Arzneien zum Generalangriff forderte. Er reichte mir einen Stapel Rezepte mit Hieroglyphen und wünschte uns ein *bon weekend*. Auch das war unwahrscheinlich.

Der Sonntag eines langen Wochenendes ist nicht eben die beste Zeit, um auf dem französischen Land eine geöffnete Apotheke zu finden. Die einzige meilenweit war die *pharmacie de garde* am Stadtrand von Cavaillon. Ich kam um acht Uhr dreißig dort an, fast gleichzeitig mit einem Mann, der ein Bündel von Rezeptscheinen umklammerte, das fast so dick war wie meins. Gemeinsam lasen wir den Zettel, der an die Glasscheibe der Tür geklebt war: vor zehn Uhr wurde nicht geöffnet.

Der Mann seufzte und musterte mich von Kopf bis Fuß.

»Sind Sie ein Notfall?«

Nein. Ich war nur für einen Freund hier.

Er nickte. Er hatte eine starke *Arthrose* in der Schulter und außerdem irgendeinen bösartigen Pilz am Fuß. Er würde auf keinen Fall eineinhalb Stunden lang in der Sonne stehen, bis die Apotheke öffnete. Er ließ sich neben der Tür auf dem Bürgersteig nieder und vertiefte sich in das erste Kapitel seiner Rezeptur. Ich beschloss, frühstücken zu gehen.

»Kommen Sie rechtzeitig zurück«, riet er mir. »Heute kommen viele Leute.«

Wie konnte er das wissen? War ein Sonntagsbesuch der Apotheke vor dem Mittagessen hier etwa gang und gäbe? Ich dankte und ignorierte den Rat: Ich vertrieb mir die Zeit in einem Café mit der Lektüre einer alten Ausgabe von *Le Provençal*.

Als ich kurz vor zehn Uhr zur Apotheke zurückkehrte, schien sich *le tout Cavaillon* vor dem Eingang versammelt zu haben. Da standen Dutzende von Menschen mit ihren umfangreichen Verschreibungen und tauschten Symptome aus wie Angler, die einen Preisfisch beschreiben. Monsieur *Angine* prahlte mit seinem heiseren Hals. Madame *Varices* revanchierte sich mit ihrer Krampfadergeschichte. Die Hinkenden und Gelähmten plauderten fröhlich drauflos, schauten zwischendurch immer wieder mal auf die Uhr und drängten noch ein Stückchen näher zur nach wie vor verschlossenen Tür. Doch endlich – ein Murmeln, *enfin* und *elle arrive* – erschien ein Mädchen aus der hinteren Apotheke, schloss auf und wich geschickt zur Seite, als die Herde ins Innere stampfte. Mir fiel nicht zum ersten Mal auf, dass die angelsächsische Gewohnheit eines geordneten Anstehens in Frankreich unbeliebt ist. Ich musste wohl eine halbe Stunde warten, bis ich eine Lücke im Gedränge nutzen konnte, um der Apothekerin meine Papiere zu reichen. Sie nahm eine Plastiktasche, die sie mit Schachteln und Flaschen zu füllen begann, und stempelte jedes Rezept ab – das Original für mich, eine Kopie für sich –, während sie sich durch den Stapel arbeitete. Die Tasche drohte bereits zu platzen; ein Rezept stand noch aus. Die Apothekerin verschwand und kam nach fünf Minuten mit leeren Händen zurück. Was immer es sein mochte – es war leider nicht vorrätig: Ich müsste es mir bei einer anderen Apotheke besorgen, das sei allerdings kein Problem, die wesentlichen Medikamente befänden sich in der Tasche – genug, wie mir schien, um ein ganzes Regiment von den Toten zu erwecken.

Benson lutschte und gurgelte und inhalierte sich durch das Menü. Am nächsten Morgen trat er aus dem Schatten des Grabes und fühlte sich hinreichend wiederhergestellt, um uns auf der Suche nach der letzten, noch fehlenden Medizin zur Apotheke in Ménerbes zu begleiten.

Drinnen saß bei unserer Ankunft einer der Dorfältesten wartend auf einem Hocker, bis seine Einkaufstasche mit Heilmitteln vollgestopft war. Da er neugierig war, unter was für exotischen Gebrechen die Ausländer litten, blieb er sitzen, als unser Rezept bearbeitet wurde, und beugte sich vor, um zu sehen, was die Schachtel enthielt, die dann auf die Theke gelegt wurde.

Die Apothekerin machte die Schachtel auf und nahm einen in Folienpapier eingewickelten Gegenstand von der Größe einer Alka-Seltzer-Schachtel heraus, den sie Benson überreichte.

»*Deux fois par jour*«, sagte sie.

Benson schüttelte den Kopf und legte die Hand auf den Hals. »Zu groß«, sagte er. »So was Großes krieg ich nicht hinunter.«

Wir übersetzten der Apothekerin seine Bedenken. Bevor sie antworten konnte, bekam der Alte einen Lachkrampf, sodass er auf seinem Hocker gefährlich ins Schaukeln geriet. Er wischte sich mit dem Rücken seiner verknoteten Hand die Augen.

Die Apothekerin setzte ein freundliches Lächeln auf und machte behutsame Gesten, mit denen sie das Objekt in der Folie sanft nach oben schob. »*C'est un suppositoire.*«

Benson war verwirrt. Der Alte, der immer noch lachte, sprang vom Hocker und nahm das Zäpfchen in die Hand.

»*Regardez*«, sagte er zu Benson. »*On fait comme ça.*«

Er trat ein paar Schritte von der Theke weg, um Platz zu haben, bückte sich, hielt das Zäpfchen über den Kopf und führte es mit einer fließenden Rückwärtsbewegung des Arms fest und bestimmt ans Gesäß. »*Tok!*«, sagte der Alte und sah Benson an. »*Vous voyez?*«

»In den *Arsch*?« Benson schüttelte erneut den Kopf. »He, ist das komisch. Großer Gott!« Er setzte die Sonnenbrille auf und wich zurück. »Bei uns daheim macht man das nicht.«

Wir versuchten es ihm zu erklären: Es handele sich um eine äußerst wirksame Methode, Arznei in den Blutkreislauf zu bringen. Er war nicht zu überzeugen. Und als wir darauf hinwiesen, *davon* würde er wenigstens kein Halsweh bekommen, fand er uns gar nicht lustig. Ich habe mich oft gefragt, was er seinem Bruder in Brooklyn wohl erzählt hat.

Kurz darauf begegnete ich auf einem Spaziergang im Wald unserem Nachbarn Massot, dem ich vom Vorfall mit dem Zäpfchen berichtete. Er fand das sehr komisch, wusste aber von einer Begebenheit, die wirklich *dramatique* gewesen sei und alles in den Schatten stelle – die Geschichte von einem alten Mann, der wegen seines Blinddarms ins Krankenhaus gebracht wurde und ohne sein linkes Bein wieder aufwachte. Amputiert. *Beh oui.*

Das sei ganz bestimmt keine wahre Geschichte, warf ich ein. Massot hielt an ihr fest.

»Wenn ich einmal krank werden sollte«, sagte er, »dann geh ich zum Veterinär. Ärzten trau ich nicht.«

Glücklicherweise ist Massots Meinung über die französische Medizin so realitätsfern wie die meisten seiner Ansichten. Vielleicht gibt es in der Provence Ärzte mit einer Schwäche fürs Amputieren; wir haben von keinem gehört. Abgesehen vom Fall der Mononucleose haben wir überhaupt nur ein einziges Mal mit dem Arzt zu tun gehabt, und da handelte es sich um einen Anfall von Bürokratie.

Es war der Höhepunkt eines monatelangen Hin und Her von Papieren, die wir benötigten, um unsere *cartes de séjour* zu bekommen – die Ausweispapiere für in Frankreich ansässige Ausländer. Wir waren auf der *mairie* gewesen, der *préfecture*, dem *bureau des impôts* und noch einmal auf der *mairie*. Wir mussten jedesmal erfahren, dass ein zusätzliches Formular erforderlich sei, welches, *naturellement*, nur bei einer anderen Behörde erhältlich war. Als wir am Ende überzeugt waren von der Vollständigkeit unserer Dossiers mit Urkunden, Bescheinigungen, Erklärungen, Fotos und einschlägigen Statistiken, machten wir uns auf den Weg zum, wie wir meinten, letzten, siegreichen Besuch der *mairie*.

Die Dossiers wurden überprüft. Da schien alles ganz in Ordnung. Wir würden dem Staat nicht zur Last fallen. Wir waren nicht vorbestraft. Wir würden französischen Arbeitern keine Arbeit wegnehmen. *Bon.* Die Dossiers wurden zugeklappt. Nun hatten wir endlich den offiziellen Wohnsitz in Frankreich.

Die Sekretärin der *mairie* lächelte, schob uns zwei neue Formulare zu und erklärte: Wir müssten uns ärztlich untersuchen lassen und den Nachweis erbringen, dass wir an Körper und Seele gesund seien. *Docteur* Fenelon in Bonnieux sei gern bereit, uns zu untersuchen. Ab nach Bonnieux.

Docteur Fenelon war freundlich und prompt, röntgte uns und ging mit uns zusammen das Kleingedruckte eines kurzen Fragebogens durch. Ob wir verrückt seien? Nein. Epileptiker? Nein. Drogensüchtig? Alkoholiker? Mit Neigung zu Ohnmachtsanfällen? Ich rechnete schon mit einem Verhör über unser Verdauungssystem –

vielleicht aus Sorge, dass wir den verstopften Bevölkerungsanteil in Frankreich erhöhen könnten –, das schien die Einwanderungsbehörden dann aber doch nicht zu interessieren. Wir unterzeichneten die Formulare. *Docteur* Fenelon unterschrieb und öffnete eine Schublade, der er zwei weitere Formulare entnahm.

Er war verlegen. »*Bien sûr, vous n'avez pas le problème, mais …*« Er zuckte die Achseln und erklärte, wir müssten mit den Formularen zu einer Blutuntersuchung nach Cavaillon, ehe er uns unsere *certificats sanitaires* aushändigen könne.

Ob wir auf etwas Bestimmtes hin untersucht würden?

»*Ah, oui.*« Er wurde noch verlegener. »*La syphilis.*«

TIM MOORE

»Burro doctor!« oder Vom heilsamen Anblick eines Tierarztes

(Biduedo, Galicien)

Seit ich Villafranca verlassen hatte, hatte ich mich auf den nächsten Tag gefreut. Von Alto de Poio nach Triacastela ging es in zwölf Kilometern siebenhundert Meter abwärts. Während des steilen Aufstiegs am vergangenen Nachmittag hatte ich mir vorgestellt, wie Shinto mit wehender Mähne schnell bergab trabte, sodass wir die vierundzwanzig Kilometer mit Leichtigkeit bewältigen würden.

Auch die Wetterbedingungen sahen gut aus, um acht Uhr in der Früh war es auf der Straße noch ruhig, die Luft roch köstlich nach Kräutern. Kurze Zeit ging ich neben einer winzigen Engländerin her, die schon auf ihrer zweiten Pilgerreise war. »Mir als Heidin der anglikanischen Kirche kann Ihre blöde *compostela* gestohlen bleiben«, verkündete sie kampflustig.

Als sie schließlich entschuldigend erklärte, wir seien ihr zu langsam, und weiterging, wurde mir zum ersten Mal klar, dass wir unser Ziel nicht ganz erreichen würden. Meine Beine schmerzten, und der Abstieg kam mir fast noch mühsamer vor als der Aufstieg. Selbst Singen half nicht mehr. Shinto hielt es nicht einmal mehr für nötig, seine Trägheit zu vertuschen, indem er stehen blieb und Hunger oder Schnüffeleien vortäuschte.

Als der Pfad bei Biduedo von der Straße abbog, zog ich ihn entschlossen hinter mir her. Das Seil hatte ich über die Schulter gelegt, damit die Hebelwirkung größer war. Pilger drängten sich in Zweier- und Dreiergrüppchen vorbei und staunten über meine schweißtreibende Plackerei. Ich hatte gehofft, mittags in Triacastela zu sein, aber um zwölf Uhr hatten wir noch nicht einmal die Hälfte der Strecke hinter uns gebracht.

Als der steile Abhang in einen schmalen Korridor überging, schob ich Shinto von hinten an. Der Weg führte wieder über die N6, und am Mittelstreifen stemmte Shinto störrisch die Hufe in den Asphalt und rührte sich nicht mehr vom Fleck. Eins der seltenen Fahrzeuge näherte sich uns mit nicht allzu großer Geschwindigkeit, und ich wurde wieder einmal daran erinnert, dass nichts Pilger so erfolgreich ins Paradies befördert wie der Straßenverkehr. Ich schrie, bettelte und flehte, aber Shinto reagierte nicht. Halb bereitete ich mich schon darauf vor, das Auto, das immer näher kam, mit einer Handbewegung zum Stehen zu bringen, als sich mir plötzlich eine kräftige braune Hand auf die Schulter legte.

»*Tranquilo, tranquilo*«, sagte der große Mann, zu dem sie gehörte. Stumm übergab ich ihm das Seil, wobei ich erwartete, irgendeinen Trick gezeigt zu bekommen, den die ländliche Bevölkerung schon seit Generationen beherrschte, aber zu meiner Überraschung zog er mit solcher Kraft daran, als wolle er Shintos Kopf vom Rumpf abtrennen. Und gleich darauf stand mein Esel neben mir, und das Auto schoss hupend in einer Staubwolke an uns vorbei.

Mächtige Eichen gaben bereits einen Blick auf die ersten Häuser von Triacastela frei, aber es war klar, dass wir an diesem Tag nicht mehr viel weiter kämen. Gewöhnlich konnte ich mit spöttischen Bemerkungen rechnen, wenn ich an Straßenarbeitern vorbeikam, aber als die vier Typen, die an einem Graben am Straßenrand arbeiteten, Shinto entlangstolpern sahen, klatschten sie nur langsam in die Hände, als wollten sie dem letzten Marathonläufer applaudieren, der ins Ziel getaumelt kommt. Das weiß gekalkte Gebäude des *refugio* kam in Sicht, und wir waren vielleicht noch fünfzehn Meter davon entfernt, als der *camino* über ein Gitter auf einem Abflusskanal führte. Ich setzte einen Fuß darauf, und Shinto erstarrte neben mir wie ein Jagdhund in einem Comic. Verglichen mit dem, was wir schon gemeinsam bewältigt hatten, war dies eigentlich gar kein richtiges Hindernis, aber wir waren wohl beide nicht mehr zu Kraftproben aufgelegt. Ich ließ mich also an der staubigen Mauer auf der anderen Seite des Gitters nieder, zog mir den Hut übers Gesicht und wartete. Und aß und wartete und schlief.

»Vielleicht glaubt er, es sei ein Viehgitter«, sagte die Stimme, die mich weckte. Ich hob verschlafen den Kopf. Vor mir stand eine Engländerin an der Spitze einer kleinen Gruppe, die anscheinend vom *refugio* herübergekommen war und jetzt einen Halbkreis um Shinto bildete. Er stand mit schweren Augenlidern und gesenktem Kopf da wie ein unbenutzter Laptop auf Stand-by. Ich blickte auf das Gitter. »Vielleicht«, gab ich schließlich zu.

Ächzend erhob ich mich und überlegte, wie ich am besten vorgehen sollte. Liljas Methode war bei Weitem die humanste, aber nachdem ich mit einer Handvoll wilder Gerste nur Missachtung bei Shinto geerntet hatte, trat ich ein paar Schritte zurück und bat die Pilger, hauptsächlich Franzosen, mir Platz zu machen. Als Shintos Hinterteil schließlich am Ende dieses Korridors offen vor mir lag, holte ich tief Luft und rannte schreiend und in die Hände klatschend darauf zu. Die Leute wichen erschrocken noch weiter zurück, eine Schar Vögel flog in panischer Angst auf, und Shinto tat in aller Seelenruhe einen Schritt vorwärts.

»Irre«, hauchte die Engländerin, als ich das Seil ergriff und Shinto mit so viel Würde wegführte, wie unter solchen Umständen noch aufzubringen war.

Die Franzosen jedoch erregten sich lautstark über mein Vorgehen, und einen Moment lang kam ich mir tatsächlich schlecht vor, auch wenn das albern war. Was hätte ich denn tun sollen? Shinto auf dem Rücken hinübertragen?

Das *refugio* kam natürlich nicht mehr infrage. Ich band Shinto an einem Baum am Rand eines dörflichen Supermarkts fest und entwarf einen Alternativplan. Ich würde mich mit Lebensmitteln eindecken und dann mein Zelt auf der Wiese dort drüben aufschlagen. Das würde gehen. Aber es ging leider nicht, denn als ich mit zwei prall gefüllten Einkaufstüten herauskam, lag Shinto auf der Seite. Sein Brustkorb hob und senkte sich in raschen Atemzügen, und offensichtlich hatte er einen Kollaps erlitten. Ich ließ meine Vorräte fallen, stürzte zu ihm, zog die Satteltaschen unter ihm hervor und hievte mühsam den schweren Kopf in meinen Schoß. Er stieß ein pfeifendes Gurgeln aus, das mir das Herz zerriss, und Tränen brannten mir in den Augen, als ich seinen glasigen Blick sah. Oh, Shinto, nicht so, nicht hier, halb auf dem Asphalt vor einem Supermarkt.

Was sollte ich bloß tun? Ich hatte zwar ein Telefon, aber wenn ich bedachte, wie meine bisherigen Eselgespräche mit den Galiciern verlaufen waren, dann wäre wahrscheinlich jeder Hilferuf vergeblich. Zwei alte Damen tauchten Arm in Arm auf, und auf ihren Gesichtern stand deutlich geschrieben, dass sie lieber nichts mit mir zu tun haben wollten. Der Geschäftsführer des Supermarkts stand vor der Glastür und blickte sorgenvoll zu uns herüber. Anscheinend hatte er Angst, ein zusammengebrochener Esel könne sich geschäftsschädigend auswirken. »*Burro doctor?*«, rief ich flehentlich, woraufhin sich Shinto umgehend aufrappelte. Der Geschäftsführer riss die Augen auf, und als ich aufblickte, wusste ich auch, warum. Shintos Flanke war bedeckt mit schaumigem, blasigem Todesschweiß. »*Burro doctor!*«, stieß ich drängend hervor, aber der Mann war bereits wieder in seinem Laden verschwunden. Shinto legte sich erneut hin, und in diesem Moment ertönte ein vertrautes Bellen. Sativa und ihre Besitzerin kamen in Begleitung eines südländisch aussehenden schlanken Mannes auf mich zu.

»Mein Freund Ramon hat ein Telefon.« Die Holländerin, von der ich mittlerweile wusste, dass sie Letje hieß, hatte die Situation sofort erfasst. Zehn Minuten später parkte ein rundlicher Tierarzt mit einer Zigarette im Mundwinkel seinen Citroën am Straßenrand, und während er noch auf uns zukam, hielten weitere Tierärzte auf beiden Seiten der Straße. Am Schluss waren vier anwesend.

Beim Anblick des Tierarztes ging es Shinto sofort besser. Er sprang auf und zeigte sogar wieder Interesse am Gras. Die schaumigen Blasen waren das einzige offensichtliche Symptom seiner Erkrankung, aber eine junge Tierärztin, die zweifelnd daran rieb und roch, klärte mich lächelnd auf: Bei Shintos Kollaps war die Tube mit meinem Allzweckwaschmittel kaputtgegangen. Ihre Kollegen machten sich an Shintos Kopf zu schaffen, und einer, der Englisch sprach, stellte mir ein paar Fragen, bevor er mir schließlich die Diagnose mitteilte, die ich selbst schon vermutet hatte: Das Zeckenspray war absolut ungeeignet für Pferde und Esel, und Shinto hatte davon einen Asthmaanfall bekommen.

Die schimpfenden Franzosen hatten recht gehabt: Kaltherzig hatte ich das kranke Tier zur Arbeit gezwungen. »Er braucht nur ein bisschen Ruhe, morgen geht es ihm wahrscheinlich schon wieder besser«, versicherte mir der Tierarzt. Seine Kollegen verabschiedeten sich winkend, und als ich hilflos lächelnd meine Geldbörse zückte, drohte er mir mit dem Finger. »Nein, nein! Kommen Sie … Ich zeige Ihnen einen Platz zum Ausruhen.« Ramon war schon weitergegangen, und bevor ich mit Shinto dem Citroën folgte, der langsam vorausfuhr, dankte ich Letje und bat sie, auch ihrem Freund meinen Dank auszurichten. »Er ist auf dem Pfad zur Weisheit!«, rief sie mir noch zu. Dann pfiff sie vergeblich nach Sativa und ging ebenfalls weiter.

Eine Viertelstunde später gelangten wir über eine kurze Auffahrt zu einem bescheidenen abgelegenen, aber hübschen Haus. Der reizende Tierarzt stieg aus seinem Wagen. »Hier?«, fragte ich unsicher und betrachtete die Obstbäume und Gartenmöbel. »Ja, natürlich«, erwiderte er und strich sich voller Besitzerstolz über das Hemd, das sich über seinem Bauch spannte. »*Burro* hier und Sie da.« Er wies mit dem Kinn zur Haustür. »Das ist mein Haus.«

Sein Name war Mario, und kaum hatte er meine Sachen in seinem Gästezimmer untergebracht, als auch schon das Telefon klingelte. Er rieb sich über die grauen Stoppeln, zündete sich die fünfte Zigarette innerhalb einer Stunde an, und als er wieder aufgelegt hatte, erzählte er mir etwas von dringenden Kuhangelegenheiten. »Meine Freundin Maria kommt gleich«, sagte er. Er kritzelte etwas auf einen Notizblock mit dem Aufdruck einer Pharmafirma und wies mich an, ihr den Zettel zu geben. Dann zwinkerte er mir zu, schlug mir lächelnd auf den Rücken und war verschwunden. Ich blieb allein zurück mit seinen Led-Zeppelin- und »Legalise-Pot«-Postern, einer riesigen Sammlung von DVDs und einer Menagerie, die die Ausmaße einer Arche Noah hatte.

Mario und Maria? Das kam mir alles ein bisschen unwahrscheinlich vor. So viel Vertrauensseligkeit war einem Städter wie mir unheimlich, und ich war ziemlich verwirrt – fast kam mir das Ganze vor wie ein Wunder. Ich hatte in irgendeinem englischen Pilgerbericht gelesen, »dass die Wahrscheinlichkeit, Glück zu haben, auf dem *camino* um zwei bis drei Prozent höher ist«, und hier war der greifbare Beweis für diese lächerliche These. Von der Küche aus sah ich, wie Mario wegfuhr, dann beobachtete ich Shinto, der glücklich damit beschäftigt war, Rasen in Eselsmist umzuwandeln.

Stellen Sie sich einen Moment lang Folgendes vor: Ihr Partner ist mit Leib und Seele Tierarzt und Sie nicht. Sie wohnen drei Autostunden auseinander, und Ihre unterschiedlichen Arbeitszeiten beschränken Ihre gemeinsam zu verbringende Zeit auf ein einziges Wochenende im Monat. Nach zwei Jahren haben Sie sich vielleicht daran gewöhnt, dass dieses Wochenende von tierärztlichen Notfällen unterbrochen wird und dass Sie dann in einem Haus mit sechs ununterbrochen trillernden Kanarienvögeln, einem winzigen Hund, zwei Aquarien voller Fische, vier miauenden neugeborenen Kätzchen und einem Regal voller Gläser mit missgebildeten Kuhföten allein zurückbleiben. Und dann stellen Sie sich bitte vor, dass Sie am Freitagnachmittag eines dieser seltenen Wochenenden dort ankommen und feststellen, dass nicht nur Ihr Partner abwesend ist, sondern dieser Streichelzoo um einen schaumigen Esel und seinen Besitzer erweitert wurde und Letzterer Ihnen mit blödem Lächeln einen Zettel reicht, auf dem steht, Sie sollen ihm etwas zu essen machen und ihn unterhalten.

Und was tat Maria – brünett und zierlich und genauso fröhlich lächelnd wie ihr Beau –, als sie die Nachricht gelesen hatte? Sie bekam keinen Wutausbruch, sondern ließ mich an einem kleinen runden Tisch Platz nehmen, der sich kurz darauf unter den Spezialitäten der Region bog. Es gab gewürzten dunklen *chorizo*, der nichts mit meinem täglichen Brotbelag zu tun hatte, sahnigen Frischkäse, der, mit Honig vermischt, ganz köstlich schmeckte, und dazu ein kühles einheimisches Bier.

Während ich aß, unterhielten wir uns. Ich erfuhr von Galiciens leidvoller Geschichte, einer so großen Armut, dass – eine weitere Verbindung zu den Schotten und Iren – fünfhundert Jahre lang die Menschen aus Not auswanderten. Es ist noch heute nicht leicht, in Galicien Arbeit zu finden, was erklärte, warum Maria in Ferrol an der Küste arbeitete. »Marios Schuhe sind immer voller Kuhscheiße«, sagte Maria mit gespieltem Stöhnen, aber ihr Mann liebte eben die Tiere, mit denen er den größten Teil seiner Arbeitszeit verbrachte. Abgesehen von den Föten auf dem Regal hingen Kuhposter an der Wand, Kuhsäugeflaschen standen in der Küche, und auf einem Regal neben dem überdimensionalen Flachbildschirm, der Marios Freizeit bestimmt hatte, bevor er Maria kennenlernte, fand sich sogar die originalgetreue Nachbildung des Beckens einer friesischen Schwarzbunten.

Überwältigt von Kalorien und Gastfreundschaft, hoffte ich, beim Abwasch helfen oder wenigstens etwas zum Budget beitragen zu dürfen. Stattdessen scheuchte Maria mich nach draußen. »Wir fahren nach Samos«, sagte sie, öffnete die Beifahrertür ihres Renault Clio und ließ mich einsteigen. Es war aufregend, wieder in einem Auto zu sitzen, das sich sogar bewegte. Shinto blickte uns neugierig nach.

Wir rollten auf die Straße, und bald schon fuhr sie mit einer Geschwindigkeit, die mir buchstäblich übermenschlich vorkam. Noch nie zuvor in meinem Leben hatte ich das so stark empfunden. Wenn Geschwindigkeit tatsächlich eine Droge war, war ich fünf Wochen lang auf kaltem Entzug gewesen, sicher die längste Zeitspanne, seit mein Vater seine Frau und sein letztgeborenes Kind in seinem Ford Zephyr aus dem Krankenhaus abgeholt hat. Ich hörte zwar Marias Kommentar, dass wir durch ein wunderschönes geschichtsträchtiges Tal führen, war jedoch voll und ganz damit beschäftigt, die Landschaft an mir vorbeisausen zu sehen. Es war zu schnell, aber auch wieder nicht schnell genug, und als wir vor einem großen Kirchengebäude anhielten, schaukelte ich in meinem Sitz vor und zurück wie ein Kind, das die letzten Meter ausnutzen will, in denen sein Gokart noch rollt.

Maria tat ihr Bestes, um mich für Samos zu begeistern. Sie zeigte mir die Mönche, die im Garten arbeiteten, die Jakobsmuscheln an den Geländern, die ganze weitläufige Anlage. Und auch ich bemühte mich, ihre Erläuterungen zu würdigen. »Es ist eines der ältesten und größten Klöster in Spanien«, sagte sie, und ich zog pflichtbewusst eine Augenbraue hoch. Samos lag abseits des Jakobswegs, war aber vor allem bei den Pilgern beliebt, denen neun Kilometer mehr oder weniger nichts ausmachten – ach, sieh mal einer an! Da saß Donald in einer Bar und prostete uns mit einem Bier zu. Leider befand sich neben der düsteren Fassade des Klosters eine einladende Tankstelle. Ein Blick auf die Zapfsäulen, und schon wieder juckte es mich in den Fingern, ins Auto zu steigen. »Ja, das ist alles großartig, Maria«, sagte ich, »aber ich denke, wir sollten jetzt wieder nach Hause fahren.« Und zwar mit rasender Geschwindigkeit.

Als wir zurückkamen, hing Mario vor dem riesigen Fernseher. Schon wieder hatte er ein Kälbchen auf die Welt gebracht, und jetzt hatte er geduscht und war glücklich und erschöpft. Wir tranken ein paar Bier und unterhielten uns über fröhlichen Blödsinn. Später machten wir ein Foto mit Selbstauslöser, das jetzt vor mir liegt. Die Arme über die Schultern der anderen gelegt, kleine Tiere in den freien Händen und hinter uns ein Tisch voll leerer Flaschen und Aschenbecher mit Zigarettenkippen. Auf dem Foto davor liegt Shintos Kopf in meinem Schoß, und als ich an diesem Abend leise an die Scheibe klopfte, um meinem Esel gute Nacht zu sagen, und danach in das wunderbare Gästebett sank, war aus einem der schlimmsten Tage meiner Pilgerreise der allerbeste geworden.

GEORG BRUNOLD

Afrika am Schalter der Notaufnahme

(Zürich, Schweiz)

Afrika kommt zu uns! Suzanne Wanjiru hat noch nicht das Anmeldeformular ausgefüllt, als ihr schon die Atemmaske übers Gesicht gezogen wird. Wir sind im Universitätsspital Zürich, und nun sehen es alle, die die Frau bislang nicht beachtet haben: Hier steht Afrika am Schalter der Notfallaufnahme, dunkelhäutig und ansteckend, ganz unser Bild vom kranken Kontinent, und vier Tage später wird die Spitalrechnung der Kenianerin bereits bei über 8000 Euro stehen.

Nicht, dass die Patientin noch ein weiteres Mal Blut gehustet hätte, das wird in diesem Krankenhaus und künftig während ihres vier Monate dauernden Besuchs in der Schweiz nicht wieder vorkommen. Doch von den hellroten Schlieren in der Spucke, die Suzanne Wanjiru zweimal in den vergangenen drei Tagen einen tüchtigen Schrecken eingejagt haben, obwohl sie sich sonst vollauf in Ordnung fühlt, braucht das Personal der Klinik gar nichts zu sehen. Es reicht vollauf, dass die Afrikanerin soeben davon gesprochen hat. Auch in Kenia ist die Tuberkulose mit medikamentenresistenten Mykobakterienstämmen auf dem Vormarsch, und jeden Augenblick könnte Suzanne Wanjiru wieder loshusten!

Der Tomograf entdeckt in der Lunge alte Vernarbungen, die Bronchoskopie ergibt dagegen »keine frischen oder älteren Blutungszeichen« und keinen anderen Hinweis auf einen aktiven Infektionsherd. Die »29-jährige Patientin«, so halten die Ärzte zum »Status bei Eintritt« fest, ist »in gutem Allgemeinzustand« – »reine Herztöne … Vesikuläratmen über allen Lungenfeldern, keine Nebengeräusche, sonorer Kopfschall … normale Darmgeräusche«. Inzwischen ist auch das negative Resultat des HIV-Tests bekannt. Bis jetzt hat sich Suzanne Wanjiru zwischen anderen Wartenden im

Empfangsbereich die Zeit vertrieben mit einem dicken, in ihrem Heimatland spielenden John Le Carré, die Nacht in einer Nische hinter einem Vorhang, auf einem dieser schmalen Rollbetten ohne Matratze. Ihr medizinisches Betreuerteam ist nicht klüger, als Suzanne Wanjiru gut vierundzwanzig Stunden nach Betreten des Gebäudes schließlich ein Bett zugewiesen wird, in der Abteilung Epidemologie und in strengster Isolation. Positiv ist nämlich der Mantoux-Test ausgefallen, doch diese Immunreaktion auf Tuberkulin beweist lediglich, dass jemand irgendwann im Vorleben schon einmal mit TB-Bakterien in Berührung gekommen ist. In Deutschland traf dies bis vor wenigen Jahren noch auf nahezu die Hälfte der Bevölkerung zu. Nach vier Tagen wird Suzanne Wanjiru, unter der Auflage weiterer regelmäßiger Kontrollen, entlassen. Der Austrittsbericht weitere zwei Wochen später hält »angesichts der Anamnese« eine Tuberkulose für »sehr wahrscheinlich«, doch »ein Nachweis der Mykobakterien ist bisher nicht gelungen«. Die »Patientin gilt aktuell nicht als infektiös«.

Offenkundig ist Suzanne Wanjiru ein Problem nicht nur für die eigene Gesundheit, sondern unter anderem auch für ihre Reiseversicherung. Diese verweigert die Kostengutsprache und, trotz des Austrittsberichts, die Wiedererwägung ebenfalls, ohne erst abzuwarten, ob bei Suzanne Wanjiru eventuell gar keine Erkrankung vorliegen könnte. »Wir übernehmen«, heißt es unter Verweis auf die Allgemeinen Versicherungsbedingungen (Ziff. 27 b), »keine Kosten für bei Abschluss der Versicherung *bestehende Krankheiten*«, was die Versicherung für gegeben hält, da ihr zufolge »Tuberkuloseerreger in der Schweiz ausgestorben sind«. Zwar sind laut dem *Handbuch Tuberkulose* des Bundesamtes für Gesundheit im Jahr 2000 »44 Prozent aller in der Schweiz registrierten TB-Fälle bei in der Schweiz geborenen Patienten aufgetreten«. Aber war in diesem Fall die Krankheit nicht erwiesenermaßen schon »bei Abschluss der Versicherung *bestehend*«, so hat sich jedenfalls die Herkunft der Patientin, und ihre Immunreaktion, eine medizinische gegen Tuberkulin, im Schweizer Umfeld in eine bürokratische gegen die Kenianerin übersetzt. Sie hätte nun den Unschuldsbeweis anzutreten – in ihrer Lage ein aussichtsloses Unterfangen.

ZUR SEE

KAPITÄN HANS GERT FRANZKEIT

Der Junge – Rückfall auf hoher See

(Indischer Ozean)

Ein junger Mann reist als Tellerwäscher auf einem Frachter nach Indonesien, um seine vermeintliche Liebe zu treffen. Als der Traum platzt, verliert er den Verstand – drei Monate vor der Heimkehr. Hans Gert Franzkeit möchte den Verzweifelten nicht in eine Irrenanstalt bringen. Was nun?

»Ich übernehme jetzt das Kommando. Wir fahren«, er hielt kurz inne, »zu meinem Guru nach Indien. Wir laufen aus! Sofort!«

Der Kapitän und ich, damals Erster Offizier der *Braunschweig*, starren den jungen Mann an, der gerade auf die Brücke gestürmt war. Wir lagen im Hafen von Jakarta und beaufsichtigten, wie die Ladung gelöscht wurde: elf Eisenbahnwaggons zu je 36 Tonnen. Eigentlich sollte der »Junge«, wie ihn jeder an Bord nannte, mit anpacken. Aber in seinem Kopf war etwas durcheinandergeraten.

Als Tellerwäscher und Putzmann war der Junge in Hamburg eingestiegen. Er kam aus einem Eliteinternat am Bodensee, viel mehr wussten wir nicht; jemand aus der Schule kannte offenbar jemanden in der Leitung der Reederei. Ein stämmiger Kerl, ziemlich groß, braune Haare, insgesamt ein unauffälliger junger Mann, sehr zurückhaltend. Einem Matrosen hatte er anvertraut, dass er ein Mädchen in Jakarta besuchen wollte, mit der er sich seit Wochen Briefe schrieb. Liebesbriefe.

Offenbar war ihre erste Begegnung aber wenig amourös verlaufen, wie er uns mit leiser Stimme erzählte, nachdem ich ihn beruhigt hatte. Das Mädchen hatte ihn freundlich, aber kühl abblitzen lassen; die Briefe waren anscheinend nur eine Übung gewesen, ihr Englisch zu verbessern, geschrieben in der Gewissheit, dass sie den Adressaten nie zu Gesicht bekommen würde. Wir versuchten, den

Jungen zu trösten, und versicherten ihm, der Rest der Reise werde bestimmt ein schönes Abenteuer. Die Reise sollte entlang der Küste von Indonesien verlaufen, wo wir Stückgut aufnahmen. In den nächsten drei Monaten bis zur Rückkehr nach Hamburg werde sein Liebeskummer bestimmt über Bord gehen.

Schon am nächsten Tag aber meldete sich der Kammerkollege des Jungen. Ein Zusammenleben mit ihm sei nicht mehr möglich: Er schreie seit Stunden herum und habe Einrichtungsgegenstände zertrümmert. Ich ging hinunter, um mit ihm zu reden. Er schien einsichtig und entschuldigte sich, doch kaum hatte ich die Tür hinter mir geschlossen, schlug er mit Gebrüll einen Stuhl gegen die Wand.

Wenig später kam der Bootsmann und bat um Hilfe. Der Junge hatte nun offenbar vollends den Verstand verloren und wütete in seiner Kammer, weshalb wir ihn vorsorglich einschlossen. Er schrie und tobte. Niemand konnte in diesem Lärm schlafen, aber noch schlimmer: Wir fürchteten, er könne sich an Glassplittern verletzen oder einen Stromschlag erleiden. Was tun? Wir hatten gehört, dass die Behandlung psychisch Kranker in Indonesien vor allem darin bestand, sie in kleine Käfige aus Bambus zu sperren.

Also bauten wir das Ladekontor um, polsterten die Wände mit Matratzen, klemmten die elektrische Leitung ab, befestigten die Blenden der Bullaugen so, dass immer frische Luft hereinströmen konnte. Kurzum: Wir bauten eine provisorische Gummizelle. Vielleicht, so hofften alle an Bord, würde sich der Zustand des Jungen normalisieren. Aber die Wochen vergingen, und es änderte sich nichts. Einmal am Tag durfte er unter Aufsicht einiger kräftiger Matrosen an Deck.

Wir fuhren immer weiter an Indonesiens Küste entlang. Wie immer war es eine anstrengende, sehr arbeitsreiche Reise. Die Schiffe glichen damals schwimmenden Fabriken, mit bis zu 50 Mann Besatzung. In den Jahren, in denen ich auf diversen Routen als Steuermann fuhr, erlebte ich schwerste Fälle von Malaria, den tödlichen Unfall eines Matrosen und heftigen Seeschlag, der drei Schwerstverletzte forderte; zu Beginn der Karriere plagten viele an Bord Geschlechtskrankheiten, und es dauerte Wochen, bis man sich einem Arzt anvertrauen konnte. Der Penizillinvorrat der Bordapotheke reichte nie aus. Uns blieb wirklich nichts erspart.

Das Schiff hatte 14 Ladetanks für Süßöl und Latex, die ständig gereinigt und durch Sachverständige kontrolliert werden mussten. Und immer wieder wurde ich zu unserem Patienten gerufen, wenn der mal wieder die Kontrolle über sich verlor. Anscheinend war ich der Einzige, der sein Vertrauen besaß und ihn beruhigen konnte.

In Pandjang an der Sundastraße lagen wir auf Reede und luden Pfeffer für Singapur. Es bot sich eine seltene Gelegenheit für die Mannschaft, Fußball am Strand zu spielen. Ich hockte auf einem Stapel Baumstämme und sah ihnen dabei zu, als ich spürte, wie sich eine nasse Hand auf meine Schulter legte. Ich wusste instinktiv: Es war der Junge.

Einige Leute liefen herbei und deuteten mir, dass er vom Schiff gesprungen und quer durch die Bucht geschwommen war. Mehr als einen Kilometer weit, und es wimmelte hier von Haien. Wie hatte er sich nur aus seiner Kammer befreien können? Ich fragte ihn, doch er schmiegte sich nur an mich. Als wir nach dem Fußballspiel zurück aufs Schiff übersetzten, blieb er zum Glück ebenfalls ruhig. Sein Benehmen erinnerte nun an ein verschüchtertes Kleinkind. Wir schlossen ihn wieder in seiner Kammer ein. Ich ging zum Kapitän. Was ich nun erfuhr, mochte ich zunächst gar nicht glauben.

»Ich hatte Mitleid mit ihm in seinem Kabuff, darum habe ich die Tür geöffnet«, erklärte er. War das zu glauben? Der Kapitän litt, wie sich herausstellen sollte, ebenfalls unter psychischen Problemen. Er nahm sich einige Jahre später auf einem anderen Schiff das Leben.

Was war nun zu tun? Ich musste handeln. Als wir wieder in Jakarta einliefen, alarmierte ich unseren Agenten, der versicherte, er werde helfen. Nach längeren Telefonaten erreichte er, dass wir den Jungen in die psychiatrische Abteilung des Universitätskrankenhauses bringen konnten. Einigen Matrosen gelang es nach einer Rangelei, den Jungen festzuhalten und in einer Krankentransporthängematte zu verschnüren, die eigentlich für die Übergabe von Verletzten gedacht war; eine Art Trage aus schwerem Segeltuch. Der Junge brüllte und wand sich darin wie ein gefangenes Tier. Wir legten ihn im Jeep der Agentur auf eine Matratze und fuhren los.

Eine schnurgerade Straße führte vom Hafen Tandjung Pirok in

die Stadt; weit und breit stand kein Baum, der Schatten spendete. Die Hitze war kaum zu ertragen. Besonders schlimm musste es für den Jungen sein, in seinem Paket aus Segeltuch. Er schrie und winselte. Wir stoppten und kauften am Straßenrand, trotz aller Bedenken wegen der hygienischen Verhältnisse, eine Kanne mit Fruchtsaft. Der Junge nahm einen tiefen Schluck – aber nur, um eine Fontäne auszustoßen und sich darüber zu freuen.

Als wir im Krankenhaus eintrafen, brüllte er dann wieder so laut, dass die Ärzte – allesamt klein gewachsene Männer – verschreckt zurückwichen. Niemand traute sich, ihm die Fesseln abzunehmen. Einer der Mediziner gab einer Schwester schließlich die Anweisung, eine Spritze durch das Segeltuch hindurch zu geben. Die Frau schüttelte den Kopf und bat uns, das Tuch ein wenig zu öffnen und verabreichte das Beruhigungsmittel. Ohne Wirkung. Nach der zweiten Injektion beruhigte sich der Patient so weit, dass man ihn in ein Zimmer am Ende des Flures brachte. Ein angenehm kühler, ruhiger Raum, mit offenen Arkaden zu einer Art Innenhof, in dem Palmen wuchsen.

Die Krankenpfleger öffneten nun die Hängematte und legten den Jungen, der vorübergehend keine Gegenwehr leistete, auf ein sauberes Bett. Er genoss die Kühle an seinem Rücken, doch während er sich noch streckte, erschienen zusätzliche Helfer mit weißen Flanellbinden in den Händen und fesselten ihn ans Bett. Er versuchte noch, sich aufzubäumen. Wie ein gefangener Riese. Kurz darauf schlief er ein, die Medikamente wirkten. Es war das letzte Mal, dass ich ihn sah.

Zurück an Bord, erfuhr ich von der Krankengeschichte des Jungen. Schon in einem anderen Fall war er zu seiner vermeintlichen Liebe nach Frankreich gereist und hatte damit gedroht, sich von einer Klippe ins Meer zu stürzen. Man verschrieb ihm Psychopharmaka und eine Therapie. Wie er es wohl geschafft hatte, von den Behörden die Gesundheitskarte zur Anmusterung zu bekommen? Gleich zu Beginn unserer Reise hatte er seine Medikamente über Bord geworfen – deshalb kam es zum Rückfall.

Ich konnte das Schicksal des Jungen lange nicht vergessen. Als ich Jahre später als Kapitän wieder nach Indonesien kam, fragte ich in Jakarta herum, was mit ihm geschehen war. Jemand erzählte, ein deutscher Arzt habe ihn in eine Klinik in den Bergen mitgenommen und dort behandelt. Jemand anderes berichtete, er habe den Jungen danach oft durch den Hafen irren sehen – wie ein Gespenst. Bis sich schließlich ein anderer Kapitän erbarmt und ihn zurück nach Deutschland gebracht habe.

HERBERT FEUERSTEIN

»Nach dem Vorbild der Wale« oder Seekrank beim Captain's Dinner

(Nordatlantik)

LOGBUCH 6. JULI

Edinburgh. 15°, leicht bewölkt; Barometer 1015 (steigend)
Sonnenaufgang 4.26, Sonnenuntergang 21.59

Gerade sind wir vom ersten Landgang zurückgekommen, vom schönsten Landgang der Welt, zufällig in Edinburgh, hätte aber auch Sibirien sein können oder die Wüste Gobi, hauptsächlich LAND-Gang. Denn die zwölf Stunden davor war ich seekrank gewesen, zum ersten Mal wieder seit fast dreißig Jahren.

Damals war ich auf der Frachtfähre von Neapel nach Stromboli unterwegs gewesen, dem einzig sinnvollen Verkehrsmittel jener Zeit, wenn man nicht umständlich über Sizilien und die Liparischen Inseln anreisen wollte. Ich hatte die etwa zehn Stunden dauernde Überfahrt schon vorher ein paar Mal unternommen und wusste, dass es mir wieder dreckig gehen würde, das gehörte eben fest zu dieser Route dazu – jedenfalls DACHTE ich damals, dass diese Mischung aus Übelkeit und Ekel »Seekrankheit« war. Erst auf der letzten Reise nach Stromboli erfuhr ich, wie sich Seekrankheit WIRKLICH anfühlt.

Schon bei der Ausfahrt aus Neapel peitschte uns ein Regensturm entgegen, der jeden Aufenthalt an Deck unmöglich machte, und auf dem offenen Meer tobte zusätzlich ein Gewitter, dessen gewaltige Sturmwogen jenes merkwürdige Phänomen auslösten, das physikalisch gesehen unmöglich ist, aber trotzdem genau so stattfindet: Der Körper hebt sich mit jeder Welle, aber der Magen bleibt unten. Und dann senkt sich der Körper wieder, aber der Magen schwebt nach oben. Ein paar tausend Mal. Man wollte »nur noch sterben«, schildern die meisten diesen Zustand, aber bei mir ist es schlimmer: Da mein Todestrieb ausgeprägt ist und ich auch schon bei minderen Anlässen wie voll besetzten Parkgaragen oder Mücken im Schlafzimmer sterben will, fehlt mir diese Finalität als Zuflucht in der echten Krise. Es müsste daher weit mehr als nur ein Tod sein, um diesem Elend wenigstens gedanklich zu entkommen, hundert Tode vielleicht, oder nie geboren zu sein, nicht einmal abgetrieben. Am besten, das Universum würde gar nicht existieren, samt Urknall.

Jawohl, damals war ich *wirklich* seekrank. Ich lag auf dem Boden der Kabine, weil man da unten nicht mehr aus dem Bett fallen kann, und kotzte rhythmische Fontänen nach dem Vorbild der Wale.

Diesmal war es bei Weitem nicht so schlimm. Aber schlimm genug. Und vor allem peinlich. Denn die Seekrankheit begann schon beim ersten Galaabendessen unserer Reise. Beim *Captain's Dinner*.

Zwei Abendessen liegen jetzt bereits hinter uns, und damit zwei von insgesamt drei verschiedenen Arten der Modenschau, an denen man auf einer gepflegten Schiffsreise mitmachen muss: leger, informell und formell. »Leger« bedeutet genau das, was es heißt, also Alltagsklamotten oder gehobenes Touristen-Outfit, und kommt eigentlich nur vor, wenn die Zeit für Auspacken und kosmetische Restaurierung nicht mehr ausreicht … also vorgestern zum Beispiel, weil es ja schon 18 Uhr war, als wir ablegten, oder an Tagen mit extralangen Landausflügen. »Informell«, die zweite Stufe, zwingt den Herrn in Anzug mit Krawatte und die Dame ins kleine Schwarze mit Perlen oder in süße Torheiten für Mädchen um die zwanzig, getragen von Frauen über sechzig.

Gestern war die höchste Stufe angesagt: »formell«, die große Gala. »Der Kapitän erwartet alle Gäste zur Begrüßung auf der Steuerbordseite des Ballsaals«, hieß es in der Einladung. Und damit kommen wir zur wichtigsten Frage der Seefahrt überhaupt: Wo liegt Steuerbord? Rechts oder links?

Logik hilft hier kein bisschen, denn gesteuert wird vorn auf der Brücke, und backbord, das Gegenstück auf der anderen Seite, kommt von »back« und bedeutet hinten. Sogar Admiräle haben deshalb auch heute noch ein kleines S auf dem Rücken ihrer rechten Hand eintätowiert. Und B auf der linken, als Hilfe, falls es mal schnell um die Kurve gehen muss, wenn der Eisberg kommt. Vorausgesetzt natürlich, sie kennen den Unterschied und schreien nicht »Links!« wie meine Frau, wenn ich rechts abbiegen soll.

Auch ohne Tätowierung stand der Kapitän auf der richtigen Seite, davor eine lange Schlange, denn jeder der Passagiere hat das Anrecht auf ein ausführliches Schwätzchen mit dem Chef. Natürlich auch ich. Ich habe es in seiner ganzen Länge protokolliert.

FEUERSTEIN: Hallo, Käpt'n. Ich bin einer der beiden deutschen Lecturers. Und das ist meine Frau.
KAPITÄN: Freut mich.
FEUERSTEIN: Und sonst?
KAPITÄN: Bestens.

Dann waren die Nächsten dran. Beschwingt durcheilten wir den Saal zu unserem Tisch. Es hat schon was, mit einem Herrscher über die sieben Weltmeere so locker plaudern zu dürfen. Beim Bundespräsidenten ist man ja auch nicht täglich zu Gast.

Zwar herrschte nur Windstärke 3 bis 4, aber in der Nordsee mit ihren kurzen Wellen ist das schon eine Menge, zumal wir aus Unkenntnis eine Kabine viel zu weit vorn gewählt hatten, entsprechend schaukelfreudig, mit klatschenden Spritzern am Fenster bei jedem Eintauchen vom Wellenberg ins Wellental. Vielleicht hatte ich auch beim Defilee vor dem Kapitän meinen Bauch zu lange eingezogen, da ich eindeutig zu jenen Leuten gehöre, die nicht einsehen wollen, dass ein Bauch über die Jahre wächst, ein Smoking hingegen in seiner Kapazität unverändert bleibt. (Ich habe inzwischen einen neuen, in Bangkok maßgeschneidert, mit Bauchreserve.)

Als der Nachtisch angedroht wurde, wusste ich, dass ich gleich kotzen würde. Im Smoking tut man so was nicht. Ich habe schon viele Betrunkene und Seekranke kotzen sehen, auch Pferde, aber nie taten sie das in Abendgarderobe. Also zeigte ich jene Contenance, die man als Salonlöwe von Rang zu wahren hat, stand würdevoll auf und verbeugte mich verabschiedend vor Gattin und Tischnachbarn. Dann schritt ich milde lächelnd durch die Reihen der eleganten Mitesser, grüßte mit jovialem Nicken meinen Kapitän und winkte an der Tür in standesüberbrückender Kameraderie auch noch Brigitte zu, der österreichischen Weinkellnerin. Hechelnd und würgend rannte ich danach durch die leeren Gänge und schaffte es tatsächlich gerade noch bis in die Kabine.

Ach so, und da war auch noch Edinburgh. Ich liebe diese Mischung aus schottischer Rauflust und englischer Arroganz, so streng und düster, aber gleichzeitig geil und lieblich. Viel Geheimnisvolles und Abgründiges spüre ich an diesem Ort. Wäre ich Engländer, hätte ich meinen Wohnsitz unbedingt hier. Edinburgh gehört zu den Städten wie Wien oder Bombay, in die es mich immer wieder zieht, auch wenn es mich gleichzeitig mächtig schaudert.

Sechs Stunden lang wanderten wir durch diese wunderbare Stadt und, wie so oft, quälte ich meine Frau mit der Besichtigung früherer Drehorte (»Hier ließ ich mir einen Kilt anfertigen …«, »Dort hatte ich Krach mit Wolpers …« etc.), obwohl sie schon alles darüber in meinem letzten Buch gelesen hatte. Und jetzt sind wir wieder an Bord und warten auf das Abendessen. Heute »informell«.

LOGBUCH 7. JULI
Nordatlantik Kurs NW
12°, neblig mit Nieselregen; Barometer 1019
Sonnenaufgang 4:15, Sonnenuntergang 22:47

Es tut mir leid, und ich bitte Sie deshalb ganz aufrichtig um Entschuldigung, dass ich Sie mit den ekligen Einzelheiten meiner Seekrankheit belästigt habe. Aber in ein Logbuch gehört nun mal auch die Beschreibung der eigenen Befindlichkeit, das wissen wir schon von Kolumbus. Und es kann ja passieren, dass man doch mal an der Seekrankheit stirbt, und dann ist das recht unangenehm für den Leser, wenn er vorher kein Wörtchen darüber erfahren hat und der Autor plötzlich tot ist. Thomas Mann hat in seinem Tagebuch sogar die Blähungen notiert. Mache ich nicht. Obwohl man daran sterben kann.

RÜDIGER NEHBERG

Rank und seekrank

(Weltmeere)

Wenn ich in einer Disziplin Weltmeister bin, dann unbestritten in Sachen Seekrankheit. Ich war bereits als Schiffskonditor auf der *Nea Hellas* seekrank, ich war seekrank, als ich von Tunis nach Marseille fuhr, ich blieb dem Leiden treu, als ich per Tretboot und Bambusfloß über den Atlantik fuhr. Erst beim Baumstamm war das anders. Er lag auf drei Kufen und war wie Festland.

Nicht, dass ich jetzt jammern will. Nie hat mich der Zustand beunruhigt. Ich wusste, dass er eintreten würde, und nahm ihn wie das Salz im Meer. Ich gehörte nie zu der Kategorie Seekranker, die sich gehen lassen, die ihre Exkremente dort entleeren, wo sie gerade gehen oder stehen, oder die sich lieber über Bord stürzen möchten, als weiter seekrank zu sein. Ich fand immer die Zeit, zur Toilette oder zur Reling zu gelangen. Denn dieses Bedürfnis der vollkommenen Entleerung kommt ja nicht unerwartet. Im Mund sammelt sich Wasser, erste Magenwehen melden sich, und erst dann folgen die heftigen Presswehen. Manchmal war der Anfall mit einem einzigen Erguss überstanden, häufiger aber kamen sie stoßweise in mehreren Raten, wobei einem keine Zeit blieb, Luft zu holen. Es hätte auch nicht viel genutzt: Auch die Luft hätte man gleich wieder ausgespuckt. Nach dem zehnten Anfall ohne erneute Nahrungsaufnahme fragte man sich sowieso, wo der Körper seine Magenlava für die Eruption hernahm. Mitunter waren die Anfälle so heftig, vor allem, wenn der Magen längst leer war und absolut ausgewrungen, dass er in Ermangelung des zu Erbrechenden nebst den anhängenden Därmen selbst aus dem Mund entschlüpfen wollte. Das war dann der Moment, wo ich auf stur schaltete und den Magen einfach wieder runterschluckte. Er hatte zu bleiben, wohin er gehörte.

Vielleicht war das ein Fehler. Hätte ich ihm freien Lauf gelassen, wäre ich nie wieder seekrank geworden. Denn er und sein Freund, das vegetative Nervensystem, sind die Hauptverursacher. Ohne Magen hätte ich mich fühlen können wie jemand ohne Zähne, was dem Betreffenden jegliche ferneren Zahnschmerzen ersparte. Vielleicht habe ich meinen Magen auch nur deshalb nicht ausgespuckt, weil ich masochistisch veranlagt bin. Ich weiß es nicht. Ich weiß nur, dass die Welt nach dem Speien wieder in Ordnung ist. Bis sich erneut das Wasser im Mund sammelt.

Wenn ich draußen auf Deck an der frischen Luft war und den Horizont sah, ging es mir sowieso prächtig. Aber in der Enge der Kabinen oder nachts oder wenn mir beim Segelreffen die Weitsicht fehlte, musste ich dem Meeresgott unweigerlich meinen Tribut zollen.

Es gibt viele Ratschläge und Mittel gegen die Seekrankheit. Auf der *Nea Hellas* rieten mir die Griechen: »Du musst einen sauren Hering essen. Möglichst am Stück.«

Schon der Gedanke daran ließ es mir speiübel werden. Besser war dann schon der Tipp, Zwieback zu essen. Er bindet die Magensäfte. »Und dann hinlegen oder raus an die frische Luft.«

Die guten Ratschläge kamen zuhauf. Ich wurde auf den Akupressurpunkt am Innenarm hingewiesen. »Gleich vor der Hand in der Mitte.«

Asiatische Feinschmecker rieten zu Ingwer, deutsche Apotheker zu Super-Pep.

Was mir wirklich half, war Scopoderm. Das ist ein kleines Membranpflaster, das man aufs Gleichgewichtsorgan hinterm Ohr klebt. Fühlte ich bei Super-Pep eine unangenehm belegte Zunge, so war Scopoderm das Nonplusultra. Dann verhöhnte ich sogar den Meeresgott, seine Orkane und die Wellenberge. »Kommt doch her, ihr Wellen, versucht's doch! Keinen Krümel werde ich euch geben!«

Gegen Scopoderm waren sie machtlos. Notgedrungen mussten sie das einsehen. Die Folge: Alle Orkane verzogen sich irgendwann enttäuscht.

Aber: kein Glücksgefühl ohne Nebenwirkungen. Nach drei Tagen war die Wirkung des Mittels verbraucht. Ich nahm ein neues Pflaster, und da stellten sich Sehstörungen ein. Plötzlich war alles unscharf. Das stand garantiert auch auf dem Beipackzettel. Aber den konnte ich ja nun nicht mehr lesen. Also riss ich das frische Pflaster wieder ab. Und prompt wurde ich erneut seekrank.

Die Erfahrung hat mich gelehrt, dass Seekrankheit nicht nur Nachteile hat. Sie hat zwei unbestreitbare Vorteile:

Man verliert jegliches Übergewicht.

Man hat immer Fische ums Boot. Es sprach sich bei den Tieren schnell herum. »Da ist er wieder, der Typ, der dreimal täglich füttert.« Und sie kamen in Schwärmen. Es war gar keine Kunst, sie zu fangen. Mit der Angel, mit der Harpune. Ich aß sie auf, ich spuckte sie zurück, die Fische aßen das Gespuckte, ich aß die Fische. Kreislauf der Natur.

Eines Tages meldete sich ein Heilpraktiker bei mir. »Rüdiger, warum hast du mir nicht früher davon berichtet? Ich habe eine todsichere Erfindung gegen die Seekrankheit gemacht.«

Er klemmte mich auf ein Schaukelbrett, gebot mir, die Augen zu schließen, und trudelte mich in verschiedene Richtungen und Schräglagen. Ich hatte ihn vorgewarnt. Aber die Leute glauben einem ja nicht. Und so spuckte ich ihm prompt seine schöne neue Praxis voll.

Ich erhielt Hausverbot und musste mir ein eigenes Training ausdenken. An dieses Pendelsystem anknüpfend, zogen mich Freunde mittels eines Seiles im Wald am Baum hoch. Wenn man dabei die Augen schließt und sie einen im Kreis drehen, hin und her und vor und zurück pendeln, dann wog ich schnell ein Kilo weniger und der Waldboden unter mir ein Kilo mehr. Dennoch hatte ich das Gefühl, von Mal zu Mal würde ich resistenter.

Eines Tages, als ich wieder am Baum hing, erhielt ich eine unerwartete Belohnung. Die hatte ich inzwischen redlich verdient, denn die Prozedur schmerzte stark an den Fußgelenken. Ein Tourist tauchte auf. »Bleib ganz still hängen, da kommt einer.«

Und schon waren meine Freunde im Gebüsch verschwunden. Plötzlich hatte der Mann mich gesehen. Er blieb wie angewurzelt stehen. Ich dachte, jetzt schneidet er mich los oder rennt und holt den Rettungswagen. Stattdessen schaute er nach links, blickte nach rechts. Dann kam der Mensch auf mich zu und begann, mir in die Tasche zu greifen. Er wollte ganz offensichtlich mein Geld klauen! Einen Moment lang war ich regelrecht geschockt. Ich verhielt mich mucksmäuschenstill. Vielleicht tat ich ihm Unrecht. Es konnte ja auch sein, dass er meinen Ausweis suchte. Aber in einem solchen Moment nach dem Ausweis zu suchen? Völlig unwahrscheinlich. Der Typ wollte klauen! Ganz klar. Ich öffnete die Augen und schrie aus Leibeskräften.

Nie habe ich einen Menschen so schnell laufen sehen.

RUND UM DIE WELT

HANS GASSER

Erreger an Bord

Man sollte dieser Tage nicht im falschen Hotel absteigen. Tut man es, so kann es schnell zu einem Gefängnis werden, wie jüngst das Hanglü-Hotel am Pekinger Flughafen. Dort hatte sich ein Student namens Bao kurz ausgeruht, um dann nach Chengdu weiterzufliegen. Er war aus Minnesota gekommen und wurde zum ersten Schweinegrippe-Infizierten auf dem chinesischen Festland. Die chinesischen Behörden waren nicht zögerlich, stellten 103 Gäste und Angestellte des Hotels unter Quarantäne und fahnden nun nach den restlichen der 150 Flugpassagiere, deren sie noch nicht habhaft werden konnten. Die Erinnerung an Sars und die anfänglich zögerliche Haltung der Regierung sind noch präsent, diesmal will man es besser machen. Aber ist die Gefahr, sich in einem Flugzeug anzustecken, wirklich so groß?

»Eine Ansteckung ist beim direkten Kontakt zum Passagier natürlich möglich«, sagt Susanne Glasmacher vom Robert-Koch-Institut (RKI), das federführend für die Krankheitsbekämpfung in Deutschland zuständig ist. Allerdings beschränke sich das höhere Risiko auf die unmittelbar neben dem Infizierten sitzenden Passagiere. Zwar ist ein Grippevirus etwa drei Mal so ansteckend wie etwa das Sars-Virus, doch die Belüftung der Kabine, bei der die Luft nach oben weggesaugt und gefiltert würde, wirke einer Verbreitung der Tröpfchen entgegen.

Urlauber oder Geschäftsreisende verbreiten heutzutage alle von Mensch zu Mensch übertragbaren Infektionskrankheiten in Windeseile um den Globus. Dauerte es bei der Spanischen Grippe, die zwischen 1918 und 1920 mindestens 25 Millionen Menschen tötete, noch Wochen, bis das Virus mit Soldaten aus den USA nach Europa gelangte, so können Krankheitserreger heute nach Meinung von

Experten binnen 24 Stunden vor jedermanns Haustür sein. Die weltweite Sars-Epidemie im Jahr 2003, die zu einem Einbruch des internationalen Tourismus führen sollte, ging von einem chinesischen Arzt aus, der wegen einer Hochzeitsfeier nach Hongkong gereist war. Im dortigen Hotel Metropol steckte er eine Reihe von anderen Reisenden an, die wiederum per Flugzeug die Lungenkrankheit in alle Welt hinaustrugen. Laut Weltgesundheitsorganisation infizierten sich insgesamt 8400 Menschen, etwa 800 starben daran. Der Schaden für die Reise- und Luftfahrtbranche war enorm, allein Südostasien verzeichnete einen Gästerückgang von 16 Prozent.

Nun ist vorerst Mexiko dran, in Touristenorten wie Cancún, Huatulco und vor allem in Mexiko-Stadt klagen Hotelverbände über einen Einbruch der Gästezahlen von 40 bis 80 Prozent, der Tourismusminister rechnet mit einem Verlust von umgerechnet drei Milliarden Euro. Viele Kreuzfahrtschiffe legen nicht mehr in mexikanischen Häfen an. Wie schlimm es weltweit für den Tourismus kommen wird, ist noch nicht abzusehen. Der in vielen Fällen milde Krankheitsverlauf lässt auf einen glimpflichen Ausgang hoffen. Dennoch kommt es zu überzogenen Reaktionen. So wurden in Hongkong im Hotel Metropark 300 Gäste eine ganze Woche lang eingesperrt, weil dort ein Mexikaner logiert hatte, bei dem das Virus nachgewiesen wurde. Deutsche Touristen klagten, sie seien erst einen Tag nach dessen Abreise angekommen und seien trotzdem auf ihrem Zimmer isoliert worden.

Auch die Fluggesellschaften verfallen in Aktionismus. Bei Qatar Airways wurde das ganze Personal gegen Grippe geimpft und muss auf Flügen aus den USA Masken tragen, die auch an die Passagiere verteilt werden. Bei Iberia, die zwölfmal pro Woche Mexiko-Stadt anfliegt, werden Passagieren und der Crew Schutzmasken angeboten. »Sie können, aber müssen sie nicht nutzen«, sagt ein Sprecher. Dabei weisen Experten darauf hin, dass die herkömmlichen Masken schnell durchfeuchtet sind und dann kaum schützen. Bei Lufthansa fliegt seit 30. April auf jedem Mexikoflug ein Arzt des hauseigenen medizinischen Dienstes mit, »zum Schutz für Fluggäste und Crews«, wie es heißt. Der Arzt erkundigt sich nach dem Befinden und misst Fieber bei Passagieren, die sich nicht gesund fühlen. Dass bei einem Verdachtsfall einige Reihen geräumt würden und der Kranke isoliert werde, will man bei Lufthansa nicht bestätigen. »Er wird behandelt. Wie dies genau aussieht, ist situativ zu entscheiden«, so ein Sprecher. Durch jedes Flugzeug, das, aus Mexiko kommend, auf einem deutschen Flughafen landet, schicken die Gesundheitsbehörden zurzeit Ärzte, die sich nach Verdachtsfällen erkundigen und ansonsten dazu auffordern, bei Unwohlsein einen Arzt aufzusuchen.

Während der Sars-Epidemie hat das RKI an einem konkreten Flug mit einem nachweislichen Sars-Infizierten untersucht, ob er weitere Personen im Flugzeug angesteckt hat. Nein, lautete das Ergebnis, allerdings konnten von 250 Passagieren nur 36 untersucht werden, keiner von ihnen saß neben dem Erkrankten. Damals kritisierte das RKI, dass es »sehr problematisch war, Passagierlisten und vollständige Angaben zu den Passagieren zu erhalten«.

Was die Filteranlagen in modernen Flugzeugen betrifft, so spricht man bei Lufthansa von »Verhältnissen, vergleichbar mit denen in einem Operationssaal«. Die Luft zirkuliere in jeder Reihe nur von oben nach unten, im Airbus A340 finde alle drei Minuten ein Luftaustausch statt. Die sehr trockene Kabinenluft, auf langen Flügen ein Ärgernis, inaktiviere Krankheitserreger zudem schneller. Dass trockene Luft aber die Schleimhäute anfälliger macht, dürfte diesen Effekt wieder ausgleichen.

REDMOND O'HANLON
In manchen Ferien ist einfach der Wurm drin

Sie planen einen Kurztrip nach Südamerika? Nur für ein paar Wochen in den Regenwald? Hm. Gerade eben wurde ich von einem Reporter der amerikanischen Zeitschrift *Sports Illustrated* interviewt. Ja, erwiderte er auf meine besorgte Frage, er habe tatsächlich ein Problem. Wie sich zeigte, machte ihm sein Handgelenk zu schaffen, in dem sich irgendetwas zu regen schien. Er finde kaum noch Schlaf vor Schmerz, er könne nicht mehr klar denken. Aber vielleicht sei es nur ein Furunkel. Angefangen habe es einen Monat zuvor, nach einem zehntägigen Aufenthalt im mittelamerikanischen Dschungel.

Ich sah mir die Sache an und war entzückt. Für ein ordinäres Furunkel war die Schwellung zu großflächig, zu unklar begrenzt. Auf dem Gipfelpunkt zeigte sich ein Ring aus winzigen, weiß glänzenden Bläschen – und unter der geröteten Haut sah man etwas Bleiches, das die Form eines U hatte, oder war es eher ein S? Die Menschenbremse! Ein echtes Exemplar von Dermatobia hominis – und das hier im englischen Oxford!

»Ich bin schon okay«, sagte der Reporter, krempelte den Ärmel seines Holzfällerhemds herunter und verkroch sich wieder in den Sessel. Er wurde dienstlich und schaltete den Recorder ein.

»Sie sind kein bisschen okay«, widersprach ich ihm, holte ein Stück durchwachsenen Speck, schnitt etwas Fett ab und legte das Fleisch weg. »Sie werden bei lebendigem Leib gefressen.« Ich presste den Speckstreifen auf die Schwellung und befestigte ihn mit Klebestreifen am Handgelenk. »Das dürfen Sie sich nicht bieten lassen.« Aus dem Medizinschrank nahm ich eine angeschmuddelte Binde (noch von meinem letzten Dschungelaufenthalt).

»Und was jetzt?«, fragte er beklommen (er war einer von denen, die ihrem Arzt nie trauen). »Jetzt kommt das Ding raus und frisst den Schinken, nicht wahr?«

»Nein. Natürlich nicht! Das ist eine Menschenbremse. Die will nur Sie! An dem Speck soll sie ersticken. Sie steckt da kopfunter drin, zweieinhalb Zentimeter lang, eine Made mit Widerhaken. Man kann sie nicht heil rausquetschen. Aber sie atmet durch den After. Die Afteröffnung ist der Punkt auf Ihrer Haut. Man kann sie ersticken.«

»Danke«, sagte er, ein bisschen spät, wie mir schien.

Nun sind Sie also gerüstet. Sie wissen, was man gegen die Menschenbremse tut, und haben auch alle nötigen Impfungen: gegen Gelbfieber, Cholera, Hepatitis, Tuberkulose und Tollwut (keine Angst: Die Pferdespritze, die man früher dafür in den Bauch gerammt bekam, ist passé). Wen kümmert schon die Chagas-Krankheit? Gegen die kann man ohnehin nichts ausrichten. Sie müssen nur ein bisschen aufpassen, wenn Sie abends in der Hütte sitzen: Spüren Sie ein Kribbeln auf der Wange, könnte es sein, dass es diesmal nicht von einem Moskito, sondern von den zarten Füßen des langbeinigen Rhodnius prolixus herrührt. So heisst eine Raubwanze (schwarz und purpurrot, mit großem Stechrüssel), die eine bestimmte Sorte Protozoen überträgt, das Trypanosoma cruzi. Die Wanze lässt sich aus dem Dach auf Ihren Kopf herabfallen, spaziert durch Ihre Haare seitlich an Ihrem Gesicht vorbei und saugt sich an Ihrem Hals voll. Wenn sie infiziert ist (und jetzt wird es sehr interessant), geben die Protozoen, die sich im Wanzengehirn festgesetzt haben, den Befehl aus, dass sich die Wanze nach dem Saugen umdrehen und auf die Bisswunde an Ihrem Hals defäkieren soll. Dann kratzen Sie sich am Hals, weil es juckt. Die Protozoen im Wanzenkot gelangen in Ihren Kreislauf. Ein bis zwanzig Jahre später sterben Sie langsam an unheilbaren Herz- und Hirnschäden. Also benutzen Sie lieber ein Mücken- und Wanzenspray (am besten ist Jungle Formula) – und sprühen Sie auch Ihr Haar gut ein.

Ansonsten gibt es kaum etwas zu befürchten, außer wenn Sie gern schwimmen, jung, männlich und unbekümmert sind (oder alt und inkontinent wie ich) sowie zufällig eine Bierparty am Ufer des Amazonas (oder eines seiner vielen tausend Nebenflüsse) planen. Nehmen wir einmal an, Sie haben ordentlich einen gehoben (die meisten Urwaldstädte sind ab und zu ganz gut mit Bier versorgt – je nachdem, wie hoch der Wasserstand ist und wie gut die Schiffe durch die Stromschnellen kommen) – und Sie sind verliebt. Ihre Freundin ist mit von der Partie. Es ist dunkel, keiner stört, also springen Sie ins Wasser, natürlich nackt. Das Wasser ist warm, es ist herrlich, es phosphoresziert. Dann kommt, was kommen muss: Sie erleichtern Ihre Blase. Und schon schwimmt ein winziger Wels, der Candiru oder Zahnstocherfisch, flink den Harnsäurestrom hinauf und in Ihre Harnröhre hinein. Dort drinnen spreizt er die Kiemendeckel, stellt eine Reihe von Rückenstacheln auf, vollführt eine halbe Kehre und bleibt stecken. Nichts geht mehr. Der Schmerz soll phänomenal sein. Während sich Ihre Freundin die Zahnstocherfische mit den Fingern herausklaubt, müssen Sie Ihre Ferienplanung überdenken. Und zwar schnell. Sie müssen es in eine Klinik schaffen, bevor Ihre Blase platzt. Sie müssen einen Chirurgen bitten, Ihnen den Penis abzuschneiden.

Warum dann nicht lieber gleich in einen fernöstlichen Regenwald? (Unter den Naturwundern dieser Erde gibt es kein größeres als den Regenwald!) Nach Borneo zum Beispiel, wo die Oberläufe der Flüsse keine derartig hässlichen Überraschungen bieten. Mir will nur der Anblick des jungen, hoffnungsvollen Verhaltensforschers aus Oxford nicht aus dem Kopf, der Ende der Sechziger-oder Anfang der Siebzigerjahre mit seinem Team aus Borneo zurückkehrte, wo er das damalige Naturgeheimnis Nummer eins hatte offenlegen wollen – das Geschlechtsleben des Orang-Utan. Ich besuchte seine Vorlesung. Der brillante junge Biologe war von gelblicher Farbe und so schwach, dass er kaum den Zeigestock halten konnte. Er litt nicht, wie ich in meiner Ahnungslosigkeit vermutete, an Hepatitis (wie langweilig!), sondern an einer schweren Infektion durch wurmartige Blutparasiten. Sie hatten sich in einer solchen Zahl und Vielfalt in ihm ausgebreitet, dass der Medizin etliche Arten völlig neu waren, darunter auch ein Parasit, den man erwirbt, indem man Hundekot verzehrt (das ist nicht ganz so abartig, wie es klingt: In den Langhäusern Borneos ist man von seinen Lieblingshunden umlagert, während man im Schneidersitz aus Näpfen isst, die auf dem Boden stehen).

Aber ausschlaggebend für die Verbreitung der bereits bekannten mikroskopischen Würmer ist der Umstand, dass die Frauen das Wasser von ihrer Badestelle holen, die an die hundert Meter von der

Männerbadestelle entfernt ist – nur ein wenig flussabwärts. Und in Borneo ist die Badestelle der Ort, wo man sich als ordentlicher Mensch wäscht und sein Geschäft erledigt (man geht im Wasser in die Hocke und macht ein freundliches Gesicht). Damit komme ich zu meinem vorletzten Reisetipp und zu meinem ersten ernsthaften Rat: Angebotenes Essen zu verweigern ist grundsätzlich zutiefst beleidigend, aber es ist völlig akzeptabel, nur das eigene (mit Chlorpillen gereinigte) Wasser aus der Trinkflasche zu trinken. Wasserschleppen ist nirgends ein Vergnügen. Besucher mit Manieren kümmern sich also selbst um ihr Trinkwasser und können nach ihrer Rückkehr den Zeigestock so in die Höhe halten, wie es sich gehört.

Hier nun folgt mein letzter und sehr eindringlicher Rat für den Fall, dass Sie zwei oder drei Wochen Urlaub in Zentralafrika anvisieren: Bedecken Sie alle offenliegenden und einladenden Hautpartien mit Jungle Formula (oder Autan-Gel), unmittelbar bevor Sie aus dem Flugzeug steigen. Sie werden sich lächerlich vorkommen, und den Passagieren, die an Ihnen vorbeidrängen, werden Sie ebenfalls lächerlich vorkommen (denken Sie in den paar Sekunden, die Sie brauchen, einfach, Sie wären jemand anders). Denn die neue, tödliche Falciparum-Malaria lässt sich nicht im Geringsten davon beeindrucken, dass Sie die Anweisungen Ihres Arztes befolgt und Chlorochin gegen die alte Malaria tertiana oder das Dreitagefieber genommen haben, das seit Kurzem als »gutartige Malaria« bezeichnet wird. Die meisten Moskitos der meisten Großstädte sind mit dem Falciparum-Erreger infiziert (viel sicherer können Sie sich im Inland, in den Flussregionen, in den entlegensten Wäldern fühlen). Als ich 1989 in Brazzaville ungeschützt aus dem Flugzeug stieg, bekam ich zehn Tage später so unerträgliche Kopfschmerzen, dass ich meine Haare nicht berühren konnte, der Durchfall war von ungekannter Wucht (und ich bin ein Kenner), das gleichzeitige Erbrechen von einer Gewalt, dass ich glaubte, meine Kehle mitsamt Speiseröhre würde mir aus dem Halse hängen wie eine umgekrempelte Socke.

Danach kommt der gemütliche Teil. Man liegt in seiner Absteige und zittert. Mächtige Schüttelkrämpfe werfen Sie auf der Bettstatt umher, Sie frieren bei 33 Grad im Schatten, klappern mit den Zähnen und schwitzen heftig. In diesem Stadium (kurz bevor Sie ins Delirium fallen) wird es Zeit, eine Diagnose zu stellen und die ersten drei großen, weißen Lariam-Pillen einzunehmen (für die zweite Dosis sechs Stunden später brauchen Sie einen Helfer, denn dann sind Sie völlig gaga). 1989 war Lariam ein neues Medikament und noch nicht in Umlauf. Ich hatte einfach das Glück, als registrierter Patient an der Erprobung teilzunehmen. »Nebenwirkungen unbekannt« stand auf dem Beipackzettel, »mit leichtem Schwindel ist zu rechnen.« Die vorbeugende Einnahme von Lariam (wöchentlich einmal oder öfter) ist inzwischen in Verruf geraten, weil die Schwindelanfälle doch nicht so harmlos sein sollen und angeblich zu Psychosen, Depression oder Paranoia führen. Nehmen Sie also lieber keine regelmäßige Dosis zur Vorbeugung. Aber Sie müssen die sechs Wunderpillen immer griffbereit im Gepäck halten. Denn wenn es so weit ist, hängt Ihr Leben davon ab. Außerdem: Schon die Gewissheit, dass die Pillen in der Nähe sind, bietet Ihnen die Garantie für einen rundum gelungen Ferienaufenthalt in Zentralafrika. Ist es nicht so?

AXEL HACKE

WC-Unglück in 2000 Meter Höhe oder Was uns Skifahrer so verwegen macht

Ich gehe, wie in jedem Winter, am Wochenende zum Skifahren. Meine linke Hüfte ist schwarzblau verfärbt, die Beule dort hat die Größe eines halben Handballs. Ich bin mit den Skiern auf einer Eisplatte weggerutscht und drei Meter tief in einen Bach geflogen, dann hart auf einem Felsen gelandet. Ich trug Helm und Rückenprotektor, aber der Arzt röntgte mein Becken und sagte: »Oh!«

»Um Himmels willen!«, antwortete ich. »So reden Sie doch!«

»Das Becken ist in Ordnung, aber da ist etwas an der Wirbelsäule. Es hat mit dem Sturz vielleicht gar nichts zu tun. Wir müssen eine Computertomografie machen.«

»Kann es etwas Schlimmes sein? Die Krankheit mit K?«

»Ich weiß nicht, ich weiß nicht … Das kann man auf einem Röntgenbild nicht sehen. Eine unbefriedigende Auskunft, ja. Aber was soll ich sagen?«

Ich wartete vier Tage auf die Tomografie. Vier Tage lebte ich mit dem Gedanken, ich sei der Mann, dessen Knochenkrebs bei einem Skiunfall entdeckt wurde. Dann stellte sich heraus, dass es sich um die harmlose Verschiebung eines Knöchelchens am Rückgrat handelte. Angeboren.

Auch schmerzt mein rechter Ellenbogen. Mittags hatte ich beim Skifahren eine Hütte aufgesucht und in der Hütte die Toilette. Wer je eine Skihüttentoilette gesehen hat, weiß, dass diese Räume mit superglatten Kacheln gefliest sind. Sicher werden sie den Hüttenwirten vom örtlichen Chirurgenclub kostenlos zur Verfügung gestellt. Man sieht dort Männer, mit Helmen und Rückenprotektoren bekleidet, umständlich-vorsichtig zum Pissoir stelzen, bisweilen auf der Suche nach Halt dem Nachbarn plötzlich um den Hals fallend, als befänden sie sich auf dünnstem, extra für diesen Anlass poliertem Eis. Dies zum Gesang von Hansi Hinterseer, der aus dem Toiletten-Lautsprecher dringt. Ich aber war einen Moment lang nicht umsichtig genug, glitt aus und landete auf meinem Ellenbogen. Er blutete. Und schmerzt nach drei Wochen immer noch. Ich bin der Mann, der beim Skifahren auf einem zweitausend Meter hoch gelegenen Klo beim Pinkeln verunglückte.

Zum Arzt bin ich vorsichtshalber nicht gegangen.

Im Internet kann man Fotos eines Mannes sehen, der vor Kurzem großes Pech in einem Skilift in Vail/Colorado hatte. Dieser Mensch wollte sich in einen Liftsessel setzen, dessen Sitzfläche jedoch hochgeklappt war, sodass der Mann durch ein Loch plumpste und mit den Skiern in dieser Lücke hängen blieb. Seine Bindung öffnete sich nicht, jedoch blieb seine Hose am Sitz hängen und wurde ihm vom Leib gerissen, sodass der Mann kopfüber hängend mit nacktem Unterleib abtransportiert wurde, dies bei nicht unerheblicher Kälte, weshalb wohl das Geschlechtsteil des Unbekannten wie ein kleiner waagerechter Eiszapfen vom Körper wegstand.

Schlimmer kann es kaum noch kommen. Man geht zum Skifahren, wird urplötzlich wie ein frisch geschlachtetes Schwein hangaufwärts geschickt, dabei fotografiert – und eine halbe Stunde später lacht die Welt über diese Bilder.

Ehrlich, ich weiß nicht, warum ich noch zum Skifahren gehe. Dies sind Zeiten, in denen man sich einen Helm aufsetzt und einen Brustpanzer umschnallt, wenn man bloß mal auf die Straße geht, um nachzusehen, ob es die Bankfiliale an der Ecke noch gibt. Und da setzt man sich freiwillig in eine Skigondel und hört in seiner Freizeit dem Nachbarn zu, wie er über den Althaus-Unfall räsoniert oder die aktuellen Katastrophen im jeweiligen Skigebiet referiert!? Ja, man liest auch Zeitungsartikel über unzureichend versicherte Skiläufer, die mit einem einzigen Unfall ihr Leben ruinierten. Und fragt sich, warum wir nicht in einem einzigen Riesenkonjunkturprogramm die Alpen abtragen und mit dem Schutt Deiche gegen die schwellenden Meere errichten. Immer heißt es, die Deutschen seien ein ängstliches Volk. Aber wir gehen Ski fahren. Bitte, sind wir nicht in Wahrheit von größter Verwegenheit?

HELGE TIMMERBERG
Aus dem Reise-ABC

D – Wie Diarrhö-Diät
Reisen geht durch den Magen, könnte man sagen, und wer isst und trinkt, was auf den Tisch kommt, ist manchmal nicht gut beraten, es sei denn, er sieht in allem nur das Positive, wie zum Beispiel den der Diarrhö innewohnenden Aspekt der Diät. Eine Woche Durchfall schafft gut und gern fünf Kilo weg. Diese Schlankheitskur beginnt in der Regel mit einem Schluck Wasser aus jedem x-beliebigen Wasserhahn der Dritten Welt. Also in Nord-, Süd-, Ost-, West- und Zentralafrika, im Vorderen Orient, Mittleren Orient, in ganz Asien, ganz Südamerika, Mittelamerika, in der Karibik. Wer ganz sichergehen will, nimmt indische Wasserhähne. Und unbedingt vorher Sorge tragen, dass das Bad im Hotelzimmer gefällig ist. Man wird viele, viele Stunden darin verbringen.

Wem diese Art der Gewichtsabnahme nicht zusagt, muss grundsätzlich vom nicht abgekochten Leitungswasser die Lippen lassen, darf zudem weder ungeschältes Obst noch Salate essen (womit werden die gewaschen?), nicht einmal die Zähne putzen kann man sich damit. Mineralwasser für die Mundpflege ist nicht snobistisch, sondern gesund, solange wir darauf achten, dass der Verschluss der Flasche nicht beschädigt ist. Sonst ist auch in ihr nur Leitungswasser und die gesamte Welt der Viren rund ums H_2O. Ein Kellner hat sich dann was dazuverdient, ohne Unrechtsbewusstsein nebenbei, denn er trinkt das Zeugs ja auch. Warum? Diese Frage beantwortet ein Ausflug in die Wissenschaft der Bakteriologie, Fachbereich Resistenzen. Eiserne Regel ist: Einheimische Viren tun einheimischen Kellnern nichts. Wen es trotz all dieser Vorsichtsmaßnahmen erwischt, hat einfach nur vergessen, dass das Eis in seinem Whisky auch nur aus gefrorenen Krankheitserregern besteht.

Jetzt die guten Nachrichten. Als vor vielen, vielen Jahren in Atlanta (Georgia) die Formel für Coca-Cola erfunden wurde, dachte man dabei eher an ein Erfrischungsgetränk als an eine Medizin. Das war purer Zufall und blieb auch lange Zeit unentdeckt. Im Gegenteil. Mütter nahmen ihren Kindern die Cola weg, weil sie gut schmeckt und ungesund ist. Inzwischen hat sich im Kreise der Tropenärzte durch langjährige Beobachtungen und gezielte Tests die gegenteilige Meinung durchgesetzt. Coca-Cola hat eine heilende Wirkung bei kleineren Magenverstimmungen und im Frühstadium der Diarrhö. Und die zweite gute Nachricht ist: Coca-Cola gibt's überall, wo es keine Pepsi gibt. Ob die Konkurrenzlimonade ähnliche Wirkung hat, weiß ich nicht.

Hat die Diarrhö das Frühstadium (Magengrummeln, Bauchziehen, erste Schmerzen) allerdings überschritten, helfen beide Marken nicht mehr wesentlich. Dann hilft Tee. Schwarzer Tee, weder aufgekocht noch irgendwie anders genießbar gemacht. Eine deutsche Krankenschwester, die ich vor Jahren in Kairo traf, gab mir den Tipp. Sie hatte lange im Sudan gearbeitet und da nicht immer Medikamente gehabt. Aber Tee gab es wie Cola selbst im Sudan überall. Medikamentierung: die puren Blätter, einen Esslöffel voll. Die Rosskur schließt den Darm abrupt. So habe ich die eine oder andere Zugfahrt unbesudelt überstanden sowie die eine oder andere Nachtfahrt mit dem Bus. Denn in großen Teilen der Dritten Welt halten die nicht an, wenn du mal musst.

Das macht man einmal mit. Das macht man zweimal mit. Das macht man dreimal mit. Und irgendwann will man das einfach nicht mehr mitmachen. Ich habe mal mit einem anderen Reisejournalisten darüber gesprochen. Es ist das Besteck, sagte er. Das Besteck in den Restaurants. Je sauberer, desto gefährlicher. Denn dann ist es gründlich gewaschen. Deshalb hat er immer sein eigenes Besteck dabei, und wenn er es vergessen hat, dann isst er mit der Hand. Nicht nur in den Restaurants am Wegesrand, auch bei Empfängen und Galas in Luxushotels. Man darf sich von den Hotelpreisen keinen Sand in die Augen streuen lassen. Selbst fünf Sterne schützen nicht vor der Diarrhö-Diät. Denn Hütten und Paläste unterscheiden sich in vielerlei, aber sie hängen am selben Wasserversorgungssystem.

I – Wie Irre unter Palmen

Neulich, in einer Folge von »Klinik unter Palmen«, suchte ein deutsches Ehepaar auf den Philippinen nach einem Wunderdoktor namens Awuba Awuba, denn ihre kleine Tochter war erkrankt und wollte nicht gesunden. Sie fanden den Wundermann mit wirren Haaren in einem Sumpf südlich von Manila. Er machte Hokuspokus und sagte: »Etwas Böses ist in ihr. Ich werde es vertreiben.« Er machte noch mal Hokuspokus und gab dem Mädchen Hokuspokus-Medizin zu trinken. Danach war es dann richtig krank. Doch Serienheld Doc Wussow rettete tags darauf in seiner Klinik dem Mädchen mittels Schulmedizin das Leben. Obwohl Doc Wussow grundsätzlich nicht an der Wirkung von Voodoo zweifelt. Originalzitat aus »Klinik unter Palmen«: »Awuba Awuba hat mit seiner Art zu heilen schon viele überraschende Erfolge gehabt.«

Im wirklichen Leben kam ich einmal auf Kuba mit so einem Vogel in Kontakt. Da nennen sie es nicht Voodoo, sondern irgendwie anders. Das macht keinen großen Unterschied. Beides wurde aus Afrika mitgebracht. Der Zauberer arbeitete im Keller, wo zwischen allerhand anderen Scheußlichkeiten die Knochen eines Toten lagen. Mit seinen Voodoo-Tricks, erklärte der Mann, [illegible]er auch den Geist des Toten in den Keller verbannt. An [illegible]n die Frage, die Antworten kommen aus dem T[illegible]em musste ich wie das Mädchen in dem [illegible] Medizin) trinken. An die Zusamme[illegible] ich nicht mehr denken. Ich ve[illegible]mer, Insekten, Schlangen, was weiß [illegible]s ich Vegetarier bin. Vegetarischen Vood[illegible]m Nachspülen gab's Rum. Einen tiefen Schluck H[illegible]ieben Jahre).

Kommen wir zu den Fragen. Ich [illegible]iche bezüglich meiner Schwerhörigkeit und meines Liebeslebens. »Die Schwerhörigkeit«, antwortete der Tote durch die Zunge des Voodoo-Priesters, »ist ein Fluch, der viele Jahrhunderte zuvor eure Familie heimgesucht hat. Zigeunerblut ist geflossen.« Und das sei ein Problem, das eine seriöse Voodoo-Zeremonie erfordere und ein bisschen koste. Die Probleme mit meiner Frau wären nicht so schlimm. Aus einer Flasche wurde offensichtlich Benzin vor mir auf dem Boden verteilt und entzündet. Die Flamme zischte in rituellen Kreisen und Linien auf mich zu, stoppte vor meinen Nikes und zischte, was mich wirklich verblüffte, anschließend den Weg wieder retour in die Flasche. Sie wurde verschlossen, versiegelt und mir übergeben. Folgender Auftrag: In der Flasche befände sich nun der böse Fluch meiner Ahnen. Flasche mit Inhalt gehöre ins Meer geworfen. So weit ich könne. Und sie dürfe nicht an den Klippen zerschellen, sonst komme der Flaschengeist zurück. Flaschengeister sind schneller als der Wind, sagte der Voodoo-Mann. Gegen das Liebesproblem gab er mir lediglich eine Spur Bleipulver zu essen.

Irre unter Palmen. Mir ging es da wie Doc Wussow. Ich glaubte an das Ganze nicht sonderlich, aber ein Rest von Aberglauben war da, als ich wenig später an der Kaimauer stand. Es war bereits dunkel, und es war Winter, und ein heftiger Sturm schlug mir Regen vom Karibischen Meer entgegen. Ich weiß nicht wirklich, was mit der Flasche geschah. Ich hatte sie gegen den Sturm in die Nacht geworfen und seitdem nicht mehr gesehen. Die Magie ist Suggestion. Ich stellte mir vor, wie eine Welle die Flasche erfasste und sie in Richtung Uferfelsen und Kaimauer zurückschleuderte. Ich stellte mir vor, wie die Flasche an den Steinen zerschellte, ich stellte mir vor, wie der Geist sich befreite. Noch mal: Ich stellte es mir vor. Bezeugen kann ich es nicht. Und darum weiß ich nicht genau, ob es stimmt, dass ich nur deshalb noch immer schwerhörig bin, weil in Havanna der Fluch der Zigeuner schneller als der Mietwagen war. Ich weiß es wirklich nicht. Aber es macht Sinn.

Z – Wie Zahnarzt

In den guten alten Tagen, als man mit Segelschiffen reiste und ein halbes Jahr brauchte, um irgendwohin zu kommen, da brauchte man auch ein halbes Jahr für die Rückreise. Wer zwischendurch Zahnschmerzen hatte, starb daran. Oder zog sich Weisheitszähne mit der Zange raus. Betäubung: Opium oder seriöse Alkoholika. Aus diesem Grund ließen sich britische Kolonialbeamte vor ihrer

Ausreise sämtliche Zähne ziehen und durch ein Gebiss ersetzen. Heute gibt es Zahnärzte in den ehemaligen Kolonien. Aber, unter uns, wollen Sie zu einem indischen Zahnarzt gehen? Oder zu einem afrikanischen? Ich war einmal dabei, als ein Freund einen ägyptischen Dentisten aufsuchte. Der Mann rauchte Marlboro, während er bohrte, und die Wände waren mit Blutspritzern übersät. Ein anderer Freund, Fotograf und in New Delhi stationiert, hat seit Jahren wenig Sex, weil er konstant unter Schmerzmitteln steht. Verschiedenste Zahnärzte seiner Wahlheimat haben ihm wehgetan, aber nicht kuriert. In Ländern wie Marokko gibt's andere Probleme zu vergegenwärtigen. Durchaus brillante Handwerker, aber habgierige Charaktere, die an drei gezogenen Zähnen mehr verdienen als an einem. Oder Brücken schlagen wollen, wo eine Füllung genügt. Deshalb hier mein letzter Tipp: Gehen Sie vor jeder Reise zum Zahnarzt, auch ohne Beschwerden. Kurzer Check, langes Urlaubsglück. Sollte trotzdem unterwegs ein Nerv durchdrehen, ist ein Anruf beim deutschen Konsulat zu empfehlen. Lassen Sie sich zum Botschafter durchstellen. Sie werden nicht durchgestellt? Kein Problem. Lügen Sie. Sagen Sie, es gäbe eine vertrauliche Information für ihn. In welcher Sache? Es ginge um seine Frau. Und sobald er dran ist, erklären Sie, worum es wirklich geht. Er wird nicht auflegen. Zahnprobleme sind ähnlich wie Suchtprobleme. Sie verbrüdern. Und der Zahnarzt, zu dem der deutsche Botschafter geht, ist o. k. Keine Botschaft in der Nähe? Dann zum Goethe-Institut. Gibt's auch das nicht an Ihrem Urlaubsort, dann gibt's vielleicht eine Vertretung von Mercedes-Benz. Ebenfalls gute Zahnärzte kennen die Korrespondenten von ARD und ZDF und die Leiter der Auslandsredaktionen großer deutscher Zeitungen und Magazine, wie *Stern* und *Spiegel*. Um leitende Auslandsjournalisten ans Telefon zu kriegen, hilft die »Es geht um Ihre Frau«-Lüge allerdings wenig, weil die in der Regel geschieden sind. Hier kommt man weiter, wenn man sich als neuer Mitarbeiter des Chefsekretariats in Deutschland ausgibt. Sie sollen den Boss zum Korrespondenten durchstellen. Der Mann wird froh sein, wenn er den wahren Grund Ihres Anrufs vernimmt, denn alle Auslandsjournalisten sind faule, versoffene Hurenböcke, die das Gespräch mit ihren Chefs fürchten, wie unsereins die Wurzelbehandlung. Chefköche kann man auch fragen. Die meisten großen Hotels, die auf deutsche Gäste spezialisiert sind, stellen Köche aus der Heimat ein. Köche sind Genießer, und Genießer sind wehleidig, und wenn Wehleidige sagen, dass ihr Zahnarzt klasse ist, dann stimmt das. Wenn die Köche nicht weiterwissen, dann vielleicht die Tennislehrer, und haben auch die keinen Tipp, ist das Taxi zum Flughafen der erste Schritt zur Besserung. Lieber eine Reise abbrechen als einen Kiefer.

Die Autoren

ANDREAS ALTMANN war Dressman, Schauspieler, Jura- und Psychologie-Student, Anlageberater, Straßenbauarbeiter. Er lebt heute als Auslandsreporter und Reiseschriftsteller in Paris. Unter anderem ist er ohne Geld von Paris nach Berlin gelaufen (»34 Tage / 33 Nächte«) und hat Südostasien bereist (»Der Preis der Leichtigkeit«). Zuletzt war er unterwegs in Kolumbien, Ecuador, Peru, Bolivien und Chile (»Reise durch einen einsamen Kontinent«) und in Australien (»Im Land der Regenbogenschlange«). Andreas Altmann wurde u. a. mit dem Egon-Erwin-Kisch-Preis, dem Seume-Literaturpreis und dem Reisebuch-Preis ausgezeichnet.

COLIN ANGUS, 1971 in Kanada geboren, verfolgte immer schon konsequent sein Ziel, die Welt zu entdecken. »National Geographic« wählte ihn 2006 zum »Adventurer of the Year«. Für das Magazin »Outside« zählt er zu den 25 Persönlichkeiten, die die Welt verändern werden. 2008 paddeln er und seine Partnerin Julie Wafaei von Schottland nach Syrien, u. a. auf dem Rhein und der Donau durch Deutschland und Österreich. Auf Deutsch erschienen »Amazonas Extrem« und »Einmal um die ganze Welt«.

IRIS BAHR wurde in New York geboren und wuchs in der Bronx auf. Als sie zwölf war, zog sie mit ihrer Mutter nach Israel, wo sie ihre Wehrpflicht absolvierte. Nach ihrem Studium an der Brown University in den USA begann sie ihre Karriere als erfolgreiche Schauspielerin und Komikerin (Curb Your Enthusiasm, Larry the Cable Guy, Star Trek, King of Queens). Iris Bahr lebt derzeit in Los Angeles und schreibt an der Fortsetzung ihres Bestsellers »Moomlatz«.

NIGEL BARLEY, Jahrgang 1947, studierte moderne Sprachen und Ethnologie in Cambridge und Oxford, wo er in Sozialanthropologie promovierte. Er arbeitete als Kustos im British Museum und wurde in Großbritannien für seine Reportagen ausgezeichnet.

RÜDIGER BARTH, geboren 1972, arbeitet als Redakteur beim Stern in Hamburg, seit Herbst 2007 als Leiter des Sport-Ressorts. Er veröffentlichte mehrere Bücher, mit Giuseppe di Grazia »Die 10. Magier des Fußballs«, mit Bernd Volland die Bestseller-Biografie »Ballack. Sein Weg«, mit Marc Bielefeld »Wilde Dichter. Die größten Abenteurer der Weltliteratur«. Zuletzt veröffentlichte er »Endlich weg. Über eine Weltreise zu zweit«.

GEORG BRUNOLD wurde 1953 in Arosa (Graubünden) geboren. Nach dem Studium der Philosophie in Zürich zog er 1983 nach Kairo. Für die »Neue Züricher Zeitung« war er mehrere Jahre als Afrika-Korrespondent tätig. Heute lebt er als Redakteur der Zeitschrift »du« in Zürich.

TILMANN BÜNZ berichtete für die ARD fünf Jahre lang aus Skandinavien und dem Baltikum. Bünz ist Hamburger, Jahrgang 1957, und träumte schon als Junge davon, einmal nach Schweden zu ziehen. Ein langer Weg mit vielen Stationen: Deutsche Journalistenschule in München, Aktion Sühnezeichen Friedensdienste in Amsterdam, Evangelische Akademie Tutzing, Redakteur bei »Tagesschau« und »Tagesthemen«, Auslandseinsätze in Tokio, Washington und – immer wieder – in Stockholm. Tilmann Bünz ist verheiratet und hat zwei Kinder.

WOLFGANG BÜSCHER, geboren 1951, ist Autor der »Zeit«. 1998 erschien sein Buch »Drei Stunden Null. Deutsche Abenteuer«, im Jahr 2003 dann »Berlin – Moskau. Eine Reise zu Fuß«, 2005 »Deutschland, eine Reise«, die zu Bestsellern wurden, sowie »Asiatische Absencen« 2008. Wolfgang Büscher erhielt zahlreiche Preise, unter anderem den Kurt-Tucholsky-Preis für literarische Publizistik, den Wilhelm-Müller-Literaturpreis, den Theodor-Wolff-Preis sowie den Johann-Gottfried-Seume-Literaturpreis und 2006 den Ludwig-Börne-Preis.

STEPHEN CLARKE lebt in Paris, wo er Tag für Tag *foie gras* und Austern testet und entweder nicht schreibt oder schreibt. Sein erstes Buch über seine zu 64,3 Prozent wahren Erfahrungen in Frankreich (»Ein Engländer in Paris«) druckte er zunächst im Eigenverlag, inzwischen hat er einige internationale Bestseller hinter sich: »Ich bin ein Pariser«, »Merde happens« und »Überleben unter Franzosen« (alle bei Piper).

HERBERT FEUERSTEIN, geboren 1937 in Zell am See in Österreich, studierte Musik am Mozarteum, arbeitete zunächst als Journalist in New York, dann als MAD-Chefredakteur in Deutschland, bevor er schließlich beim Fernsehen anfing und schnell zum »Kult-Moderator« avancierte. Seit 1998 steht er außerdem regelmäßig auf der Theaterbühne. In Buchform erschienen von ihm unter anderen »Feuersteins Reisen« und »Feuersteins Ersatzbuch«.

KAPITÄN HANS GERT FRANZKEIT wurde 1935 in Düsseldorf geboren. Schon als Kind faszinierten ihn Bücher über die Seefahrt. 1950 fuhr der Rheinländer zwei Jahre lang auf einem Schleppkahn, der Kohle und Eisenerz auf dem Rhein zwischen Straßburg und Antwerpen transportierte. Seit 1954 arbeitete er für die Reederei Hapag, erwarb 1961 das Patent zum Kapitän und erhielt 1968 sein erstes Kommando. 1971 wechselte er zur Seeberufsgenossenschaft, wurde Leiter des nautischen Referats und avancierte zum international gefragten Experten für Sicherheitsfragen. Franzkeit lebt in Hamburg.

HANS GASSER, geboren 1975 in Bozen, arbeitet seit neun Jahren als Journalist für »Die Zeit«, den »Tages-Anzeiger« und mittlerweile vorwiegend für die »Süddeutsche Zeitung«. Im Zentrum seiner Reportagen, die unter anderem in Osteuropa, am Balkan oder im Alpenraum spielen, stehen meist Menschen, die im Kleinen etwas bewirken wollen.

ALEXANDER GORKOW, 1966 in Düsseldorf geboren, studierte Germanistik, Mediävistik und Philosophie; seit 1993 bei der Süddeutschen Zeitung, zunächst als politischer Reporter, dann als Leiter der Medienseite, des Ressorts SZ am Wochenende und seit 2009 der Seite Drei. Seine Interviews mit Stars wie Eric Clapton, Silvester Stallone oder Goldie Hawn sind in Buchform erschienen, zudem hat er zwei Romane vorgelegt.

AXEL HACKE wurde 1956 in Braunschweig geboren und lebt heute als Schriftsteller und Journalist in München. Von 1981 bis 2000 arbeitete er als Reporter und »Streiflicht«-Autor bei der »Süddeutschen Zeitung«, für deren Magazin er bis heute unter den Titeln »Das Beste aus meinem Leben« und »Das Beste aus aller Welt« viel gelesene Alltagskolumnen schreibt. Seine journalistische Arbeit wurde mit vielen Preisen ausgezeichnet: Joseph-Roth-Preis (1987), Egon-Erwin-Kisch-Preis (1987 und 1990) und Theodor-Wolff-Preis (1990). Hackes Bücher, zu denen mehrere Bestseller (»Der kleine Erziehungsberater«, »Der kleine König Dezember«) gehören, wurden in zahlreiche Sprachen übersetzt.

MERLE HILBK, Jahrgang 1969, ist nach Jurastudium und Redaktionstätigkeit bei »Spiegel« und »Zeit« als freie Journalistin in Russland und Osteuropa und als Journalismusdozentin an der »Hamburg Media School« tätig. Nebenbei legt sie in Bars und Clubs Russenpop auf. Zuletzt erschien von ihr »Sibirski Punk. Eine Reise in das Herz des wilden Ostens.«

MIKE HORN, geboren 1966 in Johannesburg/Südafrika, ist als Entdecker und Abenteurer ständig auf der Suche nach neuen Herausforderungen. 2000 umrundete er die Erde entlang des Äquators, nachzulesen in »Breitengrad Null«, und wurde dafür mit dem Laureus World Sports Award ausgezeichnet. 2004 erlangte er durch sein Polarkreisabenteuer Weltruhm, festgehalten in dem Dokumentarfilm »Arktos« von Raphaël Blanc. Horn lebt mit seiner Familie in Les Moulins/Schweiz.

ROBERT JACOBI, Jahrgang 1977, ist Autor, Medienberater und Lehrbeauftragter für Medienmanagement an der Ludwig-Maximilians-Universität in München. Im Herbst 2008 erschien seine Reiseerzählung »Amerika der Länge nach« über eine Rucksacktour von Alaska nach Patagonien.

CARSTEN JANZ startete im August 1998 mit 36 Jahren in Hamburg zu seiner Weltumradlung auf. Neun Jahre später, im Sommer 2007, traf er unter großer Anteilnahme von Familie, Freunden, Funk und Fernsehen wieder am Ausgangsort seiner Reise ein – etwa 100 000 Kilometer hat er auf dem Fahrrad zurückgelegt. Seine Bericht über die Tour erschien unter dem Titel »Beinhart«.

RYSZARD KAPUŚCIŃSKI, geboren 1932 in der ostpolnischen Stadt Pinsk, gestorben 2007 in Warschau, wurde in den Fünfzigerjahren als Korrespondent nach Asien und in den Mittleren Osten, später auch nach Lateinamerika und nach Afrika entsandt. Er zählte zu den großen Journalisten seiner Zeit, seine Reportagen aus der Dritten Welt sind weltberühmt. 1994 war er der erste Preisträger des Leipziger Buchpreises zur Europäischen Verständigung, 1999 wurde er in Polen zum »Journalisten des Jahrhunderts« ernannt, 2004 erhielt er in Wien den »Bruno-Kreisky-Preis für das politische Buch« des Jahres 2003.

CAROL KLOEPPEL wurde 1963 in Hastings, Minnesota, geboren. Nach dem Studium der Kommunikationswissenschaften war sie bei verschiedenen Fernsehsendern als Journalistin tätig. 1990 lernte sie in New York den RTL-Nachrichtensprecher Peter Kloeppel kennen, für den sie zwei Jahre später nach Deutschland auswanderte. Sie heirateten 1993, und ihre gemeinsame Tochter wurde 1996 geboren.

YU-CHIEN KUAN wurde 1931 in Kanton geboren. Nach einer dramatischen Flucht aus dem China der Kulturrevolution fand er 1969 seine zweite Heimat in Deutschland. Er promovierte an der Universität Hamburg und lehrte dort Sinologie. In China gehört Kuan zu den anerkannten Fachleuten für europäische Fragen, in Deutschland zu den bekanntesten Vermittlern chinesischer Kultur. 2007 erschien von ihm und Petra Häring-Kuan »Der China-Knigge. Eine Gebrauchsanweisung für das Reich der Mitte«.

PETRA HÄRING-KUAN, geboren 1950, lernte 1970 den Chinesen Kuan Yu-Chien kennen. Sie gab ihren Wunsch, Medizin zu studieren, auf und entschied sich für Sinologie. Sie beschäftigte sich intensiv mit der Sprache, der Literatur sowie traditioneller chinesischer Medizin. Studienaufenthalte in der VR China und in Taiwan vertieften ihre Kenntnisse und machten sie zu einer profunden Kennerin Chinas. Sie lebt heute als Autorin und Dolmetscherin für Chinesisch und Englisch in Hamburg und in Shanghai.

SARA MACDONALD wurde in Yorkshire geboren und bereiste mit ihren Eltern schon früh die ganze Welt. Sie machte eine Schreibausbildung und arbeitete für das Fernsehen und am Theater, bevor sie heiratete und mehrere Jahre im Ausland verbrachte. Mittlerweile lebt Sara MacDonald mit ihren beiden Söhnen in Cornwall und widmet sich ganz dem Schreiben.

PETER MAYLE ließ Ende der Achzigerjahre nach 15 Jahren erfolgreichen Werbetextens seinen Topjob bei David Ogilvy fallen, um sich dem Schreiben zu widmen, und machte sich auf die Suche nach dem perfekten Landleben. 1987 zog der Brite in die Provence. Die Eindrücke seines neuen Umfeldes finden sich wieder in seinem 1989 erschienenen Buch »Mein Jahr in der Provence«, für das er in England den Preis für das beste Reisebuch des Jahres erhielt und sich drei Jahre auf den Bestsellerlisten der London Sunday Times und der New York Times hielt.

STEFFEN MÖLLER, Jahrgang 1969, ist in Wuppertal aufgewachsen. Nach Philosophie- und Theologie-Studium in Berlin emigrierte er 1994 nach Warschau, wo er als Deutschlektor und seit 2002 als Darsteller des Kartoffelbauern Stefan Müller in der Seifenoper »M jak milosc« arbeitet. 2008 veröffentlichte er den Bestseller »Viva Polonia – Als deutscher Gastarbeiter in Polen«. Möller lebt heute in den großen Klassik-Abteilungen von Warschau, Berlin, Mailand und London.

TIM MOORE, geboren 1964 in Chippin Norton, fand nach dem Studium einen Job als Journalist und hatte über Themen zu schreiben, von denen er nicht die geringste Ahnung hatte. Als er sich eher zufällig zu einer Reise in die Arktis einschiffte, begann seine Karriere als Reiseschriftsteller und gefragter Reisejournalist für Daily Telegraph, Observer, Sunday Times. Er lebt mit seiner Frau und einer ganzen Menge Kinder im Westen von London. Auf Deutsch liegen von ihm »Alpenpässe und Anchovis« und »Zwei Esel auf dem Jakobsweg« vor.

JUAN MORENO wurde 1972 in Huércal-Overa in Spanien geboren. Er arbeitete fürs Fernsehen und absolvierte die Jounalistenschule in München. Seine Kolumne »Von mir aus« erschien wöchentlich in der Wochenendbeilage der Süddeutschen Zeitung und später auch in Buchform. Nach seiner Weltreise arbeitet er inzwischen beim Spiegel.

RÜDIGER NEHBERG, 1935 geboren, Deutschlands bekanntester Menschenrechtsaktivist und Überlebenskünstler, wurde für sein humanitäres Engagement vielfach ausgezeichnet, unter anderem mit dem Weitsicht-Preis, 2002 mit dem Bundesverdienstkreuz am Bande und 2008 mit dem Bundesverdienstkreuz 1. Klasse. Mit seiner Frau Annette Weber kämpft er in der Organisation TARGET heute gegen Weibliche Genitalverstümmelung und setzt dabei erfolgreich auf den Dialog mit dem Islam.

MICHAEL OBERT, 1966 in Breisach am Rhein geboren, studierte Betriebswirtschaft und arbeitete längere Zeit im mittleren Management, bis er zu einer zweijährigen Reise durch Lateinamerika aufbrach. Anschließend begann er ein neues Leben als Buchautor und Journalist. Seine ausgedehnten Reisen führten Michael Obert nach Mittel- und Südamerika, in den Südpazifik, nach Asien und Afrika. Zuletzt erschienen sein preisgekrönter literarischer Reisebericht »Regenzauber« über eine siebenmonatige Passage von der Quelle bis zur Mündung des Niger und der Reportageband »Die Ränder der Welt«.

REDMOND O'HANLON, geboren 1947 in Dorset, Professor für Englische Literatur in Oxford, ist einer der Größten der Reise- und Abenteuerliteratur. Auf Deutsch erschienen: »Ins Innere von Borneo«, »Redmonds Dschungelbuch« und »Kongofieber«. Für »Trawler« arbeitete O'Hanlon, der Meeresbiologie studierte und 15 Jahre das Ressort Naturgeschichte des Times Literary Supplement leitete, mehrere Wochen an Bord des schottischen Hochseetrawlers »Norlantean«.

BORIS REITSCHUSTER ist geborener Augsburger und gelernter Russe. Nach dem Abitur zog er mit zwei Koffern nach Moskau und schlug sich als Deutschlehrer und Dolmetscher durch. Seit 1999 leitet er das Moskauer Büro des Focus. 2008 wurde er mit der Theodor-Heuss-Medaille ausgezeichnet. Zuletzt erschienen seine hoch gelobten politischen Sachbücher »Putins Demokratur« und die Medwedew-Biografie »Der neue Herr im Kreml?«.

TED SIMON wurde 1931 als Sohn einer deutschen Kommunistin und eines rumänischen Juden in Deutschland geboren. Er ist ein Journalist und Abenteurer. Als Journalist arbeitete er u. a. für »Daily Mail«, »The Observer« und »The Times«. Er wohnt heute in London und im Norden Kaliforniens, wo er auf einer Farm biologische Produkte anbaut.

ROFF SMITH wanderte 1982 von Amerika nach Australien aus. Er arbeitet als Zeitungsjournalist und war Korrespondent im Südpazifik für das Time Magazine. Auf Deutsch sind bisher zwei Bücher von ihm erschienen: »Welt aus Eis« über seine Reisen durch die Antarktis und »Eiskaltes Bier und Krokodile« über sein Fahrradabenteuer in Australien.

MICHAEL STRECK, 1964 geboren, arbeitet beim »Stern«; er schrieb zunächst für das Deutschland-Ressort und war dann von August 2001 bis Anfang 2008 New-York-Korrespondent des Magazins. Zuletzt erschien seine Liebeserklärung an den Alltag in Amerika »Stars & Stripes und Streifenhörnchen«.

KAI STRITTMATTER, 1965 geboren, hat in München, Xi'an und Taipeh Sinologie studiert. Chinesisch hält er für eine der einfachsten Sprachen der Welt. Acht Jahre lebte Kai Strittmatter als Korrespondent der »Süddeutschen Zeitung« in Peking. Seine Reportagen sind u. a. in den Büchern »Atmen einstellen, bitte!« und »Vorwärts, Genossen!« versammelt. 2004 erschien seine »Gebrauchsanweisung für China«. Seit 2005 lebt er als Türkei-Korrespondent der »Süddeutschen Zeitung« in Istanbul.

HELGE TIMMERBERG, geboren 1952 im hessischen Dorfitter, ist Journalist und schreibt Reisereportagen aus aller Welt. Er veröffentlicht unter anderem in der Süddeutschen Zeitung, der Zeit, Allegra, Stern, Spiegel und Playboy. Er hat zahlreiche Bücher veröffentlicht, darunter »Tiger fressen keine Yogis«, »Timmerbergs Reise-ABC«, »Timmerbergs Tierleben«, »Das Haus der sprechenden Tiere«, »Shiva-Moon«, »Timmerbergs Single-ABC / Timmerbergs Beziehungs-ABC« und »In 80 Tagen um die Welt«.

SIR PETER USTINOV, 1921 in London geboren, war Schauspieler, Dramatiker, Erzähler, Zeichner, Regisseur und vieles mehr, wurde mit zwei Oscars ausgezeichnet (für seine Rollen in »Spartakus« und »Topkapi«), war Unicef-Botschafter und Rektor der Universität Durham. Er starb im März 2004.

PHILIPPE VALÉRY, 1964 geboren in Marseille, studierte Wirtschaftswissenschaften in Paris und arbeitete zunächst an der französischen Botschaft in Japan, dann als Manager bei Coca-Cola in Frankreich, bevor er sich im Alter von 33 Jahren auf sein größtes Abenteuer einließ. Heute lebt der Autor, dessen Passion neben dem Reisen die Fotografie ist, mit seiner Familie in Japan.

Quellennachweis

*Die Titel mit einem * stammen von den Herausgebern.*
Auslassungen im Text sind mit (…) kenntlich gemacht.
Rechtschreibung und Zeichensetzung folgen den Vorgaben der jeweiligen Verlage.

Andreas Altmann, »Zehjaulen auf der B 249«*. Aus: Andreas Altmann, » 34 Tage, 33 Nächte. Von Paris nach Berlin zu Fuß und ohne Geld«, S. 194–197. © Piper Verlag GmbH, München 2004.

Colin Angus, »Klinikgroteske in Anadyr«. Aus: Colin Angus, »Einmal um die ganze Welt. Wie uns die erste Erdumrundung allein mit Muskelkraft gelang«, Aus dem Englischen von Thomas Bertram, S. 82–99. © Piper Verlag GmbH, München 2008.

Iris Bahr, »›Kein Problem. Machen Spaß!‹ oder Wie ich in Bangkok meinen HIV-Status per Intuition bestimmen ließ«*. Aus: Iris Bahr, »Moomlatz oder Wie ich versuchte in Asien meine Unschuld zu verlieren«. Aus dem Englischen von Andrea O'Brien, S. 21–29. © Piper Verlag GmbH, München 2007.

Nigel Barley, »›Für haarige Lungen‹«*. Aus: Nigel Barley, »Der Löwe von Singapur. Eine fernöstliche Reise auf den Spuren von Thomas Stamford Raffles«. Aus dem Englischen von Elke Hosfeld, S. 168–169. © 1991 by Nigel Barley. Klett-Cotta, Stuttgart 1996.

ders., »Unfall mit Eulen«*. Aus: Nigel Barley, »Traumatische Tropen. Notizen aus meiner Lehmhütte«. Aus dem Englischen von Ulrich Enderwitz, S. 130–150. © 1986 by Nigel Barley. Klett-Cotta, Stuttgart 1990.

Rüdiger Barth, »Montezumas Rache«*. Aus: Rüdiger Barth, »Endlich weg. Über eine Weltreise zu zweit«, S. 204–208. © Piper Verlag GmbH, München 2008.

Georg Brunold, »Afrika am Schalter der Notaufnahme oder Warum die Tuberkulose in der Schweiz ausgestorben ist«*. Aus: Georg Brunold, »Ein Haus bauen. Besuch auf fünf Kontinenten«, S. 216–218. © Eichborn AG, Frankfurt am Main, April 2006.

Tilmann Bünz, »Schwedische Bettenflucht«. Originalbeitrag. © 2009 Tilmann Bünz.

Wolfgang Büscher, »Ein Nachmittag in Indien«. Aus: Wolfgang Büscher, »Asiatische Absencen«, S. 9–19. © 2008 by Rowohlt Berlin Verlag GmbH, Berlin.

Stephen Clarke, »›Bin ich Notfall?‹ oder Malariatuberkulose in Paris«*. Aus: Stephen Clarke, »Ein Engländer in Paris. Mein Jahr mit den Franzosen«. Aus dem Englischen von Thomas Wollermann, S. 249–268, © Piper Verlag GmbH, München 2005.

Herbert Feuerstein, »Nach dem Vorbild der Wale oder Seekrank beim Captain's Dinner«*. Aus: Herbert Feuerstein, »Feuersteins Drittes. Reisen nach Thailand, Birma, New York und ins Eismeer«, S. 22–27. © Diana Verlag, München, in der Verlagsgruppe Random House GmbH.

ders., Alexander Gorkow, »Der indische Patient«. Beitrag in der Süddeutschen Zeitung vom 20. 01. 2001. © Süddeutsche Zeitung/ Herbert Feuerstein, »Feuersteins Ersatzbuch. Reisen nach Hawaii, Ostafrika, Schottland und Grönland«. © Wilhelm Heyne Verlag, in der Verlagsgruppe Random House GmbH.

Hans Gert Franzkeit, »Der Junge – Rückfall auf hoher See«. Aus: Stefan Krücken, Achim Multhaupt (Hrsg.) »Orkanfahrt. 25 Kapitäne erzählen ihre besten Geschichten«, S. 107–111. © Stefan Krücken/Ankerherz Verlag.

Hans Gasser, »Erreger an Bord«. Artikel in der Süddeutschen Zeitung vom 14. 05. 2009. © Süddeutsche Zeitung.

Axel Hacke, »WC-Unglück in 2000 Meter Höhe oder Was uns Skifahrer so verwegen macht«*. »Das Beste aus aller Welt« – SZ-Magazinglosse vom 23. 01. 2009. © Axel Hacke.

Merle Hilbk, »›Pomogitje!‹ oder Erste Hilfe in einer sibirischen Vorstadt«*, Aus: Merle Hilbk, »Sibirski Punk. Eine Reise in das Herz des wilden Ostens«, S. 140–145. © Aufbau Verlag GmbH & Co. KG, Berlin 2006 (die Originalausgabe erschien 2006 im Gustav Kiepenheuer Verlag; Gustav Kiepenheuer ist eine Marke der Aufbau Verlag GmbH & Co. KG).

Mike Horn, »Von Schlangenbissen und goldenen Regeln im Dschungel«*. Aus: Mike Horn, »Breitengrad Null. Auf dem Äquator um die Welt«. Aus dem Englischen von Enrico Heinemann, S. 78–82, © Piper Verlag GmbH, München 2002.

Robert Jacobi, »Es ist nicht mein letzter Tag«. Aus: Robert Jacobi, »Amerika der Länge nach. Meine Reise auf der Panamericana«, S. 173–186. © Piper Verlag GmbH, München 2008.

Carsten Janz, »Fahrradtortur oder Riesensteaks gegen Rippenbruch«*. Aus: Carsten Janz, »Beinhart. In 3300 Tagen mit dem Fahrrad um die Welt«, S. 200–207. © Delius Klasing Verlag, Bielefeld 2009.

Ryszard Kapuściński, »Luftsprünge bei Doktor Doyle«*. Aus: Ryszard Kapuściński, »Afrikanisches Fieber. Erfahrungen aus vierzig Jahren«, S. 66–71. © Eichborn AG, Frankfurt am Main, August 1999.

Carol Kloeppel, »Das kleine Krankenhaus auf dem Land«*. Aus: Carol Kloeppel, »Dear Germany. Eine Amerikanerin in Deutschland«. Aus dem Englischen übersetzt von Claudia Geng, S. 35–41. © 2008 Verlagsgruppe Lübbe Gmbh & Co. KG., Bergisch Gladbach.

Yu-Chien Kuan, Petra Häring-Kuan, »Der weise Arzt oder Erste Hilfe auf Chinesisch«*. Aus: Yu-Chien Kuan, Petra Häring-Kuan, »Der China-Knigge. Eine Gebrauchsanweisung für das Reich der Mitte«, S. 173–182. © S. Fischer Verlag GmbH, Frankfurt am Main 2006.

Sarah MacDonald, »Ganges-Grippe«*. Aus: Sarah MacDonald, »Wo bitte geht's hier zur Erleuchtung? Eine indische Reise«. Aus dem Englischen von Wieland Freund, S. 48–55. © 2006 by Rowohlt Verlag GmbH, Reinbek bei Hamburg.

Peter Mayle, »*Les Invalides* – Sonntagsausflug zur Apotheke«*. Aus: Peter Mayle, »Toujours Provence«. Aus dem Englischen von Gerhard Beckmann, S. 11–22. © 1992 Droemersche Verlagsanstalt Th. Knaur Nachf. GmbH & Co. KG, München.

Steffen Möller, »Verkleinerungen oder Sprachliche Schmerzlinderung in Polen«*. Aus: Steffen Möller, »Viva Polonia. Als deutscher Gastarbeiter in Polen«, S. 322–325. © S. Fischer Verlag GmbH, Frankfurt am Main 2008.

Tim Moore, »»Burro doctor!« oder Vom heilsamen Anblick eines Tierarztes«*. Aus: Tim Moore, »Zwei Esel auf dem Jakobsweg. Wie ein Engländer sein Herz an Spanien verlor«. Für die Taschenbuchausgabe neu aus dem Englischen übersetzt von Theda Krohm-Linke, Serie Piper, München 2008, S. 308–316. © der deutschsprachigen Ausgabe Covadonga Verlag, Bielefeld 2005.

Juan Moreno, »Please, Mr. Spain«. Originalbeitrag. © 2009 Juan Moreno.

Rüdiger Nehberg, »Rank und seekrank«*. Aus: Rüdiger Nehberg, »Echt verrückt! Erlebte Geschichten«, S. 205–209. © Piper Verlag GmbH, München 2005.

Michael Obert, »Der gute und der böse Rauch«*. Aus: Michael Obert, »Regenzauber. Auf dem Niger ins Innere Afrikas«, S. 318–325. © Piper Verlag GmbH, München 2005.

Redmond O'Hanlon, »In manchen Ferien ist einfach der Wurm drin«. Artikel im Magazin der Süddeutschen Zeitung vom 06. 03. 1998. © 1998 Redmond O'Hanlon.

Boris Reitschuster, »Erpressung auf dem OP-Tisch«. Aus: Boris Reitschuster, »Russki extrem. Wie ich lernte, Moskau zu lieben«, S. 24–30. © 2009 Ullstein Buchverlage GmbH, Berlin.

Michael Streck, »Über sieben Brücken musst Du gehen oder Sommerschlussverkauf bei Dr. Peterson«*. Aus: Michael Streck, »Stars & Stripes und Streifenhörnchen. Unsere Jahre in Amerika«, S. 88–99. © Piper Verlag GmbH, München 2008.

Ted Simon, »Der *m'zungo* im Schlammbett«*. Aus: Ted Simon, »Jupiters Träume. Mit dem Motorrad um die Welt«. Aus dem Englischen von Teja Swaner, S. 188–205. © 2007 DuMont Buchverlag, Köln.

Roff Smith, »Mittelstreifenfieber«. Aus: Roff Smith, »Eiskaltes Bier und Krokodile. Mit dem Fahrrad durch Australien«. Aus dem Englischen von Kristina Ruhl, S. 286–293. © 2000 National Geographic Society, Washington D.C. © der deutschsprachigen Ausgabe 2001 G+J/RBA, Hamburg.

Kai Strittmatter, »It's just a fucking tooth«. Originalbeitrag. © 2009 Kai Strittmatter.

Helge Timmerberg, »Im Krankenhaus zu Zahedan«*. Aus: Helge Timmerberg, »Tiger fressen keine Yogis. Stories von unterwegs«, S. 162–164. © 2001 Solibro Verlag, Münster.

ders., »Aus dem Reise-ABC«*. Aus: Helge Timmerberg, »Timmerbergs Reise-ABC«, S. 25–29, © 2001 Solibro Verlag, Münster.

Peter Ustinov, »Ganz Ohr in Thailand«. Aus: Peter Ustinov, »Die endlose Reise«, S. 121–124. © 1998 by Dunedin N.V. Die in diesem Buch veröffentlichten Texte erschienen in englischer Sprache zuerst im »European«, London © 1998 by Verlag Kiepenheuer & Witsch GmbH & Co. KG, Köln.

Philippe Valéry, »Warum ein umsichtiger Wanderer weder rennen noch tanzen sollte«*. Aus: Philippe Valéry, »Der verheißungsvolle Weg. Zu Fuß von Marseille bis Kaschgar«. Aus dem Französischen übersetzt von Karin Boden und Monique Lütgens, S. 52–54. © 2002 Philippe Valéry © Piper Verlag GmbH, München 2004.

MALIK

Swantje Strieder, Teja Fiedler

No problem!

Reisen, Pech und Pannen. 256 Seiten. Gebunden

Es könnte alles so herrlich sein: Ankunft unter Palmen, ein süßes kleines Guesthouse mit Room-Service und Meerblick ... Meerblick? Zimmerservice? Witzig und hautnah erzählen Swantje Strieder und Teja Fiedler, seit vielen Jahren allein und gemeinsam auf Reisen, von den Pleiten, die jeder schon erlebt hat: von selbst ernannten Guides und Kakerlaken in der Sachertorte; von verlorenem Gepäck, das pünktlich zur Abfahrt am Urlaubsort eintrifft; von Freundschaftspreisen und Bakschisch; von vermeintlich zahmem Großwild, undefinierbaren Speisen und Montezumas später Rache; von Flitterwochen unterm Moskitonetz und davon, welch unterschiedliche Auslegungen es für »fließend warmes Wasser« gibt; und von Taxifahrern, die in jedem Souvenirladen einen Onkel haben.

02/1098/01/R

MALIK

Thomas Kohnstamm

Die absolut ehrlichen und völlig schamlosen Bekenntnisse eines professionellen Reiseführer-Autors

Aus dem Englischen von Gaby Wurster. 304 Seiten. Klappenbroschur

Surfen auf Sumatra, Skifahren in den Anden, auf jedem Kontinent mit mindestens einer Frau schlafen … die To-do-Liste des reiselustigen Thomas Kohnstamm steht. Bis er das Angebot erhält, einen Brasilien-Reiseführer für den Kultverlag der Branche zu schreiben: Lonely Planet. Mit einem Mal scheint ihm die Backpacker-Welt zu Füßen zu liegen – gegen Bezahlung! Er kündigt seinen Wall-Street-Bürojob und bricht auf in das Reiseparadies schlechthin. Doch die verheißungsvolle Rechercheireise gerät zur moralischen, finanziellen und gesundheitlichen Zerreißprobe, an deren Ende Sex mit Kellnerinnen unter »guter Service« läuft, hemdsärmelige Drogendeals die Reisekasse retten müssen und »persönliche Geheimtipps« daheim vom Schreibtisch aus eingeholt werden.

02/1099/01/L

MALIK

Teresa Heidegger

Achterbahn der Stille

Auf der Suche nach Erleuchtung im Himalaya. 256 Seiten mit einer Karte. Klappenbroschur

In einer der verbreiteten Sinnkrisen mit Anfang dreißig tauscht die Dramaturgin Teresa Heidegger kurzerhand ihre Wohnung in Berlin-Kreuzberg gegen eine karge Bergkaschemme im Himalaya. Nach einer ebenso erschöpfenden wie beglückenden Trekkingtour und der zaghaften Annäherung an Land und Leute wagt sie den Schritt in ein nepalesisches Schweigekloster, um die Vipassana-Meditation zu erlernen – die Kunst der stillen, bewertungsfreien Innenschau. 110 Stunden regungslos Sitzen in zehn Tagen. Lachen, Reden, Schokolade und E-Mails – alle freudvollen Ablenkungen streng untersagt. Doch als sie erkennt, dass sie zum ersten Mal nichts und niemandem etwas beweisen muss, findet sie den Weg zur inneren Freiheit. Berührend offen und herrlich selbstironisch.

02/1100/01/R

MALIK

Frank Rumpf

»ready for boarding«

Fliegen mit Tomatensaft und Turbulenzen. 208 Seiten. Gebunden

Als Reisejournalist hat Frank Rumpf unzählige Flüge hinter sich gebracht, von der First Class bis zur Holzklasse in klapprigen Regional-Airlines. Er hat an Gates festgesessen, sich auf Langstreckenflügen mit Anti-Thrombose-Übungen die Zeit vertrieben und das Klatschen der Mitreisenden bei der Landung bestaunt. Er ärgert sich über Sicherheitsschikanen, Ökobilanzen und vollgestopfte Handgepäckfächer. Aber er kennt auch die Vorzüge der Luftfahrt: die Schwimmwesten-Vorführungen der Stewardessen, die viel besser Englisch können als ihre Kollegen von der Bahn. Und dass es kostenlos Tomatensaft gibt – mit Pfeffer und Salz! Ein besonderes Geschenk für Gelegenheitsflieger wie Meilensammler. Geschichten zum Abheben, wie sie jeder schon erlebt hat.

02/1101/01/R